国际投资争端解决中心仲裁法律问题研究

兼评中国投资条约

许 敏——著

RESEARCH ON LEGAL ISSUES OF ARBITRATION AT INTERNATIONAL CENTER FOR SETTLEMENT OF INVESTMENT DISPUTES

A REVIEW OF CHINA'S INVESTMENT TREATIES

法律出版社
LAW PRESS·CHINA
北京

图书在版编目（CIP）数据

国际投资争端解决中心仲裁法律问题研究 ：兼评中国投资条约 / 许敏著. -- 北京 ：法律出版社，2025.
ISBN 978 -7 -5197 -9919 -9

Ⅰ. D996.4

中国国家版本馆 CIP 数据核字第 2025EP7205 号

国际投资争端解决中心仲裁法律问题研究
——兼评中国投资条约
GUOJI TOUZI ZHENGDUAN JIEJUE ZHONGXIN ZHONGCAI FALÜ WENTI YANJIU
—JIAN PING ZHONGGUO TOUZI TIAOYUE

许　敏 著

策划编辑 徐　菲
责任编辑 徐　菲
装帧设计 苏　慰

出版发行 法律出版社
编辑统筹 法律出版社
责任校对 张翼羽
责任印制 胡晓雅
经　　销 新华书店

开本 A5
印张 9　**字数** 205 千
版本 2025 年 1 月第 1 版
印次 2025 年 1 月第 1 次印刷
印刷 北京建宏印刷有限公司

地址：北京市丰台区莲花池西里 7 号(100073)
网址：www.lawpress.com.cn
投稿邮箱：info@lawpress.com.cn
举报盗版邮箱：jbwq@lawpress.com.cn

销售电话：010 -83938349
客服电话：010 -83938350
咨询电话：010 -63939796

书号：ISBN 978 -7 -5197 -9919 -9　**定价**：42.00 元

凡购买本社图书，如有印装错误，我社负责退换。电话：010 -83938349

目录

第一章 导 论

第一节 投资者—国家间国际仲裁争端解决机制概述

一、解决投资争端的传统途径

根据传统的国际法,一国投资者的权利在另一国受到侵害时,并不享有直接提起诉讼的请求权,只能依赖于其母国的外交保护。而传统意义上的外交保护方式也不是投资者理想的选择,因为这种方式并不一定对其有利。外交保护可能破坏相关国家的政治关系,引发长期争议。为避免两个国家政治关系的紧张,母国会根据自己在外交或是其他政治上的需要,权衡利弊。因此外交保护并不以投资者的利益为首要考虑因素。一旦母国行使外交保护权,私人投资者失去了对争端解决的控制权,母国成为当事方,对于母国作出的决定,即使对其不利,投资者也只能接受。另外,发展中国家一向排斥来自资本输出国的压力。投资争端中,资本输出国针对发展中国家进行的外交保护频频招致后者的不满。[1]

外交保护在国际公约中也被限制或是排除使用。《关于解决国

〔1〕 参见[德]鲁道夫·多尔查、[奥]克里斯托弗·朔伊尔编:《国际投资法原则》,祁欢、施进译,中国政法大学出版社2014年版,第232~233页。

家和他国国民之间投资争端公约》(以下简称《华盛顿公约》)第27条第1款规定,缔约方对于其国民和另一缔约方根据《华盛顿公约》已同意交付式已交付仲裁的争端,缔约方不得提供外交保护或提出国际要求。《华盛顿公约》起草文件中对排除外交保护给出的理由之一是,此举是为了使争端解决摆脱政治和外交的影响而只受法律规制。[1]

外国投资者与东道国之间的投资争端,是因外国投资者在东道国境内的投资行为而产生,投资者的投资实体和投资有关的活动通常都位于东道国境内。根据国际法上的属地原则,此种投资争端应受东道国管辖,这就是使用东道国当地救济的国际法依据。[2] 用尽当地救济是阿根廷法学家卡洛斯·卡尔沃(Carlos Calvo)提出的卡尔沃主义的三个要素之一。[3] 一般被用来作为国际求偿的必要的前提条件,即外国人必须先用尽东道国国内可以利用的一切法律救济手段,如果不能获得满意的结果,才可以到国际层面提出求偿要求。

然而,从投资者角度来说,东道国法院解决投资争端可谓隐患重重。无论自身对错,投资者总会担心法院有失公正。首先,许多国家的法院难以做到司法独立,其审判结果很容易被行政干预或被法官对国家的司法忠诚感左右。其次,东道国法院可能必须使用与保护投资者权益的国际法规则相违背的国内法。实际上,在某些国家,有

---

〔1〕 参见[德]鲁道夫·多尔查、[奥]克里斯托弗·朔伊尔编:《国际投资法原则》,祁欢、施进译,中国政法大学出版社2014年版,第234页。

〔2〕 参见龚柏华、伍穗龙主编:《涉华投资者—东道国仲裁案述评》,上海人民出版社2020年版,第4页。

〔3〕 参见单文华、张生:《从"南北矛盾"到"公私冲突":卡尔沃主义的复苏与国际投资法的新视野》,载《西安交通大学学报(社会科学版)》2008年第4期。

关的投资条约甚至不属于国内法渊源。最后,即使国内法院支持了投资者的诉求,执行部门也可能会不理其判决。所有这些情况都使得东道国法院并不会给外国投资者提供有效的救济。[1]

除此之外,投资者还可以选择利用到母国或是第三国法院开展诉讼等方式寻求救济。出于对公平结果的追求,这种方式是投资者愿意采用的,但多数情况下,这些国家对发生在他国的投资争端没有属地管辖权,东道国也不可能接受他国法院的管辖,而且,这种诉讼往往会遭遇东道国国家主权豁免的抗辩,因为东道国是以主权国家的身份行事的。

传统争端解决方式所留下的漏洞催生了允许投资者直接启动国际司法程序——尤其是国际仲裁的主张。投资者由此获得的好处显而易见:投资者拥有了一个超出东道国掌控范围,对东道国和投资者均有约束力的、中立的解决方式。因此,国际仲裁无疑是更受投资者信赖的一种选择。[2] 而东道国更是受益良多,它们可以改善本国的投资环境,吸引更多外国投资。[3]

---

〔1〕 参见[德]鲁道夫·多尔查、[奥]克里斯托弗·朔伊尔编:《国际投资法原则》,祁欢、施进译,中国政法大学出版社2014年版,第247页。

〔2〕 参见孙佳佳、李静:《"一带一路"投资争端解决机制及案例研究》,中国法制出版社2020年版,第45页。

〔3〕 对投资者—国家间争端解决机制的评价也非完全是积极和肯定的。诺贝尔奖获得者、经济学家约瑟夫·斯蒂格利茨(Joseph Stiglitz)就公开批评了投资者—国家间争端解决机制,他指出,投资者—国家间投资争端解决机制的应用破坏了法治,是对国家司法权的外包,威胁到了国家主权,并给予了外国投资者(大多数是富裕的跨国公司)大量的权利,但却不赋予它们相应的责任,这种情况在《北美自由贸易协定》中表现得尤为明显。他还强调内在的利益冲突,例如,投资者—国家间投资争端解决机制涉及的律师是一个相对封闭的群体,这些律师要么提起仲裁请求,要么裁决案件;同时,由于参与案件需要支付巨额的费用,这使得较小的欠发达国家难以捍卫它们的权利。See Joseph Stiglitz, *Beware of TPP's Investor-State Dispute Settlement Provisions*, Roosevelt Institute (Mar. 28, 2016), http://rooseveltinstitute.org/beware-tpps-investor-state-dispute-settlement-provision/.

二、投资者—国家间投资争端解决机制

投资者—国家间投资争端解决(Investor-State Dispute Settlement, ISDS)机制是指外国投资者同东道国政府之间因投资关系而产生争议的解决机制。在实践中,ISDS 机制多是被用于解决东道国采取的如外汇管制、增加税收等行政管理措施导致投资者利益受损或由于东道国国内政治动乱、革命、战争等引起的投资者利益受损而产生的争议。

1969 年,乍得—意大利双边投资协定(1969)(Bilateral Investment Treaty, BIT),复数的简称 BITs 中首次出现了 ISDS, ISDS 机制得以正式登上国际舞台。20 世纪 70 年代,美国主导的 BITs 中开始加入 ISDS 相关条款,允许投资者诉东道国,主张自己的权利。随后,越来越多的投资协定开始效仿这一做法。

截至 2024 年 12 月,可统计的 ISDS 案件有 1332 个,其中 361 个案件的判决有利于东道国,根据司法理由或案情被驳回;268 个案件的判决有利于投资者,并给予金钱赔偿;177 个案件以和解方式解决。在其余的投资仲裁程序中,要么案件被中止,要么法庭发现违反条约,但没有给予金钱赔偿。[1]

目前,ISDS 机制的具体运行平台有很多。有国际投资争端解决中心(The International Center for Settlement of Investment Disputes, ICSID)、联合国国际贸易法委员会(United Nations Commission On International Trade Law, UNCITRAL)特设法庭、国际商会仲裁院、斯

〔1〕 *Investor-State Dispute Settlement Cases: Facts and Figures* 2020, UNCTAD(Dec. 10, 2024), Investor-State Dispute Settlement Cases: Facts and Figures 2024 | Publications | UNCTAD Investment Policy Hub.

德哥尔摩商会仲裁院、开罗区域国际商事仲裁中心、海牙常设仲裁法院等。除此之外,一些投资协定也会自己设立一些专门的仲裁机构。在这些平台中,最主要的是根据1965年签订的《华盛顿公约》成立的ICSID。全球范围内,近60%的ISDS机制运用都是根据《华盛顿公约》(适用于两国皆为成员的情况)及其《附加便利规则》(适用于仅有一国为成员的情况)开展的。它现有165个成员,其中,158个国家已经交存了批准书或同意成为《华盛顿公约》的成员。[1] 吉尔吉斯斯坦是最近加入的国家,《华盛顿公约》于2022年5月21日对其生效。[2] 中国也是《华盛顿公约》的缔约方,我国于1990年2月9日签订《华盛顿公约》,《华盛顿公约》于1993年2月6日对我国生效。《华盛顿公约》是国际社会关注投资者和发展中东道国之间缺乏投资争端解决手段的产物。

第二节 国际投资的发展及ICSID机制的运用

一、国际投资及国际投资法制的发展

(一)外国直接投资的发展

20世纪80年代初至2007年是外国直接投资的高速发展时期。据联合国贸发会议(United Nations Conference on Trade and Deuelopment,UNCTAD)的统计,1982年世界各国外国直接投资净流入为5800万美元,1990年这个数字就增加到2.07亿美元,之后这个

[1] 只签字但未批准的国家有伯利兹、多米尼加、几内亚比绍、埃塞俄比亚、纳米比亚、俄罗斯和泰国7个。

[2] 根据ICSID官网数据库数据整理,https://icsid.worldbank.org/about/member-states/database-of-member-states。

数字急剧增长,2005 年达到了 9160 亿美元,到 2007 年达到历史最高的1.979 万亿美元。之后的几年受世界性的经济危机影响,外国直接投资规模在 2008 年及 2009 年出现了一定程度的缩减(2008 年为1.697 万亿美元,2009 年为 1.33 万亿美元)。[1]

全球外国直接投资(Forelgn Direct Investment,FDI)流入在近年来呈现波动性下降和回升的态势,究其原因,主要受全球经济环境、贸易政策、政治不确定性和重大全球事件的影响。

2018—2019 年,FDI 流入总体表现稳健,这主要得益于全球贸易稳定性和较强的新兴市场吸引力。

2020 年,突如其来的 COVID - 19 导致世界经济严重衰退,跨国投资活动急剧收缩。封锁措施、经济衰退和全球供应链中断都严重影响了外资流入。随着全球经济逐步复苏,2021 年 FDI 流入显著回升,尤其是在数字经济、绿色能源和创新技术领域,吸引了大量外资。

2021 年,流向发达经济体的外国直接投资相较 2020 年增长134%,导致跨国公司实现了创纪录的盈利。流向发展中国家的外国直接投资也显著增加。流入亚洲的外国直接投资增加了 19%,达到6190 亿美元的新高。流向拉丁美洲和加勒比地区的外国直接投资增加了 56%,流向非洲的外国直接投资增加了 1 倍多。[2]

发展中国家继续采取自由化措施促进或便利投资。在所有更有利于投资的措施中,投资便利化措施占 40%左右,其次是向外国直接投资开放新活动(占 30%)和新的投资奖励措施(占 20%),其余措施占 10%。流入 33 个非洲最不发达国家的外国直接投资增

---

〔1〕 See *World Investment Report* 2015, UNCTAD (Jan. 10, 2016), http://unctad.org/en/PublicationsLibrary/wir2015_en.pdf.

〔2〕 See *World Investment Report* 2022, UNCTAD (Jun. 9, 2022), http://unctad.org/en/PublicationsLibrary/wir2022_en.pdf.

加了17%,达到160亿美元,几乎占全球最不发达国家全部流入的2/3。在莫桑比克,外资直接投资流入增长了68%,达到51亿美元,该国的绿地项目大幅增多。2021年,埃塞俄比亚的FDI流入增长了79%,达到43亿美元,光是来自中国的FDI就增加了2倍。[1]

2022—2023年,由于地缘政治不确定性以及全球通胀和利率上升等问题导致投资者信心受到影响,从而导致全球FDI流入量下降。

全球FDI流出同样呈现出较强的周期性变化,2020年由于COVID-19影响跨国公司的对外投资活动停滞,FDI的流出受到严重影响,但随着全球经济复苏,FDI流出显著回升,反映出跨国企业扩张和海外投资活动的恢复。2021—2023年,由于地缘政治冲突和全球经济不确定性,导致部分企业的投资计划延缓,一定程度上抑制了对外投资(见表1-1)。[2]

表1-1 2018—2023年全球FDI流量

单位:十亿美元

项目	2018年	2019年	2020年	2021年	2022年	2023年
FDI流入	1448	1480	962	1622	1356	1332
FDI流出	941	1239	732	1882	1575	1551

中国继续坚持改革开放及强劲的经济发展,使其在国际投资中扮演着越来越重要的角色。中国的FDI流入和流出反映出全球经济环境的变化,以及中国在全球经济中的重要角色。

---

〔1〕 See *World Investment Report* 2022, UNCTAD (Jun. 9, 2022), http://unctad.org/en/PublicationsLibrary/wir2022_en.pdf.

〔2〕 根据UNCTAD, WORLD INVESTMENT REPORT 2022 (Jun. 9, 2022)整理, http://unctad.org/en/PublicationsLibrary/wir2022_en.pdf;根据联合国贸易和发展会议2019—2024年《世界投资报告》(Oct. 9, 2024)整理。

近年中国的FDI流入基本呈正向增长,这反映了中国在全球经济中的吸引力逐渐增强。2019—2020年,尽管全球经济面临COVID-19的重大冲击,但中国凭借其相对稳定的经济体制和市场规模,成功吸引了外资直接投资流入。2021—2022年,随着全球疫情逐步得到控制,中国经济复苏迅速,尤其是2021年外资流入显著回升。

进入中国的外国直接投资主要集中于服务业和高科技行业,这些领域的发展前景非常强劲。如普林斯顿数字集团(新加坡)计划在上海出资10亿美元建设一个世界上最大的数据中心。2021年,在华注册的外资企业达到4.8万家,同比增长24%,国际项目融资交易达到25个,这是一个创纪录的数字。[1] 2022—2023年,地缘政治风险及国内外经济增长放缓,全球经济的不确定性增加,中国的FDI流入有所下降。

中国企业的对外直接投资在2018—2021年逐年增长,尤其是在"一带一路"倡议推动下,基础设施建设和能源投资扩张。(见表1-2)。[2] 2021年华为公司宣布斥资45亿美元在墨西哥开设一个云数据中心。瑞盛能源将在马来西亚投资100亿美元建设一个新的生产中心,制造高效光伏组件。中国蒂托电信(Dito telecommunications)在菲律宾斥资54亿美元建设1万座信号塔。但2022年和2023年,FDI流出呈现一定程度的放缓,这反映出中国企业对外投资的谨慎态度,其中,全球经济放缓和地缘政治不稳定是中国FDI流出减少的主要原因。

---

〔1〕 See *World Investment Report* 2022, UNCTAD (Jun. 9, 2022), http://unctad.org/en/PublicationsLibrary/wir2022_en.pdf.

〔2〕 See *World Investment Report* 2022, UNCTAD (Jun. 9, 2022), http://unctad.org/en/PublicationsLibrary/wir2022_en.pdf.

表 1－2 2018—2023 年中国 FDI 流量

年份	中国 FDI 流入/十亿美元	中国 FDI 流出/十亿美元
2018	138	143
2019	141	136
2020	149	153
2021	181	179
2022	189	163
2023	163	148

全球外国直接投资的发展为国际投资争端的增多提供了可能性。

(二)国际投资条约数量的大量增加

国际投资条约是世界多数国家(地区)和国际组织,尤其是发展中国家用以吸引外资的工具。国际投资条约中最多的是 BITs,另外一些则是包含投资条款的条约(Treaties with Investment Provisions, TIPs),例如含有投资条款的自由贸易协定(Free Trade Aqreement, FIA)、优惠贸易和投资协定等。2024 年各方缔结了 19 个国际投资条约,其中 7 个为 BITs,12 个为 TIPs。根据 UNCTAD 投资政策中心 2024 年 12 月发布的数据,现有的 3289 个投资条约中,BITs 为 2835 个(生效 2221 个),TIPs 为 475 个(生效 394 个),生效的国际投资协定总数达到 2615 个。[1]

2014—2024 年,生效的 BITs 数量有所下降,一些条约被终止使用(如 2021 年有 86 项 BITs 被终止,2022 年有 54 项被终止),2014—

〔1〕 根据 UNCTAD 投资中心数据整理,https://investmentpolicy. unctad. org/international-investment-agreements。

2023年被终止的国际投资条约的数量达到了569项。[1] 更多的新投资条约以TIPs的形式出现。如2021年签订的新条约包括有实体义务的BITs两项:澳大利亚—英国FTA(2021)和以色列—韩国FTA(2021),以及没有规定实质性投资保护条款的TIPs 5项。这些TIPs只包括有限的投资条款,例如市场准入、国民待遇及最惠国待遇,如柬埔寨—韩国FTA(2021)、喀麦隆—英国经济合作协定(2021)、智利—巴拉圭FTA(2021)、加纳—联合王国临时贸易伙伴协定(2021)和印度—毛里求斯综合经济合作伙伴协定(2021)。[2]

其中,发展中国家在国际投资规则的制定中发挥着重要的作用,尤其是中国。截至2024年12月,中国所缔结BITs已经达到147项(生效的111项,终止的16项,未生效的20项),TIPs达到31项(生效的28项,未生效的3项)。[3]

伴随国际投资条约的增多,国际投资仲裁的数量也逐年增加。自1987年(第一个以条约为基础的ISDS案件的年份)根据UNCTAD2024年发布的数据,截至2024年年底,已知的ISDS案件达到1332个(待决案件354起,已决案件958起),约70%的投资仲裁是根据BITs和TIPs提起的。

在这1332个案件当中,62%的案件是以发展中国家和转型期经济体作为被申请人提出的,38%的案件以发达国家作为被申请人。

[1] World Investment Report 2023 , UNCTAD(Nov. 28, 2024), https://unctad.org/system/files/official-document/wir2023_en.pdf.

[2] *World Investment Report* 2022 , UNCTAD (Jun. 9, 2022), http://unctad.org/en/PublicationsLibrary/wir2022_en.pdf.

[3] 根据UNCTAD投资中心数据整理,https://investmentpolicy.unctad.org/international-investment-agreements。

截至2024年12月,阿根廷(65个)、保加利亚(64个)、委内瑞拉(64个)、西班牙(56个)、墨西哥(52个)和埃及(46个)成为ISDS中最常见的被申请国家。

在2023年已知的60个案件中,由发达国家申请人提起的案件约占75%。其中,根据NAFTA(1992)引发的11个,基于ECT(1994)的5个,其次是中美洲—多米尼加共和国FTA(2004)(3个)和东南亚国家联盟—澳大利亚—新西兰FTA(2009)(2个)。墨西哥和洪都拉斯成为涉及案件最多的被诉方,分别为10个和5个。

二、ICSID机制的运用

(一)ICSID与国际投资仲裁

ICSID是根据世界银行发起的《华盛顿公约》建立的。ICSID作为国际性常设仲裁机构,目的在于解决各缔约方与其他缔约方国民之间的投资争端,为双方提供便捷的调解与仲裁机制,使争端解决非政治化,具有中立性、自治性与效力终局性的特征,是解决国际投资争端的强有力手段。

与其他国际投资仲裁机构相比,ICSID是当之无愧的第一投资仲裁机构,也是国际上公认的最权威的专门处理投资争端的第三方国际机构。[1] 从ICSID建立以来,它处理了世界上超过60%的国际投资仲裁案件。截至2024年12月,在ICSID登记的案件(包括使用ICSID《附加便利规则》的)共有1048个,其中,待决的案件为287个[2],已决的案件为761个。[3] 然而,在成立初期,ICSID的作用基本没有得以显

---

〔1〕 参见孙佳佳、李静:《"一带一路"投资争端解决机制及案例研究》,中国法制出版社2020年版,第47页。

〔2〕 数据来自ICSID网站,https://icsid.worldbank.org/cases/pending。

〔3〕 数据来自ICSID网站,https://icsid.worldbank.org/cases/concluded。

现,从 ICSID 成立至 1980 年,只有零星的案件被诉至 ICSID(从 ICSID 成立到 1971 年,没有案件诉至 ICSID),1972 年至 2000 年,虽然受理的案件数量有所增加,但年均案件数量仍然不多(见图 1 - 1)。也就是说,在其成立后的这些年,ICSID 并没有得到广泛的适用,有学者甚至质疑其是否像设立时所想象的那样有效。[1]

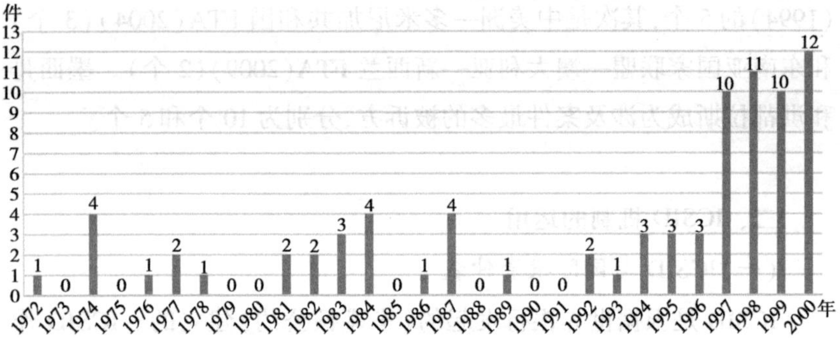

图 1 - 1　1972—2000 年受理案件数量

2002 年后,ICSID 案件开始呈爆发式增长(见图 1 - 2),年均受理案件数量超过 30 个。[2] 2014 年以来,ICSID 受理的案件增加尤为明显(见图 1 - 3),年均受理案件数量超过 50 个。[3]

在联合国贸易和发展委员会统计的 1332 个 ISDS 案件中,由 ICSID 受理,适用 ICSID 及其附加便利规则的案件有 793 个,占比 59.5%,其余依次是联合国国际贸易法委员会特设法庭(30%)、斯德哥尔摩商会仲裁院(4%)和国际商会(1.8%),其余案件由开罗国际商事仲裁区域

〔1〕 See Ibrahim F. I. Shihata, *The Settlement of Disputes Regarding Foreign Investment: The Role of the World Bank, with Particular Reference to ICSID and MIGA*, 1 AM. U. J. INT'L. L& POL'Y 97 (1986).

〔2〕 根据 ICSID 官网数据整理。

〔3〕 数据来自 ICSID 官方网站,http://icsid. worldbank. org/ICSID/FrontServlet? requestType = ICSIDDocRH&actionVal = ShowDocument&CaseLoadStatistics = True&language = English。

中心、伊朗—美国求偿仲裁庭、荷兰海牙常设仲裁法院、伦敦国际仲裁院等受理或适用临时仲裁(4.7%)。[1] 可见,ICSID 是最重要的投资争端解决机制,其在国际投资争端解决领域是无可替代的。

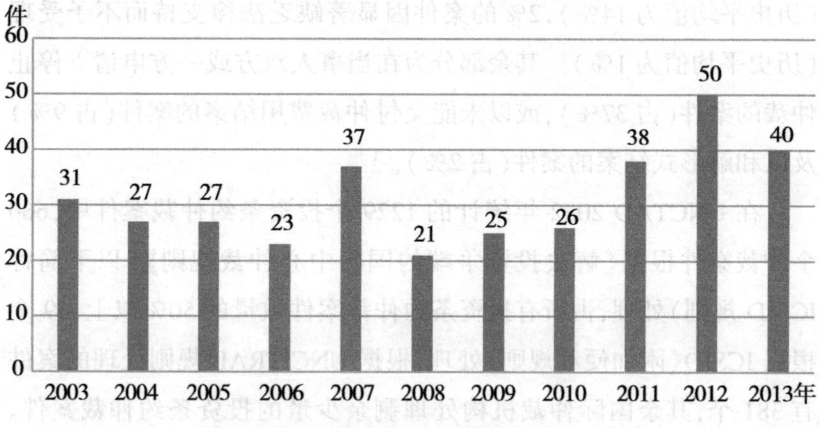

图 1-2 2003—2013 年受理案件数量

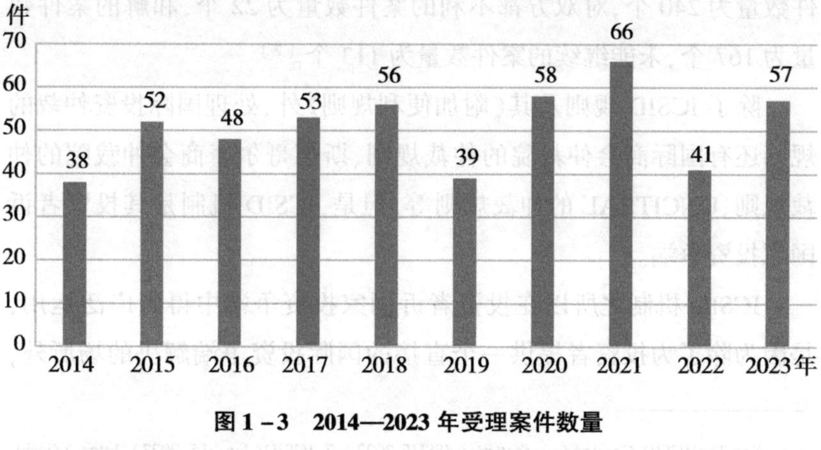

图 1-3 2014—2023 年受理案件数量

---

〔1〕 根据 UNCTAD 官方网站数据整理计算,https://investmentpolicy.unctad.org/investment-dispute-settlement。

在2022财年的案件当中,25%的案件全部或部分支持了投资者的申请(历史平均值为30%),14%的案件基于案情驳回了投资者的申请(历史平均值为19%),11%的案件因缺乏管辖权而不予审理(历史平均值为14%),2%的案件因显著缺乏法律支持而不予受理(历史平均值为1%)。其余部分为在当事人双方或一方申请下停止仲裁的案件(占37%),或以未能交付仲裁费用结案的案件(占9%)及以和解形式结案的案件(占2%)。[1]

在UNCTAD 2022年统计的1229个投资条约仲裁案件中,660个仲裁案件根据《解决投资争端的国际中心仲裁规则》(以下简称ICSID规则)处理,占所有投资条约仲裁案件数量的50%以上,69个根据ICSID《附加便利规则》处理,根据UNCITRAL规则处理的案件有381个,其余国际仲裁机构处理剩余少量的投资条约仲裁案件。已决案件中,对东道国有利的案件数量为310个,对投资者有利的案件数量为240个,对双方都不利的案件数量为22个,和解的案件数量为167个,未能继续的案件数量为113个。[2]

除了ICSID规则及其《附加便利规则》外,处理国际投资仲裁的规则还有国际商会仲裁院的仲裁规则、斯德哥尔摩商会仲裁院的仲裁规则、UNCITRAL的仲裁规则等,但是,ICSID机制是其投资者诉国家投资争端。

ICSID机制之所以在投资者诉国家投资争端中得到广泛运用,是因为除了为投资者提供一个直接的国际投资争端解决的场所外,

---

〔1〕 See *The ICSID Caseload — Statistics*, *ISSUE* 2022-2, ICSID(Jan. 15,2023), https://icsid.worldbank.org/cases/case-database.

〔2〕 如国际商会仲裁院处理投资条约仲裁案件总数为22件,斯德哥尔摩商会仲裁院处理56件,伦敦国际仲裁院处理1件,莫斯科工商国际商会处理3件。参见UNCTAD网站(Jan. 1,2023), https://investmentpolicy.unctad.org/investment-dispute-settlement。

其拥有其他国际投资仲裁机制不具有的优势。首先,它规模大、参与成员多,具有广泛的国际影响力。截至 2023 年 12 月 31 日,它已有成员 165 个,其中 158 个已经交存了批准书或同意成为《华盛顿公约》的成员。其次,它拥有其他国际投资仲裁机制没有的完整的承认、执行机制。《华盛顿公约》第 53 条及第 54 条就各缔约方承认与执行 ICSID 仲裁裁决的权利义务作出规定。第 53 条第 1 款规定:裁决一经作出,对争议双方具有法律约束力,不得进行任何上诉或采取除该公约规定外的任何其他补救办法。除依照该公约有关规定予以停止执行的情况外,每一方应遵守和履行裁决的规定。根据第 54 条第 1 款的规定,每一缔约方应承认依照该公约作出的裁决具有约束力,并在其领土内执行该裁决年加的财政义务,正如该裁决是该国法院的最后判决一样。这两个条款实际上赋予了 ICSID 裁决约束力,任何缔约方都应当承认裁决的终局性效力。这将 ICSID 仲裁裁决在《华盛顿公约》缔约方国内的地位与其国内法院作出的终审判决等同起来。在执行问题上,虽然有可能遭遇东道国国家豁免的阻碍,但基于 ICSID 和世界银行的紧密联系,拒绝执行可能会遭遇世界银行的制裁,因此被执行方会谨慎权衡,不会轻易拒绝执行。

(二)ICSID 仲裁的法理基础

外国投资者诉东道国首先应寻求国内救济,这是东道国行使司法主权的应有之义,这种救济方式是解决投资者与东道国之间争议最基本的方式。但如前文所述,由于外国投资者担心东道国法院或行政救济手段缺乏公平性而使自己得不到有效的救济,因此这是他们最不愿意采用的方式。而外交保护方式可能将投资争端上升为国家之间的争议,投资者的利益也未必能得到有效保护。投资者虽然还可以通过向东道国之外的外国法院提起诉讼等方式寻求救济,但却会遭遇东道国国家主权豁免的抗辩。因此,无论东道国还是私人投资者,都更愿意通过一个中立的法庭来解决双方的争议。ICSID的出现首次为私人投资者提供了一个直接通过国际仲裁机构向国家提起诉求的法律解决方法,使投资者得以以自己的名义对抗东道国。

ICSID机制赋予私人投资者以自己的名义直接诉国家的权利。[1] 然而,在传统国际法上,私人投资者在国际机制中并不具有独立的诉讼主体资格,其在国际法关系上虽然是利益主体却不是权利主体。[2] 虽然没有规则规定个人不能享有在国际法庭的诉讼权利,但是传统法律认为只有国家才具有诉讼能力,这种观点仍占据主导地位,并且影响了大多数有关国家责任问题的争端解决条约的内容。[3] 那么,ICSID 允许的私人投资者在国际仲裁庭起诉国家是基于怎样的法理基础?

在国际法中,如果没有其明确同意,主权国家不受任何第三方法庭或是国际法庭的管辖。国家对于任何仲裁或司法管辖权表示同意的行为,是一种主权行为。[4] ICSID 仲裁庭的管辖权源于当事双方的同意,这种"同意"可以以三种方式表达:一是外国投资者和东道国的仲裁协议,二是东道国在其国内法中表达同意,三是东道国在其对外签订的双边或多边条约中表达同意。因此,投资者诉国家的法律基础是投资争端双方的同意。

这种同意对于东道国而言,是东道国对于自身权利的让渡,使个

[1] 根据《华盛顿公约》第25条第1款的规定,ICSID受理一个缔约方和另一缔约方国民之间的直接由投资引起的并经双方书面同意提交ICSID的法律争议。

[2] 参见石慧:《投资条约仲裁机制的批判与重构》,法律出版社2008年版,第3页。

[3] 参见[英]伊恩·布朗利:《国际公法原理》(第5版),曾令良、余敏友译,法律出版社2007年版,第507页。

[4] 参见王鹏:《论国际混合仲裁的性质——与国际商事仲裁和国家间仲裁的比较研究》,人民出版社2007年版,第96页。

人投资者享有国际条约赋予的权利,从而参与到国际法律关系中。而对于私人投资者一方,则意味着其不但逐渐取得了国际法上的程序能力,也逐渐获得了实体能力。即私人投资者一方,虽然没有国际法上的主体资格,却因为东道国的同意而获得了参与国际仲裁的权利。

当然,东道国之所以能让渡自身权利,默许一个国际仲裁机构对自己的管辖,源于东道国对外国投资的渴望,这一点从前文提及的迅速增长的国际投资条约数量可以看出。许多签订投资条约的国家尤其是发展中国家看来,签订投资条约能够保护投资者利益,增强投资者的信心和安全感,从而达到刺激投资的目的。然而研究表明,投资条约是否真的能起到吸引外资的效果其实并没有定论。索纳那嘉(Sornarajah)教授认为,投资条约可以吸引外资的说法是没有根据的,例如许多东南亚国家并没有与美国签订 BIT 但却从后者得到了大量的投资。[1] 即使能起到吸引外资的目的,投资条约也只是外资考虑进入的其中一个因素。[2] 即便如此,有些发展中国家还是相信投资条约可以带来资金的流入,因此将其作为吸引外资的重要工具。这从根源上体现了发展中国家和发达国家议价能力的不平等。在条约签订过程中,一些发展中国家缺乏专门的法律部门来处理这些条约语言中存在的细微差别[3],而发达国家则拥有庞大的律师和经济学家团队,这意味着发展中国家常会接受发达国家的条约范本。美国这样的发达国家占据了投资条约谈判的优势地位,并将其主张的

---

[1] See M. Sornarajah, *The International Law on Forgign Investment*, 2nd edition, Cambridge University Press, 2004, p. 215.

[2] 根据 UNCTAD 的研究,一国考虑向他国进行直接投资主要考虑三个因素:(1)政策框架,包括政治、经济的稳定性,影响投资的立法;(2)经济因素,例如市场规模、资源的成本及诸如劳动力成本的投入及自然资源的可得性;(3)交易便利措施,例如投资促进和投资便利措施。而投资条约的签订只是政策框架的一部分。

[3] See M. Sornarajah, *The International Law on Forgign Investment*, 2nd *edition*, Cambridge University Press, 2004, p. 207.

投资自由化理念施加于发展中国家。这些双边条约对资本输出国没有约束,但对资本输入国而言则意味着主权的让步。[1] 例如,BITs一般不涉及投资者母国采取哪些具体的措施鼓励投资者到另一缔约方投资的义务,这就使BITs的母国投资促进功能受到很大的限制,形成了作为发展中国家的东道国单方面承担条约义务的局面。[2] 就像美国参议院外交关系委员会报告中指出的:"投资条约是用于鼓励和保护美国在发展中国家的投资的。"[3]

当问题涉及缔约方签订《ICSID公约》时也是如此,各缔约方承认《华盛顿公约》对自己的管辖是对国家主权极大的让步,一旦签订《华盛顿公约》,不但意味着东道国无法决定是否在ICSID被诉,也意味着各缔约方不能通过国内的司法审查权确定ICSID裁决的合法性。《华盛顿公约》的起草者非常小心地试图维持投资者和东道国之间的平衡,将ICSID的目标设定为"促进投资者和东道国双方信任"及"激励国际投资资本大量向需要吸引资金的国家流动"。西方学者认为ICSID是一个"中立的争端解决场所"[4]、提供给投资者和东道国的一个"公平的竞技场"(a level playing field)[5],甚至宣称国际仲

---

〔1〕 See M. Sornarajah, *The International Law on Forgign Investment*, 2nd *edition*, Cambridge University Press, 2004, p. 208.

〔2〕 参见刘笋:《国际投资保护的国际法制——若干重要法律问题研究》,法律出版社2002年版,第463~464页。

〔3〕 William W. Burke-White & Andreas Von Staden, *Investment Protection in Extraordinary Times: The Interpretation and Application of Non-Precluded Measures Provisions in Bilateral Investment Treaties*, Virginia Journal of International Law, Vol. 48:2, p. 313 (2008).

〔4〕 Lucy Reed, Jan Paulsson & Nigel Blackaby, *Guide to ICSID Arbitration*, Kluwer Law International, 2004, p. 3.

〔5〕 See Vincent O. Orlu Nmehielle, *Enforcing Arbitration Awards Under the International Convention for the Settlement Disputes (ICSID Convention)*, 7 Annual Survey of International & Comparative Law 21 (2001).

裁可以使那些发展中的东道国免于受到发达国家的干涉。[1] 但从理论上讲,国际投资仲裁机构本身就是对东道国法律和司法双重不信任的产物。[2] ICSID仲裁主要在国际法下保护外国投资者,使其免受东道国单边的可能危及投资的行为的危害[3],ICSID机制实践中更重视投资者对东道国的信任,而东道国对投资者的信任似乎是后来才开始考虑的问题。

三、国际投资仲裁法制的改革需求

不同的投资条约其结构在本质上是相同的,一般都包含序言、定义条款、投资待遇条款、利润汇回条款、征收及补偿条款、争端解决程序条款等。但不同的投资条约在立场和规则上却有很大差异,体现了发达国家和发展中国家的利益对立。发达国家想尽可能地扩大对本国投资者的保护,而发展中国家却想在维护国家利益的基础上吸引外资。因为这种矛盾,发达国家通常会利用自身强大的议价能力、充足的人才储备和对方对外资进入的渴求在谈判过程中占据优势地位,投资条约会显现出偏向保护投资者的立场。另外,出于各种考虑或是疏忽,投资条约的许多条款,甚至包括核心概念条款表述模糊或是阙如,这给国际仲裁庭创造了自由解释条款的权利。

2000年后,在多数发展中国家签订的投资条约中规定了允许投资者将投资争端直接提交国际仲裁的条款。而在这之前,如果投资

---

〔1〕 See Vincent O. Orlu Nmehielle, *Enforcing Arbitration Awards Under the International Convention for the Settlement Disputes*(*ICSID Convention*),7 Annual Survey of International & Comparative Law 21 (2001).

〔2〕 参见李万强:《ICSID仲裁机制研究》,陕西人民出版社2002年版,第294页。

〔3〕 See Lucy Reed, Jan Paulsson & Nigel Blackaby, *Guide to ICSID Arbitration*, Kluwer Law International,2004,p.3.

者认为自己在东道国的投资受到干涉,通常需要用尽当地救济或者是要求外交保护。

阿根廷在国际投资仲裁中是个有典型意义的例子。在21世纪刚开始的时候,为了应对历史上最严重的经济危机,阿根廷采取了一系列措施来稳定经济以及重塑政治上的信心,一改以前实行的高度自由化的经济制度,这些措施在短期内对外国投资者的利益产生了负面的影响。由于阿根廷将之前接受的自由化理念贯彻到其与其他主体签订的BITs中,这些BITs为其带来了前所未有数量的投资仲裁。目前在ICSID所受理的案件中,阿根廷的案件数量高居榜首(65个),这在整个国际仲裁制度发展史上创造了纪录。

投资条约的"放权"和国际仲裁庭对条约的任意解释使国际社会对ISDS机制产生了巨大的质疑,特别是发展中国家对ICSID的态度变得迟疑甚至排斥。2007年5月,玻利维亚通知世界银行退出《华盛顿公约》。玻利维亚前总统埃沃·莫拉莱斯(Evo Morales)还敦促其他拉美国家也这样做。[1] 同为拉美国家的厄瓜多尔(于2021年8月4日重新加入《华盛顿公约》[2])和委内瑞拉也于2009年和2012年退出了《华盛顿公约》。[3] 甚至是作为最重要的国际投资东道国的巴西,也不考虑成为《华盛顿公约》缔约方。[4] 澳大利亚在2011年4月声明全面系统地排除在未来缔结的国际投资条约中包含

---

[1] See *Investment Treaty News*, IISD, (May 7, 2007), http://www.bilaterals.org/article.php3?id_article=8221.

[2] See 2021 *Year in Review*: 2021 *Annual Report*, ICSID (Nov. 1, 2021), https://icsid.worldbank.org/2021-year-in-review.

[3] See *Treaty Developments Related to Bolivia, Ecuador, and Venezuela*, White & Case International Disputes Quarterly (Sept. 1, 2007), http://www.whitecase.com/idq/fall_2007/ia1/.

[4] See José Rosell, *The CMS Case: A Lesson for the Future*, Journal of International Arbitration, Vol. 25:4, p. 493-501 (2008).

ISDS 条款的可能性。欧洲议会也呼吁对投资争端解决程序进行改革,要求投资者在使用 ISDS 前用尽当地救济。[1]

面对这些质疑和批评,国际投资仲裁法制有必要进行改革。立法方面,各国在签订国际投资条约时加入了很多新内容,例如投资者的环境保护义务、东道国的劳工保护义务等[见美国 BIT 范本(2012)]。另一些条款也对之前内涵模糊的条款进行了澄清和界定(如公平公正待遇条款、最惠国待遇条款、"保护伞条款"的适用等)。另外,国际投资仲裁实践也作出了相应矫正,在保证投资协定保护和促进投资及仲裁庭有效解决争议的核心目的不变的前提下,不剥夺东道国管理自己本国事务的空间,更注重双方权利和义务的平衡保护。国际投资仲裁法制逐渐由片面保护投资者利益转向兼顾投资者和东道国利益。

第三节　中国与 ICSID

《ICSID 公约》于 1966 年 10 月 14 日生效,我国于 1990 年 2 月 9 日正式签订《ICSID 公约》,中国政府作为被申请人的第一起投资仲裁案马来西亚伊佳兰公司诉中国政府案(Ekran *v.* China)发生于 2011 年。根据 UNCTAD 最新的报告数据,投资仲裁中,投资者往往来自美国、荷兰、英国、德国等欧美发达国家。在我国,除香港国际仲裁中心受理过一起徐某海诉韩国案仲裁申请外,并无其他仲裁机构受理过投资仲裁案。

自我国《外商投资法》颁布以来,涉中投资仲裁案件数量增加,仅

〔1〕 参见韩秀丽:《后危机时代国际投资法的转型——兼谈中国的状况》,载《厦门大学学报(哲学社会科学版)》2012 年第 6 期。

2021年下半年至2022年年初便连续发生了三起——吴某顺诉中国案、宏贸有限公司诉中国案、闵某珍诉韩国案。这也从另一个侧面反映出促进投资仲裁在中国的进一步发展进程中不仅势在必行，同样也是大势所趋。值得一提的是，我国贸仲委、北仲、深仲等知名仲裁机构，已经在各自的仲裁规则项下明确规定可受理投资仲裁案件。

从中国案件涉及的仲裁机构来看，ICSID承接了超过70%的投资仲裁案件。从2007年谢某深诉秘鲁案开始，涉中国案件绝大多数由ICSID受理[1]，中国投资争端开始进入ICSID时代，一批涉中国案件出现在公众视野中。这些案例中既包括中国内地公民和公司诉东道国的案件（见表1－3），也包括中国港、澳公民和公司诉东道国的案件（见表1－4）。中国投资仲裁案表明，无论是作为东道国还是投资者母国，中国都不可能再置身于国际投资仲裁之外。作为转型中的发展中国家，中国身兼多重角色，一旦涉入国际仲裁，其所面临的国际法收益和风险是并存的。这些案件中涉及的法律问题值得研究。

表1－3　中国投资者作为申请人的ICSID案件

序号	案件号	名称	管辖权依据	案件进展
1	ARB/23/8	中国机械工程公司诉特立尼达和多巴哥共和国案	中国—特立尼达和多巴哥BIT（2002）	待决
2	ARB/22/20	电讯盈科（中东）有限责任公司诉沙特阿拉伯案	中国—沙特阿拉伯BIT（1996）	待决

〔1〕 根据可查的资料，其余案件多由海牙常设仲裁法院处理，如中山富城诉尼日利亚案。

续表

序号	案件号	名称	管辖权依据	案件进展
3	ARB(AF)/22/7	中国电建华东勘测总公司、中铁十八局集团有限公司诉越南案	中国—东盟全面经济合作框架协议投资协定(2009)	待决
4	ARB/22/2	华为技术有限公司诉瑞典案	瑞典—中国 BIT(1982)	待决
5	ARB/21/42	叶某、杨某平诉柬埔寨案	中国—东盟全面经济合作框架协议投资协定(2009)	待决
6	ARB/21/36	阿尔卑斯有限公司诉马耳他案	马耳他—中国 BIT(2009)	待决
7	ARB/20/26	闵某珍诉韩国案	中国—韩国 BIT(2007)	已决
8	ARB/14/30	北京城建集团有限公司诉也门案	中国—也门 BIT(1998)	已决
9	ARB/12/29	中国平安人寿保险股份有限公司、中国平安保险(集团)股份有限公司诉比利时案	中国—比利时与卢森堡 BIT(1984),中国—比利时与卢森堡 BIT(2005)	已决
10	ADHOC/17/1	澳门世能投资有限公司诉老挝案	老挝—中国 BIT(1993)	已决
11	ARB/15/41	渣打银行(香港)有限公司诉坦桑尼亚案	合同	已决
12	ARB/10/20	渣打银行(香港)有限公司诉坦桑尼亚电力供应有限公司案	合同	已决
13	ARB/07/6	谢某深诉秘鲁政府案	秘鲁—中国 BIT(1994)	已决

续表

序号	案件号	名称	管辖权依据	案件进展
14	ARB/04/3	西麦斯亚洲控股有限公司诉印度尼西亚案	合同及东盟条约(《东南亚国家联盟促进和保护投资协定》)(1987)	已决

资料来源:根据 ICSID 数据库整理,https://icsid.worldbank.org/cases/case-database。

表 1-4 外国投资者诉中国的 ICSID 案件

序号	案件号	名称	管辖权依据	案件进展
1	ARB/20/34	吴某顺诉中国案	新加坡—中国 BIT(1985)	已决
2	ARB/20/22	宏贸有限公司诉中国案	中国—日本 BIT(1988)	已决
3	ARB/17/19	海乐·西亚泽有限公司诉中国案	中国—德国 BIT(2003)	待决
4	ARB/14/25	安城房地产有限公司(以下简称安城公司)诉中国案	中国—韩国 BIT(2007)	已决
5	ARB/11/15	马来西亚伊佳兰公司诉中国政府案	中国—马来西亚 BIT(1988)	已决

资料来源:根据 ICSID 数据库整理,https://icsid.worldbank.org/cases/case-database。

从 ICSID 涉中国案件可以看出,20 个案件中 ICSID 行使管辖权的依据绝大多数是 BITs(15 个),少数是 FTAs(2 个)和双方签订的投资合同(3 个)。基于 2000 年之前的中国签订的老一代投资条约发生的案件和基于 2000 年后的新一代投资条约发生的案件比例基本持平。

较之早期的国际投资仲裁实践中争议一般限于国民待遇、最惠国待遇、直接征收等问题,ICSID 涉中国案件中涉及的问题代表了国际投资法的一些新的发展，如因为“保护伞条款”而引发的管辖权异议、最惠国待遇条款扩大适用、间接征收、公平公正待遇等。通过对ICSID处理这些案件的结论进行分析可以发现ICSID国际投资仲裁实践的新发展和新变化。对具体案件的研究将会对中国今后应对ICSID仲裁以及中国将来的缔约实践产生重要意义。

第二章　ICSID管辖权问题

根据《ICSID公约》第25条第1款的规定:ICSID的管辖适用于一缔约方(或该缔约方向ICSID指定的该缔约方的任何组成部分或机构)和另一缔约方成员之间直接因投资引起的任何法律争议,而该项争议经双方书面同意提交给ICSID。当当事双方同意后,不得单方面撤回同意。由此可知,确定ICSID管辖权的要件包括:(1)属人管辖权:投资仲裁的一方是"缔约方"(包括组成部分或机构),另一方是"另一缔约方成员";(2)属事管辖权:争议须符合因"投资"而产生;(3)管辖以合意为基础:双方书面同意提交ICSID仲裁。《华盛顿公约》第25条为ICSID确定管辖权提出了主体、客体、主观三方面要素要求,但由于规定比较抽象,实践中给了仲裁庭解释条约的空间。

第一节　ICSID的属人管辖权

一、缔约方

《华盛顿公约》认定的缔约方是争议双方在"同意"将争议交由ICSID仲裁时,根据其法律程序完成批准、接受或核准程序并向ICSID

交存批准、接受或核准书。《华盛顿公约》现有165个成员，其中158个已经交存了批准书或同意成为《华盛顿公约》的成员。只签字但未批准的有伯利兹、多米尼加、几内亚比绍、埃塞俄比亚、纳米比亚、俄罗斯和泰国7个国家。这7个国家虽然加入了《华盛顿公约》，但是未向ICSID递交批准书，所以《华盛顿公约》暂时不能对这些国家生效。

另外，《华盛顿公约》第25条第1款中的"缔约方"这种国家主体，也可以是该缔约方向ICSID指定的其任何组成部分或者机构。但是《ICSID公约》并未对组成部分或机构进行详细规定。组成部分通常是指一个统一国家的地方政府或者自治区，也可以是指非统一国家的联邦、省或者州。机构则包括更广泛的主体范围，甚至可能包括在政府控制之下的公司。在考虑一国政府是否为适格的被申请人时，当事方的主要争议焦点一般在于如何界定"国家行为"。在实践中，针对投资者采取各类措施的主体往往并非东道国政府，而是地方政府及相关部门。此时就需要思考地方政府是否为适格被申请人，需要判断当地政府及有关机构的行为是否构成国家行为。不过从ICSID多年的仲裁经验看，国家主体是否具备受ICSID管辖的资格较少成为争议焦点，因此不作为本书的研究重点展开阐述。

二、合格投资者

ICSID国际投资仲裁是一方为主权国家，另一方为私人投资者的典型的混合仲裁。ICSID仲裁涉及的另一个主体为"另一缔约方国民"。《华盛顿公约》第25条第2款对认可的合格投资者即"另一缔约方国民"进行了界定，"另一缔约方国民"是：(1)在双方同意将争议交付调解或仲裁之日以及在根据该公约第28条第2款或第36条第3款将请求予以登记之日，具有作为争议一方的国家以外的某一缔约方国籍的任何自然人,但不包括在上述任一日期也具有作为争议一方的缔约方国籍的任何人。(2)在争议双方同意将争议交付调解或仲裁之日,具有作为争议一方的国家以外的某一缔约方国籍的任何法人,以及在上述日期具有争议当事方国籍的法人,而该法人因受外国控制,双方同意为了该公约的目的,应看作是另一缔约方国民。

(一)自然人

《华盛顿公约》第 25 条第 2 款第 1 项要求的合格投资者之一为"具有作为争端一方的国家以外的某一缔约方国籍的"自然人。如果投资者是自然人,通常需要根据本国国籍法证明投资者本国的公民身份。对于自然人国籍的认定,世界范围内有以下几种方式:一种是天然取得国籍,其中包括依出生地和依血统;另一种是归化方式取得国籍,一般通过申请方式取得。但在国际投资法领域,自然人国籍认定的具体要求将取决于条约的措辞。对于自然人国籍的界定难点在于有些自然人拥有双重国籍或是多重国籍。虽然世界上一些国家不承认双重国籍[1],但国际投资条约中对双重国籍问题通常没有规定,例如中国—荷兰 BIT(2001)第 1 条将自然人投资者界定为"依照缔约一方法律拥有缔约一方国籍的自然人"。《华盛顿公约》对双重国籍问题也没有禁止性的规定,《华盛顿公约》第 25 条第 2 款第 1 项只是不允许"也具有作为争端一方的缔约方国籍的任何人",排除本国自然人在 ICSID 诉自己的国家的情况发生,以保证国际投资仲裁的国际性。至于以哪个外国自然人的身份提起仲裁,不在《华盛顿公约》所考虑的范围内。只要其中一个国籍是《华盛顿公约》的缔约方,就符合《华盛顿公约》的国籍要求。总之,《华盛顿公约》第 25 条第 2 款第 1 项要求的合格

---

〔1〕 我国《国籍法》第 9 条规定:"定居外国的中国公民,自愿加入或取得外国国籍的,即自动丧失中国国籍。"

的自然人要满足在同意交付调解或仲裁之日和仲裁请求登记之日具有一个作为缔约方的外国国籍,同时不具有东道国国籍的要求。

自然人投资者的国籍是判断其是否为适格申请人的重要依据之一,但实践中往往存在自然人投资者持有双重国籍的情形。由于投资条约和《华盛顿公约》均对此保持沉默,现实中只能依靠仲裁庭来决定双重国籍是否得到承认的问题。仲裁庭会考虑国际投资协定的条款和国际法的一般原则,依靠国际法来填补这些空白,确定投资者的国籍。在诺特博姆(Nottebohm)案[1]中提出的"有效性测试"原则在仲裁庭解释这个问题的过程中频繁出现。然而,对这一原则的适用,不同的仲裁庭采取了不同的立场,产生的结果并无连续性。

在尤多罗·阿曼多诉巴拉圭案(Eudoro Armando Olguín *v.* Republic of Paraguay)[2]中,具有秘鲁和美国双重国民身份的阿曼多先生根据秘鲁—巴拉圭 BIT(1994)提出了针对巴拉圭的索赔要求。巴拉圭主张阿曼多先生同时具有美国国籍,因而无权基于秘鲁—巴拉圭 BIT(1994)提出索赔。而该案的仲裁庭认为,虽然阿曼多先生同时具有美国国籍,且常住在美国,但其持有秘鲁国籍这一事实,足以使其享有依据 BIT 提出索赔的权利。

在索弗拉齐诉阿联酋案(Soufraki *v.* the United Arab Emirates)[3]

---

〔1〕 诺特博姆案,在该案中,诺特博姆曾是德国人,在危地马拉定居经商,1939 年诺特博姆申请了列支敦士登的国籍。之后列支敦士登向其签发了正式的国籍证书。根据德国法,其德国国籍同时丧失。第二次世界大战期间,德国曾与危地马拉交战,战后,危地马拉颁布法令,没收曾与自己国家交战国的国民的财产。诺特博姆请求列支敦士登行使外交保护权。ICJ 认为虽然列支敦士登给予诺特博姆以国籍,但诺特博姆与列支敦士登之间并无真正联系,其在列支敦士登并无住所、居所以及经济活动,申请列支敦士登国籍只是为了获得一个战争中立国的保护。因此,危地马拉并无义务承认列支敦士登给予诺特博姆的国籍,列支敦士登政府对诺特博姆不能行使外交保护权。

〔2〕 ICSID Case No. ARB/98/5.

〔3〕 ICSID Case No. ARB/02/7.

中,持有意大利和加拿大双重国籍的索弗拉齐先生以意大利公民身份援引意大利—阿联酋 BIT(2002)提出针对阿联酋的索赔。仲裁庭对索弗拉齐先生的双重国籍进行了调查。在调查中,仲裁庭援引了意大利国内法对于丧失意大利国籍的规定,相应法规规定,当意大利公民自愿获得他国国籍并在海外常住时,即丧失意大利国籍。据此,仲裁庭认为索弗拉齐先生自愿获得加拿大国籍,并常住海外的事实已使其丧失了意大利国籍,故而无权依据意大利—阿联酋 BIT(2002)提出索赔。

阿玛斯等诉委内瑞拉案(García Armas *v.* Venezuela)[1]中,索赔人阿玛斯先生和格鲁伯(García Gruber)女士起诉委内瑞拉政府。他们家族中的一些人在 20 世纪 50 年代和 60 年代移居委内瑞拉,在那里经营家族企业,涉及超市、餐饮和房地产业务。他们拥有委内瑞拉国籍,但没有放弃西班牙国籍。委内瑞拉政府在 2010 年没收了申请人的财产,但没有支付任何费用。

仲裁庭首先调查了是否符合国际法[西班牙—委内瑞拉玻利瓦尔共和国 BIT(1995)第 11 条第 4 款(b)项和《维也纳条约法公约》第 31 条第 3 款(C)项],双重国籍的人是否有权不受限制地向其国籍国之一提出国际仲裁。仲裁庭认为,事实并非如此。随后,仲裁庭审查了这项权利是否列入 BIT,西班牙—委内瑞拉玻利瓦尔共和国 BIT(1995)第 1 条第 1 款(a)项对“投资者”一词的定义为:“根据一个缔约方的法律拥有该缔约方国籍并在缔约另一方领土内进行投资的任何自然人。”根据仲裁庭的意见,这一定义并没有明确排除双重国籍国民受条约保护的权利,但也没有明确他们受条约保护。根据 1969 年《维也纳条约法公约》第 31 条第 1 款的规定,仲裁庭认为,投资者的定义应根据条约上下文进行解释,包括 BIT 第 11 条第 4

[1] ICSID Case No. ARB(AF)/16/1.

款(b)项争议解端机制。在这个争端解决方案下,一个投资者可以在投资所在国的法院提起诉讼也能提起国际仲裁。在投资者选择国际仲裁的情况下,仲裁庭认为当事方优先选用了 ICSID 及其《附加便利规则》。仲裁庭认为,根据国际法原则,任何一国的国民无权在国际法庭起诉自己的国家。仲裁庭补充说,即使适用国际法的有效国籍原则,仲裁庭仍然缺乏管辖权。根据这一原则,双重国籍者不得在国际法庭对其有效国籍国提起诉讼。根据仲裁庭的意见,申请人的有效国籍(主要国籍)是委内瑞拉国籍。申请人本身并没有提出西班牙国籍是其有效国籍的论点,申请人长期居住在委内瑞拉,在那里建立了家庭关系,在那里养育了孩子,并在那里建立了经济活动中心,其中一些人甚至出生在委内瑞拉。在上述基础上,仲裁庭得出结论:具有西班牙和委内瑞拉双重国籍的申请人,不能依靠西班牙—委内瑞拉玻利瓦尔共和国 BIT(1995)以西班牙国民身份诉委内瑞拉。即使这些人可以要求得到保护,他们只能对不具有有效国籍的国家提出这种主张。在任何情况下,他们都不能对委内瑞拉援引 BIT。仲裁庭因此宣布自己没有案件的管辖权。[1]

在塞巴·菲克斯诉土耳其案(Saba Fakes *v*. Republic of Türkiye)[2]中,申请人菲克斯先生拥有荷兰和约旦双重国籍,被申请人为土耳其。申请人指控,2003 年 7 月土耳其对其展开了一系列行动,扣押其投资到沃达丰公司(Telsim)的股份,并随后将该公司资产强制出售给第三方,从而征收了申请人的投资且未作任何补偿。土耳其认为,申请人没有提供充分证据证明其国籍的有效性,因此不符

〔1〕 该案中,ICSID 拒绝管辖。案件后由海牙上诉法院于 2021 年 1 月 29 日作出裁决,案件号为 200. 280. 055/01。

〔2〕 ICSID Case No. ARB/07/20.

合《ICSID 公约》以及荷兰—土耳其 BIT(1986)中的投资人国籍要求。尽管被申请人承认申请人具有荷兰和约旦双重国籍,但是申请人没有通过适用诺特博姆案中确立的国籍“有效性测试”来证明其荷兰国籍的有效性。对此,仲裁庭不予采信,认为尽管诺特博姆案对国籍确立了与国家的真实联系要求,但这一要求适用于解决外交保护问题的情况,是外交保护的国际惯例规则,并不适用于解决东道国与他国国民间的仲裁的情况。无论是《ICSID 公约》,还是促进和保护投资的条约,均是一种独特机制,为个体对东道国提起仲裁提供直接途径。根据《ICSID 公约》第 27 条第 1 款的规定,缔约方已放弃对其国民提供外交保护,或是代表其国民在 ICSID 提起仲裁的权利。《ICSID 公约》第 25 条第 2 款第 1 项中所包含的明确排除项是当事方的国籍中不能包括东道国国籍,无论该国籍是否有效。

从 ICSID 仲裁庭处理双重国籍问题的态度看,各案件中仲裁庭的结论并不一致。有的承认双重国籍,只要申请人具有其声称的国家的国籍,就将其视为该国自然人;有的否认双重国籍,以是否“有效”具有某国国籍来确定其是否是国际投资仲裁中的合格投资者。但仲裁庭通常并不反对申请人利用双重国籍身份来提起诉求,只是限制双重国籍国民对其本国的索赔,从而破坏国际仲裁的应有之义。

(二)法人

1. 外国法人

投资协定多对外国法人的国籍缺乏明确的规定。如美国—阿根廷 BIT(1991)第 7 条第 1 款:投资争端是指发生在一方和另一方的国民或公司双方之间的投资协议,或一方的外国投资当局授权国民或公司进行的投资,或违反了投资条约赋予的与投资有关的权利有关的争议。该条款只是指出了双方应分属不同的国家,并没有进一步对另一方国民或公司作出界定,因此只能在争议诉诸国际仲裁后,由国际仲裁机构来界定。

根据《华盛顿公约》第25条第2款第2项,外国法人在ICSID作为合格投资者的条件是,在争议双方同意将争议交付调解或仲裁之日,具有作为争端一方的国家以外的某一缔约方国籍,以及在上述日期也具有争端当事方国籍,而该法人应受外国控制。《华盛顿公约》草案在讨论中就法人国籍问题产生了较大的意见分歧,《华盛顿公约》对法人国籍问题没有作出明确规定。[1] 无论法人国籍界定是不是《华盛顿公约》有意留下的空白,这都给仲裁实践提供了很大的解释空间。而且由于在《华盛顿公约》制定过程中对于是否对相关用语作出明确规定难以达成共识,也导致了ICSID仲裁庭在裁决具体案件过程中适用的标准不一。

各国国内法对法人国籍的认定通常采用公司注册地、总部所在地等标准。传统上ICSID也应该按照这两个标准来确定法人的国籍。[2] 然而,ICSID仲裁庭并非总是按照传统的法人国籍认定标准来确定法人国籍。在对法人国籍的判定上,ICSID经历了从严格遵守法人的成立地或法人管理中心所在地标准发展到根据具体案情灵活认定法人国籍的变化,反映了ICSID仲裁庭扩大其管辖权进而扩大《华盛顿公约》适用范围的倾向。

2. 视为另一缔约方国民的具有东道国国籍的法人

外国法人与东道国之间更多需要这些经济实体进入东道国进行

〔1〕 参见陈安主编:《国际投资法的新发展与中国双边投资条约的新实践》,复旦大学出版社2007年版,第251~255页。

〔2〕 See Christoph H. Schreuer, *The ICSID Convention: A Commentary-a Commentary on the Convention on the Settlement of Investment Disputes between States and Nationals of Other States*, Cambridge University Press, 2001, p. 465-468.

投资经营。为了便于管理和规范,东道国通常会对这些经济实体提出本地化要求,登记注册成为东道国本国实体,或要求外国投资者将其投资通过本国的实体完成。这些实体其实受外国控制,在本质上还是属于外国公司。然而,国际投资仲裁解决的是"外国人"和东道国之间的投资纠纷而不是"本国人"和东道国之间的纠纷。为解决这个矛盾,《华盛顿公约》在25条第2款第2项中规定,"受外国控制"的本国法人也视为外国法人。

在这种情况下,有一些重要概念需要厘清。首先是"外国控制"。IIAs通常并不对"股东"和"外国控制"等作出界定,因此在涉及这个问题时,只能依靠仲裁庭对《华盛顿公约》作出解释。根据《华盛顿公约》第25条第2款第2项的规定,只要受到外国控制,无论是直接控制还是间接控制,都视为外国投资者。这样的规定虽然解决了跨国公司通常会在东道国设立有独立人格的法律实体这一问题,但是由于《华盛顿公约》没有规定外国控制的标准,给仲裁庭很大的裁量余地,同时为东道国对外国法人的判断带来了不确定性。

实践中,仲裁庭通常是从广义上解释"投资者"和"控制"的。在CMS案[1]中,CMS公司声称自己因为阿根廷的一个停止对天然气运输的费用调整的措施而受到影响。阿根廷抗辩称受到损害的是阿根廷TGN公司,CMS公司无权成为BIT认可的外国投资者,因此提请ICSID仲裁的权利只能由TGN公司来行使。阿根廷还认为,CMS公司虽然是股东,但是具有独立于TGN公司的身份,是TGN公司而不是CMS公司与阿根廷签订的协议,因此CMS公司只能以公司之间的问题来反对这个协议而不能以股东身份向阿根廷政府提起

〔1〕 CMS Gas Transmission Company *v.* Argentine, ICSID Case No. ARB/01/8.

诉求。[1]

CMS公司反驳说自己享有的权利并非从属于TGN公司的权利,而是以其在公司中的投资来提起诉求的,自己是BIT下的合格投资者,作为股东受到条约的保护。[2]

仲裁庭认为国际法并没有禁止由股东单独提起诉求,即使是小股东或是非控股股东。[3] 众所周知,控股股东取决于股权的分配,投资条约保护各种各样的股东。[4] 仲裁庭因此得出结论认为《华盛顿公约》并没有禁止自己行使管辖权。[5]

本书认为,《华盛顿公约》第25条第2款第2项所规定的视为另一缔约方国民的东道国法人在本案中所指的是具有阿根廷国籍的TGN公司,即使仲裁庭认定CMS公司对其拥有的股权达到"控制"的标准,也只能认定TGN公司是受美国公司控制,可以以美国公司的身份向ICSID提起诉求,而不是美国公司自己提起诉求,因为产生投资争端的是TGN公司和阿根廷政府,CMS公司并不是适格的原告。ICSID仲裁庭在投资条约缺乏规定的情况下,扩大合格投资者的外延,从而使自己对该案享有管辖权。而且,ICSID之所以认定CMS公司具有合格投资者的身份主要是因为TGN公司已经丧失了在ICSID起诉的机会,根据TGN公司与阿根廷政府的投资合同,阿根廷国内法院享有排他性的管辖权。[6] 要获得在ICSID的诉讼资格,该公司只能用其他身份出现。

---

〔1〕 CMS案,管辖权异议的决定第36、37段。
〔2〕 CMS案,管辖权异议的决定第40段。
〔3〕 CMS案,管辖权异议的决定第48段。
〔4〕 CMS案,管辖权异议的决定第51段。
〔5〕 CMS案,管辖权异议的决定第56段。
〔6〕 见下文的"岔路口条款与'ICSID'管辖权"部分。

此外,仲裁庭还接受了小股东股权为"控制"的标准。CMS 公司只是一个小股东,占有 TGN 公司 29.42% 的股权[1],因此阿根廷认为 CMS 公司并不是出于直接损失只是因为投资 TGN 公司而产生的间接损失而提起诉求[2],但是仲裁庭认可其提起单独的诉求。在之前的兰科诉阿根廷案(Lanco *v.* Argentina)中,仲裁庭认可只有 18.3% 持股比例的小股东作为合格投资者。[3] 安然(Enron)案中,仲裁庭认为安然公司虽然只作为小股东对阿根廷公司 TGS 公司享有间接权利,但仍允许其作为小股东提起单独的诉求,因为它是相关 BITs 所包含的投资者,其权利受到国际法和《华盛顿公约》保护。[4] 仲裁庭还认为,虽然双方的 BIT 中没有规定小股东,但这并不代表排除小股东的这种权利。根据双方 BIT 的宽泛界定,非大股东或是控股股东的公司,当其条约权利遭到侵害时也应被认定为合格的原告。[5]

仲裁庭需要厘清的另一个重要概念是"外国控制的层次",即间接控制问题。由于《华盛顿公约》没有对控制的层次予以明确说明,许多 BITs 中又承认了间接控制,东道国政府难以预见在将来的争议中投资者会以哪一个 BIT 提起诉求,从而使自己陷入不利境地。如美国—阿根廷 BIT(1991)第 1(a)条规定:投资意味着在一方境内,由另一方国民或公司直接或间接控制的每一种投资。缔约方国民对依当地法律设立的公司的间接控制就足以符合《华盛顿公约》第 25

---

〔1〕 CMS 案,管辖权异议的决定第 19 段。

〔2〕 CMS 案,管辖权异议的决定第 36 段。

〔3〕 Lanco International Inc. *v.* Argentine Republic, ICSID Case No. ARB/97/6,管辖权异议的决定第 40 段。

〔4〕 Enron Corporation and Ponderosa Assets L. P. *v.* the Argentine Republic, ICSID Case No. ARB/01/3,管辖权决定第 38 段。

〔5〕 安然案,管辖权决定第 46、49 段。

条第 2 款第 2 项的国籍要求。对于间接控制的层次,多数 BITs 中并没有明确规定。而 ICSID 仲裁庭在实践中往往对其作出相当宽泛的界定。

在安然案中,原告安然公司通过间接参股的形式参与了阿根廷南部某省份一个私有化了的天然气运输和分销的 TGS 公司。安然公司拥有阿根廷公司 CIESA 公司 50% 的股权,而后者拥有 TGS 公司 55.3% 的股权。而安然公司对 CIESA 公司也不是直接持有股权,而是通过其两个全资子公司 EPCA 公司和 EACH 公司持有。另外,安然公司拥有另一个阿根廷公司 ECIL 公司的股权,ECIL 公司又拥有 ECIDESCA 公司 76.93% 的股权,后者对 TGS 拥有 10% 的股权。总的股权相加,等于拥有 TGS 公司 35.34% 的股权(见图 2-1)。[1]

安然公司(Enron)
- {EPCA 公司, EACH 公司} ⟶ CIESA 公司(50%) ⟶ TGS 公司(55.3%)
- ECIL 公司 ⟶ ECIDESCA 公司(76.93%) ⟶ TGS 公司(10%)

图 2-1　安然公司和 TGS 公司的股权关系

阿根廷对间接控股的股东可以独立地提起诉求表示反对,因为这个案件中一系列的本国公司投资给 TGS 公司,如果允许其起诉,将引发无尽的诉求,因为每个股东都有在另一个国家投资的公司的股权,这将赋予这些公司直接提起诉求的权利。[2]

仲裁庭认为,阿根廷曾经很清楚地将安然公司作为美国—阿根廷 BIT(1991)所包含的投资者来对待,因为阿根廷当局曾经非常希望美国公司参与到 TGS 公司的天然气公司的私有化中,因此仲裁庭

〔1〕 安然案,管辖权决定第 21 段。
〔2〕 安然案,管辖权决定第 50 段。

认定原告作为投资者是阿根廷要求和同意的。申请人不能仅仅因为在法律关系上比较遥远而不被认定。其毫无疑问是投资的所有权人，权利受到条约的保护而不是只作为中间人享有合同权利，通过CIESA公司和相关公司进行投资也不能改变这个结论。[1]

仲裁庭的结论无视安然公司与TGS公司的遥远关系而认定后者受到前者的控制，使问题复杂化。从法律上说，TGS公司充其量只能算安然公司的孙公司，在股权不占优势的情况下，安然公司对TGS公司到底有多少决策权是有疑问的。即使不考虑决策权问题，由于参与的公司众多，其他同样拥有控制权的公司完全有可能以外国投资者的身份主张相同的权利。

当然ICSID仲裁庭这种扩大自身管辖权的行为并非毫无节制，2008年在TSA公司案(TSA Spectrum de Argentina SA *v.* Argentina)[2]中，仲裁庭中的绝大多数仲裁员裁定TSA公司不应该受到荷兰—阿根廷BIT的保护，从而拒绝了管辖权。因为仲裁庭发现尽管公司现在的所有者是一个100%股权的荷兰TSI国际频谱公司(TSI Spectrum International N.V.)，但该公司只是一个空壳(empty shell)，其实际上完全由一个阿根廷的自然人乔治·贾斯图·尼斯(Jorge Justo Neuss)控制。虽然根据荷兰—阿根廷BIT该公司是符合条件的，但仲裁庭认为要确认ICSID管辖权还应该有一个客观的标准。在作出决定前，仲裁庭考虑了《华盛顿公约》第25条第2款(b)项的意图，关于“另一缔约方国民”条款规定了两个标准，一是外国国民，二是外国控制的公司。TSA公司不满足第一个标准，因为该公司是由阿根廷国民所有的。但问题是它是否满足第二个标准，即由外国控制。在解决

---

〔1〕 安然案，管辖权决定第54~56段。

〔2〕 TSA Spectrum de Argentina S. A. *v.* Argentina Republic, ICSID Case No. ARB/05/5.

这一问题时，仲裁庭在是否“刺破公司面纱”，寻找TSA公司的最终控股人的问题上产生了分歧。两个仲裁员认为应该这么做，因为这种方法对于决定一个东道国国民的国籍以及确定原告公司的国籍的最终依据是至关重要的。[1] 最终仲裁庭决定使用“刺破公司面纱”原则来确定一个本地股份的实体是否符合《华盛顿公约》第25条第2款第2项的规定，真实地受到外资控制。仲裁庭最终认定TSA公司没有满足《华盛顿公约》第25条第2款第2项有关外国控制的要求，仲裁庭对该案没有管辖权。

从以上分析可知，合格投资者的认定对于确定ICSID管辖权的有无至关重要。在ICSID的仲裁实践中，当投资条约和《华盛顿公约》规定不明或阙如时，多数仲裁庭总是尽量地扩大自己的管辖权。仲裁庭往往不考虑与东道国签订投资条约的是不是本国公司，只要其有外国股份，无论股份比例多少，均构成合格投资者而受仲裁庭管辖；也无论该外国投资者对本国公司处于第几层的控制，都认为符合《华盛顿公约》规定的控制标准，从而行使管辖权。

仲裁庭禁止实际上为本国公民控制的本国公司作为外国投资者在ICSID提起诉求。由于《华盛顿公约》并没有对何为控制，是否包括直接或间接控制，是否为有效控制等构成管辖基础的外国控制的本质的问题进行明确规定，因此投资者可能会认为，当其同意某种程度上的外国控股可以被解释为控制，仲裁庭就不能“刺破公司面纱”来寻找真正的控制者。在TSA公司案中，多数仲裁员注意到股东只是一个空壳，后面站着一个阿根廷国籍的自然人，这个人想要在国际

---

〔1〕 See Damon Vis-Dunbar, *Tribunal Pierces the Corporate in Jurisdictional Decision Involving Argentina*, IISD., http://www.investmenttreatynews.org/cms/news/archive/2009/01/09/tribunal-pierces-the-corporate-veil-in-jurisdictional-decision-involving-argentina.aspx.

仲裁机构诉自己的国家。这个被阿根廷人控制的公司的诉求超出了《华盛顿公约》的规定。通过对这个案件的管辖权问题的分析可得出结论:仲裁庭实际上拥有自行解释《华盛顿公约》条款的广泛权利。

谢某深诉秘鲁政府案[1]也是一个 ICSID 仲裁庭在合格投资者的问题上扩大管辖权的例子。2006 年 9 月 29 日,谢某深向 ICSID 提起诉求,声称秘鲁税务局(SUNAT)2004 年针对其在秘鲁境内设立并拥有 90%股权的 TSG(秘鲁)有限公司采取的税收征管措施构成了不正当间接征收行为。依据中国—秘鲁 BIT(1994)向 ICSID 提起仲裁。秘鲁政府认为 ICSID 仲裁庭对此案没有管辖权,但 ICSID 仲裁庭得出中国—秘鲁 BIT(1994)适用于香港特别行政区的结论。本案的主要争议焦点是中外 BITs 是否适用于香港特别行政区,谢某深是否为合格投资者。仲裁庭在这个问题上并未进行深入探讨,而是认为各国有权依据本国法决定国籍问题。中国国籍的取得和丧失由《国籍法》决定,而且该法适用于香港特别行政区,谢某深具有中国国籍。仲裁庭认为没有必要审查中国—秘鲁 BIT(1994)是否适用于香港特别行政区,如果该 BIT 有排除对中国香港居民适用的意图,应当在条约的条文中予以明示。所以,仲裁庭认为由于《ICSID 公约》和中国—秘鲁 BIT(1994)并没有对中国香港居民的权利施加明确的限制,谢某深有权向 ICSID 提起投资仲裁。很多学者对谢某深诉秘鲁政府案中管辖权的裁定提出了批评,认为 ICSID 仲裁庭又采用了其惯用的手段,以看似合理实则无理的理由去达到其扩大管辖权的目的。[2]

---

〔1〕 Tza Yap Shum *v*. Republic of Peru, ICISID Case No. ARB/07/6.

〔2〕 参见陈辉萍:《ICSID 仲裁庭扩大管辖权之实践剖析——兼评"谢业深案"》,载陈安主编:《国际经济法学刊》第 17 卷第 3 期,北京大学出版社 2010 年版。

事实上,中国—秘鲁 BIT(1994)是香港回归前签订的,不应适用于香港。即使在香港回归后,中国政府签订的国际条约也不能自动适用于香港,而是应该经过法定程序。《香港特别行政区基本法》第 153 条第 1 款规定:"中华人民共和国缔结的国际协议,中央人民政府可根据香港特别行政区的情况和需要,在征询香港特别行政区政府的意见后,决定是否适用于香港特别行政区。"因此只有经过法定程序后中外 BITs 才能适用于香港特别行政区,而实践中,我国中央政府并未按此程序将任何一项中外 BIT 扩展适用于香港特别行政区。即使通过了《香港特别行政区基本法》规定的程序,中外 BITs 也未必适用于香港特别行政区。将中外 BITs 扩展适用于香港特别行政区,实质上涉及对条约的修改,需要适用国际法程序,重新对该条约进行谈判。仲裁庭的认定方式无形中给予了 ICSID 仲裁庭扩大管辖权的机会。[1]

澳门世能投资有限公司诉老挝案[2]与谢某深诉秘鲁政府案涉及同样的问题。澳门世能投资有限公司是一个澳门公司,在向老挝投资的过程中与老挝政府发生投资争端。澳门世能投资有限公司依中国—老挝 BIT(1993)提出仲裁请求,主张老挝违反 BIT 的规定。老挝政府提出管辖权异议,认为中国—老挝 BIT(1993)并不适用于澳门特别行政区。但常设国际仲裁院仲裁庭作出裁定,认定该 BIT 适用于澳门特别行政区。尽管该案后面经过新加坡两级法院的裁

---

〔1〕 参见黄月明:《ICSID 仲裁庭扩大管辖权的途径及其应对——从"谢业深案"切入》,载《华东政法大学学报》2013 年第 5 期。

〔2〕 Sanum Investment Limited *v*. The Government of the Lao People's Democratic Republic,该案仲裁地为新加坡,登记机构为海牙常设仲裁法院,以 2010 年 UNCITRAL 规则为仲裁规则。2017 年 4 月,澳门世能投资有限公司向 ICSID 另外提起仲裁,主张老挝不履行和解协议,案号 ADHOC/17/1。所以澳门世能投资有限公司诉老挝案也属于 ICSID 案件。

判，中、老双方也提交了官方对 BIT 不应适用于澳门特别行政区的函件，表明了双方政府的态度，但最终新加坡上诉法院还是认定中国—老挝 BIT(1993)适用于澳门特别行政区，仲裁庭对澳门世能投资有限公司的请求享有管辖权。[1]

第二节 ICSID 的属事管辖权

一、法律争端

(一)"法律争端"

《华盛顿公约》第 25 条第 1 款要求提交 ICSID 管辖的必须是缔约方(或缔约方向 ICSID 指定的该国的任何组成部分或机构)和另一缔约方国民之间直接因投资而产生的任何法律争议。

在 AES 案中，阿根廷声称自己与原告之间不存在法律争议，因而仲裁庭没有管辖权。[2] 仲裁庭强调案件在实质上需要满足两个要素才符合《华盛顿公约》第 25 条第 1 款的要求，第一个要素是法律争端固有的定义，第二个要素是 ICSID 创建的初衷。ICJ 曾在处理东帝汶案时将法律争议界定为"当事方之间在事实上或法律上的不一致，法律观点或利益的冲突"。而从《华盛顿公约》的上下文来看，施乐尔教授在提到第 25 条第 1 款时评论道："当事方的不一致必须与它们的关系有一些实际的联系，这种联系不能仅仅是理论上的。理论上 ICSID 的任务不是澄清法律问题。"[3] 仲裁庭认可

---

[1] 参见龚柏华、伍穗龙主编：《涉华投资者—东道国仲裁案述评》，上海人民出版社 2020 年版，第 189～203 页。

[2] AES Corp. *v.* Argentine Republic，ICSID Case No. ARB/02/1，管辖权异议的决定第 40 段。

[3] AES 案，管辖权异议的决定第 43 段。

原告提起的诉求是《华盛顿公约》第 25 条第 1 款规定的法律争端,因此认为自己有管辖权。[1]

(二)"直接因投资而产生"

《华盛顿公约》第 25 条第 1 款规定 ICSID 管辖范围是法律争端,而且这种争议是"直接因投资而产生"。

在 CMS 案中,阿根廷认为这不属于直接投资而产生的争议。仲裁庭认为虽然自己对阿根廷采取的一般经济政策没有管辖权,但是对影响投资的一般经济政策有管辖权,如果这些政策违反对投资者的承诺。仲裁庭指出,一个问题是否在仲裁庭的管辖权范围内取决于该诉求是否直接与影响投资的特定措施有关。[2]

在 AES 案中,阿根廷认为双方的争议不是直接由投资引起的,因为《华盛顿公约》规定的不是所有的法律争端,而是直接由投资引起的法律争端。阿根廷认为自己采取的措施不是直接针对 AES 的投资,而是针对所有投资者的一般性的措施。仲裁庭认为阿根廷终止比索对美元的 1∶1 的兑换比例的政策并取消其可兑换性对原告 2001 年之前在阿根廷的投资产生了实质性的不利后果。仲裁庭认为本案跟 CMS 案一样,AES 的诉求并没有建立在阿根廷的一般经济政策基础上,而是建立在 AES 据以作出投资的具体措施和法律结构上,而该投资被阿根廷的法律措施——尤其是阿根廷拒绝使用之前同意的价格计算和调整系统——所终止。与 CMS 案一样,仲裁庭认为本案不涉及阿根廷在 2001 ~ 2002 年所采取的一般经济政策而是涉及其对 AES 具体造成的负面影响。[3]

---

[1] AES 案,管辖权异议的决定第 47 段。

[2] CMS 案,管辖权异议的决定第 27 段。

[3] AES 案,管辖权异议的决定第 48、53、56 ~ 57 段。

二、合格投资

(一)国际投资条约的界定

老一代国际投资协定往往依赖宽泛的定义,涵盖外国投资者持有的开放式资产清单。要知道确认一项投资是否属于ICSID认可的合格的外国投资,以及它可能涉及哪些所有权链条关系,对东道国政府而言是一项重大挑战。

在英国签订的BITs中,一般将投资定义为"每一种财产"[1],法国签订的BITs中,也采用宽泛的定义,如"每一种财产、权利及利益"[2],美国—阿根廷BIT(1991)第1(a)条规定:投资意味着在一方境内,由另一方国民或公司直接或间接控制的每一种投资,例如普通股、债务、服务和投资合同,包括但不限于(1)有形或无形财产,包括权利,例如抵押权、留置权和保证;(2)一个公司或是公司股份或是公司其他利益或是财产利益;(3)一个与投资直接有关的金钱诉求或是有经济价值的履行义务的诉求;(4)包括所有领域人类尝试的文学和艺术作品,其中包含声像制品在内的知识产权,工业设计,半导体掩膜作品,商业秘密,专门技术和保密的商业信息以及商标、服务标记和贸易名称;(5)法律或合同给予的任何权利以及法律允许的任何权利。根据该条款,无论是直接或间接控制的任何类型的财产或财产权利,东道国都给予保护。在美国BIT范本(2012)中使用的概念是"投资者直接或间接拥有或控制的具有投资特性的每种资产",包括具有投资特性的资本或其他资源的承诺、收益或利润的预期,或风险的承担等特征。投资形式包括:(1)设立企业;(2)取得企业的股

---

〔1〕 如2002年《波黑—英国促进和保护投资协定》第1条。

〔2〕 如1995年《法国—南非双边鼓励和保护投资协定》第1条。

份和其他股权;(3)债券和其他债权文件及贷款;(4)取得期货和其他衍生物;(5)建设、管理、特许等合同;(6)取得知识产权;(7)取得根据可适用的国内法授予的许可证、授权及类似的权利;(8)其他有形或无形财产、动产或不动产以及相关财产权利。[1] 总之,近年来投资条约中投资的概念不断扩张,几乎已经涵盖直接、间接投资及现代所有具有经济价值的合同与其他交易。[2]

其实,早期学界的看法是知识产权等无形财产不应被看作国际法所保护的财产,因为东道国对这种财产拥有绝对的控制权,这些财产的有无取决于东道国在多大程度上承认这种权利。对股权的保护也遵循这个原理,因为一个法人存在的法律基础是其本国公司法。[3] 近年来的BITs将无形财产纳入投资的范围实际上是通过条约来行使本应属于国内法行使的权利。任何由国内法规范的事都可以被放到条约中来成了被广为接受的观点。[4]

(二)《华盛顿公约》的规定

虽然对于整个《华盛顿公约》来说,"投资"应当是一个核心定义,但无论从《华盛顿公约》立法史还是从《华盛顿公约》的文字上来看,有关此的规定都是一个空白。这其实是《华盛顿公约》起草者们的一个刻意安排,因为他们认为加入该定义会使《华盛顿公约》过于严格。ICSID的设计者,当时的世界银行总顾问建议不对"投资"这

---

〔1〕 美国BIT范本(2012),http://www.state.gov/documents/organization/188371.pdf。

〔2〕 参见林一飞:《双边投资协定争议解决机制及仲裁管辖权相关问题述评》,载中国仲裁在线2023年1月10日,http://www.cnarb.com/Article/lltt/200704/45_5.html。

〔3〕 See M. Sornarajah, *The International Law on Forgign Investment*, 2nd *edition*, Cambridge University Press, 2004, p. 220.

〔4〕 See M. Sornarajah, *The International Law on Forgign Investment*, 2nd *edition*, Cambridge University Press, 2004, p. 221.

个术语作出界定,原因是这可能对 ICSID 的权威产生不必要的限制。[1]《华盛顿公约》将这一任务交给了 ICSID 仲裁庭,实践中,仲裁庭一般按以下几个标准来确定什么是《华盛顿公约》下的合格投资:

——该项目必须存续一定时间;

——必须有规律的收益和回报;

——双方都承担特定的风险;

——有实质开展特定活动的义务;

——经营应对东道国发展有实际意义,就像《华盛顿公约》序言中所说的那样。[2]

(三)仲裁实践

对于什么是合格投资,仲裁庭目前主要有两种解释方法。第一,在《ICSID 公约》框架下对"投资"进行客观界定。按照该方法,"投资"可通过一系列的特征予以识别,但在识别特征时要保持灵活性。第二,"投资"的客观定义中应包含用以识别投资的构成性要素,只有满足这些构成性要素的行为方可构成投资。然而,目前并没有统一、准确的构成性要素。尽管已有较多的 ICSID 仲裁庭就投资定义作出阐释,但其阐释所适用的路径并不一致,无法提供一般性指导。[3]

在 CMS 案中,阿根廷提出的管辖权异议建立在认为股份不能构成《华盛顿公约》要求的投资的基础上。阿根廷认为无论是 TGN 公司本身还是其享有的特许经营权都不能作为 BIT 下的投资。TGN 公

---

〔1〕 See Christoph Schreuer, *The ICSID Convention: A Commentary*, Cambridge University Press, 2001, p. 121 – 125.

〔2〕 See Christoph Schreuer, *The ICSID Convention: A Commentary*, Cambridge University Press, 2001, p. 121 – 125.

〔3〕 参见《中国贸促会法律事务部投资仲裁案例课题成果选登(一百四十三)|Sa ba Fakes 诉土耳其共和国仲裁案》,载贸法通网 2022 年 8 月 8 日,ctils. com/articles/6712。

司有其自己的财产，其中包括特许经营权，而这些财产不构成 BIT 下的投资。CMS 公司的诉求是建立在侵害 TGN 公司的特许经营权的基础上，因此不能被视为直接因投资而产生的争议。[1]

CMS 公司认为 TGN 公司虽然不是条约中所规定的投资者，但是应以非阿根廷国民的身份对待它，因为其受外国控制。CMS 公司认为自己对 TGN 公司的 29.42% 的股份构成了条约中所规定的投资。CMS 公司有权要求对直接由这些股份产生的损失进行赔偿。[2] 仲裁庭认为，原告的权利是独立于 TGN 公司和其特许经营权的，因为原告对其投资有独立的诉由，因此仲裁庭裁定自己有管辖权。

在 AES 案中，仲裁庭认为 AES 对发电和电力分销企业在经济上的参与符合美国—阿根廷 BIT(1991)条款的规定。将资金投入一段特定的时间以支持东道国的经济发展，AES 也接受了其中所蕴含的风险。[3] 仲裁庭最终认定 AES 是一个合格的原告。[4] 兰科诉阿根廷案和阿祖瑞克斯(Azurix)案中仲裁庭的观点与这两个案件一致。

在阿布克莱特(Abaclat)案中，仲裁庭将投资者在国外购买的主权债券认定为投资。在该案中，阿根廷认为主权债券不构成《华盛顿公约》第 25 条第 1 款规定的投资。本案仲裁庭引用了萨里尼(Salini)案[5]

[1] CMS 案，管辖权异议的决定第 66 段。

[2] CMS 案，管辖权异议的决定第 67 段。

[3] AES Corp. v. Argentine Republic, ICSID Case No. ARB/02/17，管辖权异议的决定第 88 段。

[4] AES 案，管辖权异议的决定第 89 段。

[5] 萨里尼案确立的"萨里尼公式"成为国际投资仲裁界定义投资的最重要的标准之一。最终案件以和解结案，但仲裁庭确立的判断投资的标准成了日后仲裁庭处理类似案件的依据之一，关于此案件中以招投标方式中标并以提供工程服务的承揽活动构不构成国际投资法意义上的"投资"，投资仲裁庭通过对之前裁决的总结，结合 BIT 的规定，确定了"投资"的四个认定标准：(1)有金钱或者资产的投入；(2)活动持续一定期限；(3)该活动存在风险和不确定因素；(4)对东道国经济作出贡献。如果满足上述四个条件，则可被认为是国际投资法意义上的"投资"。萨里尼案将之前国际社会普遍存在争议的投资概念进一步明确化、公式化，成为判定投资是否受保护的重要依据。

中确立的几个标准:(1)投资者的实质贡献;(2)存续一定的时间;(3)存在经营风险;(4)特定的盈利规律;(5)对东道国经济发展作出贡献。[1] 阿根廷认为,萨里尼案根据《华盛顿公约》的目的为投资的概念划定了边界。而且,申请人的诉求不是根据阿根廷—意大利 BIT(1990)第 1 条规定的在阿根廷境内的投资提出的,这是因为意大利债权人是从意大利银行购买的债券。[2]

仲裁庭认为,阿根廷单方面修改自己的支付义务的行为是一种国家权力的行使,而不是合同权利和义务,因此该诉求受阿根廷—意大利 BIT 管辖,而且,只要该诉求是阿根廷—意大利 BIT(1990)第 1 条中规定的实际上由投资引起的争议并符合《华盛顿公约》第 25 条第 1 款的规定,仲裁庭就有管辖权。[3]

仲裁庭认为申请人的债券符合相关 BIT 中有关投资定义,阿根廷—意大利 BIT(1990)对投资的定义符合《解决投资端的国际中心仲裁规则》。因此,仲裁庭拒绝按照萨里尼案的标准而更关注 BIT 的规定和 ICSID 的目的。仲裁庭承认萨里尼案提出的投资的标准是有价值的,但是,这不能构成投资的经济交易形式的边界,这不符合阿根廷—意大利 BIT(1990)的规定和 ICSID 的目的。[4] 仲裁庭提出了一种"双管"测试标准,根据该标准,投资必须同时符合 BIT 和《华盛顿公约》的规定。仲裁庭运用这种标准指出阿根廷—意大利 BIT(1990)第 1(1)条规定的投资定义是很宽泛和包容的,尤其是 c 段中的规定看起来是明确包含了金融工具,例如债券,因此,申请人主张的行为符合 BIT 下有关投资的定义。同时,主张符合《华盛顿公约》

---

[1] Abaclat, ICSID Case No. ARB/07/5,裁决书第 341 段。
[2] 阿布克莱特案,裁决书第 341、373 段。
[3] 阿布克莱特案,裁决书第 333 段。
[4] 阿布克莱特案,裁决书第 344 段。

的目的——鼓励私人投资。因此,拒绝申请人的投资保护要求与ICSID的政策和价值相悖。[1] 仲裁庭得出结论,申请人的债券符合BIT和ICSID的规定,阿根廷债务重组不仅是个合同纠纷,不应从ICSID仲裁程序中排除。

值得注意的是,此案中阿根廷指派的仲裁员乔治·阿比·萨博(Georges Abi-Saab)教授提出了反对意见。他认为仲裁庭对此案不应该有管辖权。乔治·阿比·萨博教授指出,"投资"这个术语有其重要内核,这是BIT不能放弃的。[2] 而且,既然债券是在国际金融市场上售出的,根据法律和法院选择原则,适用法律和法院均处于阿根廷之外,因此这些债券和阿根廷缺乏管辖权的联系。[3]

仲裁实践表明,ICSID仲裁庭对投资的界定日益宽泛,这引起了学界的普遍忧虑。正如法鲁克·亚拉(Farouk Yala)指出的,长此以往,ICSID的管辖权可能扩展至任何形式的经济营业活动,ICSID也将成为一般的商事仲裁机构,缔约方为加入《华盛顿公约》让渡主权权利的行为就失去了意义。早知如此,缔约方当初可能就不会登上世界银行提供的这艘"航船"。[4]

在萨巴·菲克斯(Saba Fakes)诉土耳其政府案[5]中,仲裁庭虽然适用了萨里尼公式,但仲裁庭认为投资只需要满足前三个标准即可(投入、特定期限、风险),是否对东道国经济作出贡献并不构成投

[1] 阿布克莱特案,裁决书第364段。

[2] 阿布克莱特案中乔治·阿比·萨博教授提出的反对意见,第46页。http://italaw.com/documents/Abaclat_Dissenting_Opinion.pdf.

[3] 阿布克莱特案中乔治·阿比·萨博教授提出的反对意见第77~87页。

[4] See Farouk Yala, *The Notion of "Investment" in ICSID Case Law: A Drifting Jurisdictional Requirement? —Some "Un-Conventional" Thoughts on Salini, SGS and Mihaly*, 22 Journal of International Arbitration 125(2005). 转引自季烨:《国际投资条约中投资定义的扩张及其限度》,"2008全国博士生学术论坛"会议论文,2008年10月于武汉。

[5] ICSID Case No. ARB/07/20.

资要件。对于土耳其政府提出的违反善意原则的行为不应被视作受保护的投资,仲裁庭认为该原则不应被包含在投资定义之中,一项投资是善意的,或是非善意的,不影响其构成一项投资。但对于涉及股权投资的外国投资者,仲裁庭认定本案中名义上的投资明显低于市场价格,股权也没有真正转让,只是作为吸引其他投资者的诱饵。这些投资都不被视为仲裁庭认可的投资。仲裁庭在判定投资的过程加入了"合法性"的规定,即投资必须是符合投资保护协定和东道国法律的规定的,只有合法的投资才能得到仲裁庭的保护。

近年来ICSID审理的案件中关于是否构成合格投资的认定问题上仲裁庭基本围绕萨里尼标准。虽然得出的结论不尽一致,但总体而言,绝大多数仲裁庭认可投资,并尽可能扩大ICSID的管辖权。例如,2020年裁决的案件中涉及合格投资的认定时仲裁庭均审查了是否符合所覆盖投资的某些特征或标准。阿德曼科普洛斯和其他诉塞浦路斯案[1](Adamakopoulos and others v. Cyprus)[适用塞浦路斯—希腊BIT(1992)和比利时—卢森堡经济联盟—塞浦路斯BIT(1991)]是关于两家塞浦路斯的银行——莱基银行(也被称为塞浦路斯大众银行)和塞浦路斯银行的存款和债券问题的纠纷,仲裁庭多数意见认可债券、存款和人寿保险构成受保护的投资。另外根据ICSID《附加便利规则》提起的斯特拉巴格诉利比亚案[2](Strabag v. Libya)[奥地利—利比亚BIT(2002)]中班加西和米苏拉塔附近公路项目和其他基础设施项目是否构成投资的问题,仲裁庭的多数意见认为索赔人的所称投资符合萨里尼标准(但仲裁庭不需要就此作出决定,因为《ICSID公约》第25条不适用于依ICSID《附加便利规则》

---

[1] ICSID Case No. ARB/15/49.

[2] ICSID Case No. ARB(AF)/15/1.

提起的仲裁)。另一个根据ICSID《附加便利规则》提出的文托诉墨西哥案[1](Vento v. Mexico)(适用NAFTA),该案涉及有关摩托车制造的投资。对于向原期限至少为三年的企业提供的贷款是否符合NAFTA下的投资,仲裁庭认为构成投资。

关于间接投资是否构成投资的问题,在阿德曼科普洛斯和其他诉塞浦路斯案中,关于塞浦路斯—希腊BIT(1992)是否包括索赔人通过塞浦路斯实体或第三国实体持有的间接投资,仲裁庭的多数意见认为包含,因为所有权可以是直接的或间接的,也可以是全部的或部分的。艾尔和蒙特罗斯开发公司诉斯里兰卡案[2](Eyre and Montrose Developments *v.* Sri Lanka)中,对于一名索赔人通过第三州的公司间接持有的投资,仲裁庭也认定属于投资。

北京城建集团有限公司诉也门案[3]中双方争议的主要问题也包括北京城建集团有限公司在也门的工程建筑行为是否属于投资。中国—也门BIT(1998)第1条对投资进行了明确的定义。该条款列举了贷款、股权出资和工业产权属于投资范畴,普通商业交易的货物销售则不被包括在内。而在本案中,北京城建集团有限公司与也门民航和气象局之间的合同约定的工程范围包括土地建设、机电设备的供货和安装等,对于这些是否属于投资,中国—也门BIT(1998)中没有明确规定。本案仲裁庭借鉴了萨里尼案仲裁庭对投资的四个认定标准,仲裁庭通过对这四个认定标准的一一检视,认定北京城建集团有限公司实施的供货、安装等行为构成投资,在建设项目完成后,对也门政府的经济发展无疑是有促进作用的。因此,在属事管辖权

[1] ICSID Case No. ARB(AF)/17/3.

[2] ICSID Case No. ARB/16/25.

[3] ICSID Case No. ARB/14/30.

上,仲裁庭是享有管辖权的,最终判定工程建筑行为构成合格投资。

从以上分析可以看出,对于投资这个关键概念,《华盛顿公约》的规定语焉不详,寄希望于国际仲裁庭对此作出解释。而国际仲裁庭解释该概念的法律依据是近年来越来越广泛使用的投资协定中以资产为基础的开放式的投资定义,其外延包含了直接投资、间接投资及任何具有经济价值的交易。对直接由投资引起的法律争议的界定,仲裁庭也倾向于进行宽泛的界定。事实上,投资定义越宽泛,受保护的资产类型越多,东道国管制外国投资的能力和权限就越受限制。

第三节 “同意”对管辖权的影响

双方当事人的同意是 ICSID 管辖权的基石,是仲裁庭享有管辖权的基本条件。批准《华盛顿公约》并不意味着一个主权国家或是个人投资者同意 ICSID 仲裁。根据《华盛顿公约》第 25 条第 1 款的规定,ICSID 的管辖适用于缔约方(或缔约方向 ICSIT 指定的该国的任何组成部分或机构)和另一缔约方国民之间直接因投资而产生的任何法律争端,而该项争端经双方书面同意提交给 ICSID。ICSID 行使管辖权的前提条件必须是双方书面同意。实践中,同意的形式主要有三种:第一种是在投资协议中约定接受仲裁,即外国投资者与东道国签订的合同中包含 ICSID 仲裁的争端解决条款。第二种是东道国在国内立法中规定相应条款,规定外国投资者享有申请 ICSID 仲裁的权利。第三种是东道国与投资者母国在投资条约中约定使用 ICSID 仲裁机制。ICSID 仲裁庭对同意的理解也发生了变化。1996 年以前,仲裁庭一般将同意理解为通过投资者与国家之前签订的投资合同来体现,但这之后仲裁庭大量接受根据双边或多边投资条约提交的案件。[1] 近年来,多数投资仲裁案件都是通过 BITs 规定的方式解决的。在投资条约中规定同意国际仲裁构成一种对东道国有约束力的开放式的单方同意,只要投资者之后以某种书面形式表示同意,如在发生争议后诉诸 ICSID,就构成《华盛顿公约》要求的双方书面同意,就能启动 ICSID 仲裁。这个规定赋予了投资者很大的权利,使其可以借助投资条约径直向 ICSID 提出仲裁申请。与国内法律规定相比,一国很难撤销其在条约中给予的、尚未被相对方接受的同意。即使一方试图撤销,条约包含的同意条款也将始终有效,除非撤销理由在条约法上能够成立。[2] 这使东道国无法预见将来可能面临的 ICSID 仲裁案件,如果东道国没有在 IIAs 中设定足够严密的例外条款,就有可能面对大量的 ICSID 仲裁案件。

很多发展中国家对外签订投资条约几乎都接受了这种开放式的同意。美国—阿根廷 BIT(1991)第 7 条第 3 款第 1 项条规定,如果有关国民或公司没有根据第 2 款第 1 项或第 2 项的规定请求解决争议,且争议发生已历时 6 个月,该有关国民或公司可以选择以书面方式同意通过有约束力的仲裁方式解决争议。第 2 款规定,有关国民或公司一旦作出此项同意,任何争议方可以根据此项同意作出的选择提起仲裁。

在兰科诉阿根廷案中,美国投资者根据美国—阿根廷 BIT(1991)向 ICISD 提起仲裁。该 BIT 第 7 条允许投资者在国内法院、仲裁机构和之前磋商的任何争端解决程序之间作出选择。投资者选

[1] 参见石慧:《〈华盛顿公约〉第 25 条适用之新探——以 ICSID 管辖权的发展为切入点》,载《湖南文理学院学报(社会科学版)》2006 年第 6 期。

[2] 参见[德]鲁道夫 · 多尔查、[奥]克里斯托弗 · 朔伊尔编:《国际投资法原则》,祁欢、施进译,中国政法大学出版社 2014 年版,第 269 页。

择了 ICSID 仲裁。而之前美国投资者兰科在与阿根廷政府签订的特许权合同中规定投资争端由布宜诺斯艾利斯的行政法庭管辖。阿根廷辩称根据《华盛顿公约》第 25 条第 1 款,由于没有书面同意,因此 ICSID 不享有管辖权。然而根据仲裁庭的分析,BIT 中对仲裁的同意,构成了对投资者的一种开放的要约(offer),当投资者提起仲裁时就意味着对 ICSID 管辖的接受,这种同意不能由投资者和东道国签订的包括管辖条款的合同撤回。

在阿布克莱特案中,一个叫 TFA 的机构向 ICSID 提出诉求。这个机构不是仲裁的当事方,也没有得到当事方(申请人)的授权(经证实授权的签字有部分是伪造的),仲裁庭却认定仲裁对原告有利从而推论原告是同意的。而对于被诉方阿根廷的同意问题,尽管仲裁庭承认阿根廷—意大利 BIT(1990)中只对国际仲裁作了同意,而这种同意并不涉及一方人数众多的仲裁形式,但仲裁庭认为阿根廷是否同意并不重要,更不需要阿根廷的二次同意。对于 BIT 和《解决投资争端的国际中心仲裁规则》中没有规定一方人数众多的仲裁的问题,仲裁庭认为可以由自己来填补这个空白。仲裁庭最后得出结论,如果拒绝管辖,将与 BIT 和 ICSID 的精神相违背。

还有一部分 BITs 中的争端解决条款并不构成对东道国有约束力的同意仲裁的意思表示,这些条款仅规定东道国作出的是"将来会同意"仲裁的承诺。如日本—巴基斯坦 BIT(1998)第 10 条第 2 款中表述为当发生争议时"将同意"仲裁,以此承诺将来会同意投资者将争议提交仲裁的要求。在米利康电信公司(Millicom)诉塞内加尔案中,BIT 条款同样规定东道国"将同意"将争议提交 ICSID 仲裁。塞内加尔认为这并不构成同意仲裁。在这种情况下,国家有同意或不同意的自由裁量权。然而仲裁庭否定了该异议,认为 BIT 条款规定

"相当于塞内加尔作出同意ICSID仲裁的单方的同意和承诺"[1]。

在ICSID涉中国案件中,同意问题被赋予了新的意义。对于管辖权的争议涉及同意的范围,出于慎重考虑,中国在早期签订IIAs的时候,只同意将涉及征收补偿款额的争议提交ICSID。如中国—秘鲁BIT(1994)第8条第1款、第2款、第3款规定,投资争端应首先通过友好协商的方式解决,6个月内协商不成再通过东道国国内司法途径解决。若争议是涉及征收补偿款额的争议,如在6个月内协商不成,可应任何一方的要求,将争议提交ICSID仲裁解决。而有关其他事项的争议则必须"经双方同意"才可提交ICSID仲裁庭。在谢某深诉秘鲁政府案中就涉及这个问题。秘鲁政府认为,中国—秘鲁BIT第8条第3款明确同意将"涉及征收补偿款额的争议"提交ICSID仲裁庭解决,但未同意将"涉及征收的争议"提交ICSID仲裁,认为ICSID对此案没有管辖权。仲裁庭根据《维也纳条约法公约》第31条和第32条规定解释这个问题,确认了自己的管辖权。根据第31条,仲裁庭认为"涉及征收补偿款额"的"涉及"(involving)按照通常意义应被解释为"包括但不限于"(include but not limited to or exclusive),即"涉及征收补偿款额的争议"包括了"涉及征收的争议"。[2]之后秘鲁政府提出了撤销裁决结果的申请,认为仲裁庭的解释过于宽泛,忽略了条约中的文义解释。但临时委员会认为仲裁庭对此问题的认定并没有违背《华盛顿公约》的规定,驳回了秘鲁政府对管辖权异议的申请。临时委员会强调,根据中国—秘鲁BIT(1994)第8条的岔路口条款,一旦投资者就征收问题诉诸国内法院,则其对于征收补偿款额问题就会失去提交ICSID仲裁的机会,ICSID仲裁管辖权

〔1〕 米利康电信公司诉塞内加尔案,管辖权异议的决定第56、61~65段。

〔2〕 谢某深诉秘鲁政府案,管辖权和赔偿的决定第151段。

将形同虚设。[1]

秘鲁政府引用了中国在加入《ICSID 公约》时所作的声明和中国—秘鲁 BIT(1994)谈判过程中中方谈判代表和中方专家的意见,不过仲裁庭均没有采纳。仲裁庭还援引了挪威移动通讯公司诉匈牙利案作为借鉴,但在该案中,挪威—匈牙利 BIT(1991)第 11 条明文规定“补偿或者与征收有关的任何争议”可提交 ICSID 仲裁庭调解或仲裁,这与本案中的“涉及征收补偿款额的争议”存在明显区别。[2]本案仲裁庭的解释存在扩大解释的倾向,根据《维也纳条约法公约》第 31 条第 1 款,条约解释应该遵循“善意解释”原则,按照条约的目的和宗旨,忠实地按照条约用语的上下文,就约文的通常意义进行解释。而仲裁庭在对该案同意提交的争议范围进行解释的时候,并没有遵守这些解释原则。

北京城建集团有限公司诉也门案[3]中同样涉及这个问题。中国—也门 BIT(1998)第 10 条第 2 款规定:“如果争议在书面提出解决之日起六个月内不能由争议双方通过直接安排友好解决,该争议应按投资者的选择提交:(一)投资所在的缔约一方有管辖权的法院,或者(二)一九六五年三月十八日在华盛顿开放签字的《关于解决国家和他国国民之间投资争端公约》下设的‘解决投资争端国际中心’仲裁。为此目的,缔约任何一方对有关征收补偿额的争议提交本条款所述的仲裁程序均给予不可撤销的同意。其他争议提交程序应征得当事双方同意。”也门政府认为“征收补偿额”是明确对第 10 条的整体适用予以限制,因此也门政府认为中国—也门 BIT(1998)

---

〔1〕 谢某深诉秘鲁政府案,撤销裁决的决定第 136 段。

〔2〕 参见陈辉萍:《ICSID 仲裁庭扩大管辖权之实践剖析——兼评“谢业深案”》,载陈安主编:《国际经济法学刊》第 17 卷第 3 期,北京大学出版社 2010 年版。

〔3〕 ICSID Case No. ARB/14/30.

未能满足《华盛顿公约》第 25 条第 1 款规定的书面同意要求，仲裁庭没有管辖权。仲裁庭根据中国—也门 BIT（1998）的用词、上下文语境、目的和宗旨进行解释，认为此处应当将“涉及”进行广义解释，即应当包括征收行为的法律责任。仲裁庭认为，从第 10 条第 2 款可见，投资者对选择诉诸地方法院或 ICSID 的权利是择一性的，在投资争端无法解决时，投资者可以选择地方法院或 ICSID，但两者只能选择其一。如果按照也门政府的解释，关于征收补偿义务的争议只能诉诸也门地方法院，若也门拒绝征收补偿，就不存在补偿款额的问题。投资者实际上丧失了选择权。因此，仲裁庭认为“任何与征收补偿款额有关的争议”应当包括与征收是否发生有关的争议，即是否具有征收补偿义务的争议。最终仲裁庭驳回了也门政府的管辖权异议。

我国订立的 BITs 一部分签订于二十世纪八九十年代，其最主要的特点是将涉及征收补偿款额的争议作为仲裁的对象，仅有少部分 BITs 的仲裁对象扩及与投资有关的任何争议，或是东道国涉嫌违反 BITs 中的条款产生的争议。因此，如何界定涉及征收补偿款额的争议的概念就成为判定仲裁管辖权的关键。在以上案件中，仲裁庭对此作出广义解释，认为应当包含东道国征收行为的法律责任。这些解释对于东道国而言是 ICSID 扩大自身管辖权的表现，对投资者而言表面是利好消息，因为如果仲裁庭采纳了狭义解释，则意味着东道国进行非法征收的法律责任将交由东道国国内法院裁判，而东道国司法机关很有可能偏袒本国政府，判决其不承担补偿责任，进而导致投资者丧失将征收补偿款额的问题提交仲裁解决的机会。但由于中国早期签订的 BITs 多数并没有失效，在条款中规定只将涉及征收补偿款额的争议提交 ICSID 管辖，仲裁实践中无法保证今后案件中仲裁庭仍然会作出同样的判断。

第三章 与ICSID管辖权相关的法律问题

第一节 当地救济与ICSID管辖权

一、拉美国家和当地救济

用尽当地救济是阿根廷法学家卡洛斯·卡尔沃提出的卡尔沃主义的3个要素之一。[1] 一般被当作国际求偿的必要的前提条件,即外国人必须先用尽东道国国内可以利用的一切法律救济,之后才能到国际层面提出求偿要求。国际仲裁被认为是一种争端解决的附属方法,只有在外国投资者利用东道国的法律体制未能解决其争议时才能使用。过去的100年,用尽当地救济的理念一向为发展中国家尤其是拉美国家所坚持[2]并体现在国际法律文件中。1970年的《安

---

〔1〕 参见单文华、张生:《从"南北矛盾"到"公私冲突":卡尔沃主义的复苏与国际投资法的新视野》,载《西安交通大学学报(社会科学版)》2008年第4期。有的著述中将其归纳为5个要素:当地管辖权、当地法的适用、国民待遇、母国外交保护权的放弃、国际法权利的放弃。参见陈安主编:《国际投资法的新发展与中国双边投资条约的新实践》,复旦大学出版社2007年版,第298页。

〔2〕 See Arif Hyder Ali & Alexandre de Gramont, *The Arbitration Review of the Americas* 2008, Global Arbitration Review (Sept. 1, 2008), http://www. globalarbitrationreview. com/reviews/4/the-arbitration-review-americas-2008.

第斯[1]共同外资法规则》和 1974 年联合国国家经济权利和义务大会都指出拉美反对将投资者和国家之间的争议诉诸本国之外解决。[2]

但是,由于对外资的强烈需求,许多发展中国家放弃了用尽当地救济作为寻求国际救济的前提条件,以签订大量的 BITs 的方式,全面向国际仲裁开放。以拉美国家阿根廷为例,英国—阿根廷 BIT(1991)第 8 条是管辖权条款,其中第 2 款规定,如果投资者和缔约方的争议不能友好解决,则应任何一方的要求,应提交东道国的有权审理该争议的法院解决。第 2 款规定:如果发生争议后经过 18 个月东道国的相关机构还没有给出终局裁决,或是已经给出了终局裁决但是当事方的争议仍然存在,投资者就可以提交国际仲裁。德国—阿根廷 BIT(1991)第 10 条第 2 款有与其相同的规定。智利—阿根廷 BIT(1991)更是将这个期限缩短为 6 个月。这种不一样的等待期给了外国投资者更大的选择空间,将阿根廷推向不确定的危险中。

相对而言,上述条款属于较为保守的规定,因为这些条款规定提交国际仲裁必须以诉诸东道国国内机构解决为前提,这通常被认为是阿根廷坚持用尽当地救济所做的努力。但是这种附期限的当地救济只不过给投资者设置了一定时间的等待期,只要过了等待期,无论东道国相关机构是否作出终局裁决,只要投资者一方对裁决结果不满,仍可提交国际仲裁。

---

〔1〕 安第斯条约组织是 1969 年根据安第斯条约所成立的南美自由贸易组织,现有玻利维亚、哥伦比亚、厄瓜多尔、秘鲁和委内瑞拉 5 个会员国。委内瑞拉于 1973 年加入,而原始成员国智利则于 1976 年退出。总部设在秘鲁首都利马。

〔2〕 See Bernardo M. Cremades, *Disputes Arising Out of Foreign Direct Investment in Latin America: A New Look at the Calvo Doctrine and Other Jurisdiction Issues*, 59 Dispute Resolution Journal 78 (2004).

美国—阿根廷 BIT(1991)走得更远。第 7 条管辖权条款第 2 款规定:“在发生争议时,各方应该首先寻求通过磋商和谈判解决争议。如果争议未能得到友好解决,有关国民或公司可以通过如下途径解决:(1)作为争议一方的缔约方的法院或行政法庭;或(2)根据任何可适用的,此前已经达成一致的争端解决程序;或(3)根据第 3 款。”

第 3 款第 1 项规定:“如果有关国民或公司没有根据第 2 款(1)或(2)项的规定请求解决争议,且争议发生已历时六个月,该有关国民或公司可以选择以书面方式同意通过有约束力的仲裁方式解决争议;(2)有关国民或公司一旦做出此项同意,任何争议方可以根据此项同意做出的选择提起仲裁。”

其中第 3 款第 1 项还对双方可以使用的仲裁方式作出了列举,其中包括 ICSID,可提交 ICSID 附设机构(如不能提交 ICSID)或根据《联合国国际贸易法委员会仲裁规则》或当事方同意的任何其他仲裁机构或任何其他仲裁程序。根据该规定,外国投资者只需要等待 6 个月,就可以直接诉诸 ICSID 等国际仲裁机构或仲裁程序。

从该 BIT 规定可以看出,首先,与英国—阿根廷 BIT(1991)相比,美国—阿根廷 BIT(1991)并没有坚持用尽当地救济的原则,当地救济和国际仲裁是一种选择性的关系。其次,美国投资者只需要经历更短的、更纯粹的等待期就可以诉诸国际仲裁,这种完全放权给国际仲裁的条款无法为阿根廷政府保留足够的控制权。正如这个 BIT 提交国会时美国时任总统乔治 · 布什所说:“与阿根廷签订的 BIT 象征着签订 BIT 的重要的里程碑……阿根廷和许多拉丁美洲国家一样一直尊崇卡尔沃主义,要求外国人将争议提交当地法院。这个条约的签订,其中包含着投资争端的国际仲裁的绝对权利,使美国投资者不再受卡尔沃主义的约束,并且为与拉美其他国家签订协议铺平了道路。"[1]除此之外,智利—阿根廷 BIT(1991)、西班牙—阿根廷 BIT(1991)也都放弃了要求投资者提起国际仲裁前必须先诉诸当地救济的规定。

《华盛顿公约》将提起国际仲裁的要件规定为默示同意的方式,即一旦提起 ICSID 仲裁,就排除了其他方式,除非"另有规定"。第26 条规定:"除非另有规定,双方同意根据本公约交付仲裁,应视为同意排除任何其他救济方法而交付上述仲裁。缔约方可以要求以用尽该国行政或司法救济作为其同意根据本公约交付仲裁的条件。"ICSID 仲裁方式排除的其他方式包括东道国的当地救济方式,也就是说,一旦提起了 ICSID 诉求,就不能再适用东道国救济了。而且该条款中规定的其他救济方式要另行约定,即意味着适用当地救济反而需要明示,一旦东道国忽略了这一点,就自动将管辖权送交ICSID,本国司法或行政机关反而丧失了管辖权。在 AES 案中仲裁庭强调了这一观点,仲裁庭认为《华盛顿公约》第 25 条并没有规定法律争端在诉诸 ICSID 之前必须用尽当地救济。相反,第 25 条规定适用当地救济的要求必须明确表达,才能作为诉诸 ICSID 的前提。因此,该案已经满足了第 25 条要求的所有条件。[2]

另外,有观点认为,用尽当地救济极大地增加了寻求仲裁一方当事人的负担,严重阻碍了争端解决的进程。国内法院一般很难在 18 个月内对复杂的投资争端作出实体判决,若再考虑可能发生的上诉,时间必然不足。即使国内法院能够按时作出判决,但倘若投资者对判决不满,争议仍将继续,用尽当地救济的最常见效果是延误争议解

---

〔1〕 *Letter of Submittal by the President of the United States*, U. S. Government Printing Office Treaty Doc. 103 - 2, (Jan. 13, 1993), http://tcc. export. gov/trade_agreements/all_trade_agreements/exp_000897. asp.

〔2〕 AES 案,管辖权异议的决定第 69 段。

决、提高解决成本。[1]

二、当地救济和ICSID管辖权的竞合

司法裁判权是一国主权的重要体现,任何国家对于发生在本国境内的投资争端享有司法管辖权,这是国家属地主权的一部分。如果外国投资者将其与东道国之间的投资争端诉诸东道国境内法院解决,在东道国法院正在审理或者已经作出判决的情况下,如果允许国际仲裁庭再对该争议重新审理,显然是对东道国司法主权的不尊重。[2] 然而,投资条约中对当地救济和国际投资仲裁关系的界定往往导致国际仲裁成为当地救济的后续程序,造成了两个法律程序的"竞合",事实上造成了国际仲裁庭对国内司法的审查,牺牲了东道国的司法主权。

德国海乐·西亚泽有限公司(以下简称海乐公司)诉中国案[3]中中国作为被申请人参与的国际投资仲裁,其中涉及已经使用当地救济之后ICSID能否管辖案件的问题。这个案件于2017年6月21日提起,2018年1月8日ICSID组成仲裁庭,至今仍处于待决和保密状态。[4] 案件涉及海乐公司与中国政府的投资争端。海乐公司是一家生产调味品的企业,2004年海乐公司迁入济南市历城区华山片区厂房。2014年9月,济南市人民政府发布房屋征收公告,决定征收

---

〔1〕 参见[德]鲁道夫·多尔查、[奥]克里斯托弗·朔伊尔编:《国际投资法原则》,祁欢、施进译,中国政法大学出版社2014年版,第277~278页。

〔2〕 参见杜涛:《从"海乐·西亚泽诉中国案"看投资者与国家争议解决中当地诉讼与国际仲裁的竞合问题》,载《经贸法律评论》2019年第3期。

〔3〕 Hela Schwarz GmbH v. People's Republic of China, ICSID Case No. ARB/17/19.

〔4〕 See *Hela Schwarz v. China Investment Dispute Settlement Navigator*, UNCTAD Investment Policy Hub (Feb. 03, 2023), https://investmentpolicy.unctad.org/investment-dispute-settlement/cases/805/hela-schwarz-v-china.

华山片区改造项目国有土地上的房屋,海乐公司的厂房也位于征收范围之内。2016 年 5 月,海乐公司不服征收决定,向济南市中级人民法院提起行政诉讼,请求撤销济南市人民政府作出的房屋征收决定。2016 年 7 月,山东省济南市中级人民法院作出(2016)鲁 01 行初 296 号行政裁定,驳回海乐公司的诉讼请求。海乐公司遂向山东省高级人民法院提起上诉,2016 年 12 月,山东省高级人民法院二审裁定驳回上诉,维持原裁定。[1] 海乐公司对中国法院的裁判不服,在 ICSID 提起针对中国的投资仲裁。海乐公司诉中国案的争议焦点是:投资者已就其在东道国境内发生的投资争端寻求东道国司法救济,且已作出最终裁决,投资者是否仍可提起国际投资仲裁。这一问题涉及国际争端解决中的国际仲裁程序与国内诉讼程序之间的“竞合”。[2]

在 ICSID 国际投资仲裁体系下,原本并不应该出现诉讼与仲裁竞合的问题,《ICSID 公约》第 25 条第 1 款规定“当双方表示同意后,任何一方不得单方面撤销其同意”,该条款相当于一项强制性仲裁协议,意味着只要双方没有明示排除 ICSID 管辖,所有的投资争端都将由 ICSID 调解或仲裁解决。然而《华盛顿公约》第 26 条规定:“除非另有规定,双方同意根据本公约交付仲裁,应视为同意排除任何其他救济方法而交付上述仲裁。缔约方可以要求以用尽该国行政或司法救济作为其同意根据本公约交付仲裁的条件。”第 26 条允许缔约方用尽当地救济,这意味着 ICSID 在各缔约方国内司法救济程序之外还可以行使管辖权。这就使 ICSID 的仲裁管辖权与缔约方国内司法

〔1〕 参见龚柏华、伍穗龙主编:《涉华投资者—东道国仲裁案述评》,上海人民出版社 2020 年版,第 236 页。

〔2〕 参见杜涛:《从“海乐·西亚泽诉中国案”看投资者与国家争议解决中当地诉讼与国际仲裁的竞合问题》,载《经贸法律评论》2019 年第 3 期。

程序之间发生竞合成为可能。

海乐公司向 ICSID 提起诉求的依据是中国—德国 BIT(2003)及其议定书。该 BIT 第 9 条规定:“一、缔约一方与缔约另一方投资者之间就投资产生的任何争议,应尽可能由争议双方当事人友好解决。二、如争议自其被争议一方提出之日六个月内,未能解决,应缔约另一方的投资者的请求,可以将争议提交仲裁。三、争议应依据 1965 年 3 月 18 日《解决国家和他国国民之间投资争端公约》提交仲裁,除非争议双方同意依据《联合国国际贸易法委员会仲裁规则》或其他仲裁规则设立专设仲裁庭。四、专设仲裁庭作出的任何裁决都应是终局的,具有约束力。依据上述公约的程序所作出的裁决应是具有约束力的且只受公约规定的上诉或补救措施的影响。裁决应根据国内法执行。”根据该条款,即使投资者已经将争议提交给国内法院,只要投资争端在一段时间内未能解决,投资者就可以将其提交国际仲裁。根据该条款,ICSID 毫无疑问拥有该案的管辖权。

然而,中国—德国 BIT 议定书(2003)第 6 条对管辖权进行了补充说明,限制了仲裁庭的管辖权:“关于在中华人民共和国的投资,德意志联邦共和国的投资者仅在下列情况下可以把争议提交仲裁:(一)投资者已经根据中国法律把争议提交行政复议程序,(二)投资者把争议提交复议程序三个月后,争议仍然存在,和(三)如果争议已经被提交至中国的法院,投资者可以根据中国法律撤回。”该议定书对德国投资者提交国际仲裁附加了限制性条件,即提交仲裁之前,增加了投资者先撤诉的要求,即当德国投资者与中方发生争议后,应先适用中国的行政复议程序,如果 3 个月后争议仍然存在,该投资者可以提交仲裁;如果该投资者在行政复议程序之后又将争议提交至中国法院,则只要投资者可以根据中国法律撤回该诉讼,就可以诉诸国际仲裁。在本案中,海乐公司在中国就房屋征收行为提起了行政诉讼,并先后被两审法院驳回诉讼请求,此时已是二审终审的结局,根据《行政诉讼法》第62条的规定,此时海乐公司并没有撤回起诉的机会,不符合该议定书的限制性规定,ICSID没有管辖权。目前而言,海乐公司唯一的救济途径是提起审判监督程序,并在再审阶段撤回起诉。然而根据《行政诉讼法》的规定,在再审阶段撤回诉讼需要满足一定的条件,受理再审同样有门槛限制,若中国法院不予受理再审申请,则海乐公司仍然不满足向仲裁庭提起申请的条件。

本案虽然处于待决的状态,但如果ICSID仲裁庭确认自己对本案拥有管辖权,会使外国投资者获得超国民待遇。同样在这次征收中利益受损的中国公民和其他法律实体除适用审判监督程序,再无其他救济手段。但是,如果海乐公司可以依照中国—德国BIT(2003)及其议定书向ICSID寻求救济,就会赋予海乐公司优于中国公民的权利。[1]

第二节　岔路口条款与ICSID管辖权

在外国投资者将争议提交条约规定的国际仲裁机构之前,必须用尽东道国的当地救济这个要求在事实上一定程度地维护了东道国作为争议一方的利益,被广大发展中国家推崇。然而发达国家及其外国投资者出于对东道国国内救济措施的不信任,反对将该原则写

---

〔1〕参见杜涛:《从"海乐·西亚泽诉中国案"看投资者与国家争议解决中当地诉讼与国际仲裁的竞合问题》,载《经贸法律评论》2019年第3期。

入国际投资条约而更愿意将投资争端提交国际仲裁。对于投资者来说,一个中立的国际仲裁庭运用国际投资标准比一个国内法院运用国内法可能能给投资者带来更多的实际利益。[1] 因此,投资者倾向于选择国际仲裁,而非东道国当地程序。在外国投资者及其母国与东道国无法达成一致意见的情况下,双方只好在形式上各让一步,在投资条约中规定,由投资者在东道国国内救济和国际仲裁当中选择一种方式来最终解决争议,即"岔路口条款"。许多 BITs 规定了岔路口条款,也被称为"弃权条款",即投资者必须在东道国国内法院和国际仲裁之间作出选择,一旦选择,则放弃了另外一种救济方式。这种条款就像摆在投资者面前通向不同方向的两条道路,投资者一旦作出选择,就不能回头再走另外一条路,因此被形象地称为"岔路口条款"。[2]

这种条款在各国签订投资条约的实践中发展起来,应用比较普遍。例如,阿根廷—法国 BIT(1993)第 8 条第 2 款规定,一旦一个投资者已经将争议提交涉案的缔约方管辖或国际仲裁,那么,其中所选择的这项或那项程序应该是终局性的。如果选择了东道国的国内法院救济,则无论东道国法院作出的判决结果如何,都不得再寻求国际仲裁;投资者如果选择了国际仲裁,则无论国际仲裁结果如何,都不得再向东道国国内法院寻求救济。

岔路口条款使当事方一旦选择在国内开始救济程序,就不能开始国际仲裁程序,从而避免投资者滥用诉权,双重获利。然而,在投资争端发生后,当地救济是否能成为现实,不仅取决于投资条

---

〔1〕 See Barton Legum, *Defining Investment and Investor*: *Who is Entitled to Claim*, 22 Arbitration International 526(2006).

〔2〕 参见王海浪:《ICSID 体制内用尽当地救济原则的三大挑战及对策》,载陈安主编:《国际经济法学刊》第 13 卷第 3 期,北京大学出版社 2006 年版。

约的规定，还取决于国际投资仲裁庭对当地救济条款和岔路口条款的解释。[1] 由于国际仲裁界认为投资者与东道国相比存在地位上的不平等，私人投资者无论在财力还是诉讼资源上根本无法与一国政府相匹敌，因此仲裁实践中普遍偏向保护投资者。仲裁庭还认为选择当地救济很难说是一个自由的选择，如果选择国内救济就丧失了国际救济的机会，对于投资者来说国际仲裁的保护就变得毫无意义。[2] 具体到启动岔路口条款的条件，则存在从严解释的仲裁实践，给予投资者一方选择救济方式更大的自由，即使是存在当地救济条款和岔路口条款也不能阻止仲裁庭行使管辖权。

安然案中仲裁庭对管辖权异议作出的决定反映出对岔路口条款的启动适用严格的条件的特点。该案仲裁庭在这一问题上借用了大陆法系的“一事不再理”原则。[3] 该原则强调当两个案件涉及相同的事实和救济措施(*petitum*)、相同的法律基础(诉因,*cause petendi*)和相同的当事方(*persona*)[4]时，如果前一个裁决是由有权的司法机关作出的并且它是终局的及实质上令人信服的，该裁决就具有一事不再理的效力。[5] 根据2002年3月《规定管辖权和承认和执行民、商事裁决的欧盟理事会规约》44/2001号[Council Regulation(EC) 44/2001]第27条的解释，一事不再理就是如果第一个法院的管辖权

---

〔1〕 参见刘京莲:《阿根廷国际投资仲裁危机的法理与实践研究——兼论对中国的启示》,厦门大学出版社2011年版,第61页。

〔2〕 See *Investment-State Dispute Arising from Investment Treaties: A Review*, UNCTAD (Jun. 1, 2005), https://unctad.org/system/files/official-document/iteiit20054_en.pdf.

〔3〕 安然案,管辖权的决定第98段。

〔4〕 See L. Y. FILIP D. E. &A. Sheppard, *ILA Recommendations on Lis Pendens and Res Judicata and Arbitration*, Arbitration International 2 (2009).

〔5〕 See L. Y. FILIP D. E. &A. Sheppard, *ILA Recommendations on Lis Pendens and Res Judicata and Arbitration*, Arbitration International 6 – 7(2009).

已经建立起来,(另一个)法院就应该停止程序或是拒绝管辖。[1] 一事不再理排除了一方再次提起与之前程序相同的能引起终局裁决的诉由。

然而由于仲裁机构对"同一争议"的界定非常严格,所以只有诉诸国内程序和国际程序的争议是同一的,才能启动岔路口条款。仲裁庭往往从相反的角度理解一事不再理,即如果不是同一救济、同一诉因和相同的当事方,仲裁庭就不考虑使用该原则,不启动岔路口条款。

一、相同的投资争端

在国际投资中,除了东道国与投资者母国签订的 BIT,投资者与东道国之间还存在直接的合同关系,往往还要另行签订投资合同,其中规定了双方的权利和义务,包括有关管辖权的规定。受属地管辖的影响,投资合同中的争端解决条款往往赋予东道国国内法院或国内仲裁管辖权。国际仲裁庭倾向于认定投资合同在诉求性质上不同并且独立于国家之间签订的 BIT,将同一争议分为"合同诉求"和"条约诉求",从而避免启动岔路口条款。条约和合同规定的管辖权互不排斥,即使投资合同规定东道国法院享有排他的管辖权,国际仲裁庭仍然可以依据 BIT 拥有管辖权。因此,投资者既享有条约请求权又享有合同请求权,其可以先依据合同条款在国内起诉,如果败诉,继而求助于投资协定中规定的仲裁;或者可以单方面依据合同条款在国内法院提起诉讼,同时依据投资协定规定提起仲裁。[2] 仲裁庭往往认定当地救济条款仅仅涉及违反合同,而投资仲裁则涉及违反条

[1] See M. Cremades & Ignacio Madalena, *Parallel Proceedings in International Arbitration*, 24 Arbitration International 24(2008).

[2] 参见石慧:《投资条约仲裁机制的批判与重构》,法律出版社 2008 年版,第 98 页。

约,因为它是一个独立的国际法义务。因此,选择当地救济不能在国际层面上阻挡投资者寻求救济。

在对岔路口条款进行界定时,ICSID 仲裁庭采取了极其一致的从严界定的态度。仲裁庭在 1998 年兰科诉阿根廷案中首次涉及对合同争议和条约争议的区分,在该案中,投资者与东道国之间的投资协定中包含着选择阿根廷法院的排他性管辖权条款,因此阿根廷主张争议不在 ICSID 仲裁庭的管辖范围之内。但仲裁庭驳回了这一主张,认为投资协议涉及合同争议,而 ICSID 管辖权涉及条约争议,认定其不属于"同一"争议,因此不能启动岔路口条款。[1] 随后魏文迪(Vivendi)案[2]中仲裁庭进一步明确了这个观点。仲裁庭指出,原告与东道国国家或其下级所签署的合同中存在排他性的管辖权条款,不构成使用条约的障碍。[3] 此后发生的案件一直遵循这种先例。[4] 几个 ICSID 仲裁庭都认为条约争议不同于合同争议,因为违反合同而诉诸当地法院不能阻止将条约争议诉诸国际仲裁。[5]

2003 年阿祖瑞克斯案中阿根廷同样对 ICSID 仲裁庭提出管辖权异议。因为之前阿祖瑞克斯已经同意拉普拉塔省法院的管辖权,同时放弃了其他机构的管辖权。阿根廷认为阿祖瑞克斯诉诸本地法院的行为启动了岔路口条款。但仲裁庭认为,当国内救济和 ICSID

---

[1] 兰科诉阿根廷案,关于管辖权的初步决定第 39~40 段。

[2] Compañia de Aguas del Aconquija S. A. and Compagnie Générale desEaux (Vivendi Universal) v. Argentine Republic, ICSID Case No. ARB/97/3,撤销裁决的决定第 96 段。

[3] 魏文迪案,撤销裁决的决定第 101 段。

[4] 如 Azurix Corp. v. Argentine Republic, ICSID Case No. ARB/01/12,管辖权的决定第 79 段;Enron v. the Argentine Republic, ICSID Case No. ARB/01/3,管辖权的决定第 97 段;CMS v. Argentine Republic, ICSID Case No. ARB/01/8,裁决书第 300 段;BP v. Argentine Republic, ICSID Case No. ARB/04/8,管辖权的决定第 91 段;Siemens A. G. v. Argentine Republic, ICSID Case No. ARB/02/08,裁决书第 247 段等。

[5] CMS 案,管辖权异议的决定注释 50。

仲裁涉及的诉由不同时,岔路口条款并不排除其管辖权。国内法院的诉求是与合同有关的,而 ICSID 仲裁与条约义务有关[1],从而裁定仲裁庭有管辖权。

二、相同的当事方

如前文所述,由于 BITs 中对投资、投资者等关键条款的规定模糊以及仲裁庭的从宽理解,实质上的同一个投资者可以同时以母公司、子公司、股东等不同身份提起不同的法律程序——股东提起国际仲裁保护其条约权利,其子公司提起国内程序保护其合同权利。在 CMS 案中,阿根廷认为根据美国—阿根廷 BIT(1991)第 7 条第 3 款(a)项,既然 TGN 公司在阿根廷国内寻求了联邦法院救济以及其他行政救济,CMS 公司就不能根据条约来主张相同的争议。[2] TGN 公司的特许经营权争议应该由另一个单独的争端解决机制——布宜诺斯艾利斯联邦法院审理。因为特许合同中约定,涉及民事或商事纠纷时应诉至该法院,而明确放弃其他法院管辖。显然这排除了 ICSID 仲裁庭的管辖权。[3] CMS 公司认为,TGN 公司是一个完全不同于外国投资者的法律实体,而真正的外国投资者 CMS 公司选择了向 ICSID 提起诉求。CMS 公司起诉的权利直接产生于 BIT 条款而不是 TGN 公司根据特许合同而享有的合同权利。[4] 不但如此,CMS 公司还认为涉及的争议也不相同,TGN 公司的诉求涉及合同争议而 CMS 公司的诉求涉及条约争议。[5]

---

〔1〕 阿祖瑞克斯案,管辖权的决定第 79 段。
〔2〕 CMS 案,管辖权异议的决定第 77 段。
〔3〕 CMS 案,管辖权异议的决定第 70 段。
〔4〕 CMS 案,管辖权异议的决定第 40 段。
〔5〕 CMS 案,管辖权异议的决定第 78 段。

仲裁庭认可了原告的观点,认为既然 CMS 公司没有诉诸当地法院,那么即使 TGN 公司这样做了,也并不导致岔路口条款启动。当事方和诉由都是不同的。但若 CMS 公司诉至当地法院,依照 BIT 应视为作出了有约束力的选择,不得再选择国际仲裁。[1]

在安然案中,阿根廷提出管辖权抗辩,因为 TGS 公司已经在阿根廷的各个法院就税收措施寻求法律救济,这一行为构成了条约之下的诉诸东道国法院的救济方式,因此启动了岔路口条款,从而排除了 ICSID 管辖。[2] 对此,申请人安然公司提起抗辩,认为本案中不但被告不一样,实体问题也不一样。在国内法院起诉的是 TGS 公司而不是外国投资者,被告是阿根廷的一个省而不是阿根廷国家政府,实体问题涉及违反阿根廷法律而不是违反公约。因此不能启动岔路口条款。仲裁庭认可申请人的观点,认为本案中并不是申请人而是 TGS 公司诉诸国内救济,它是“单独的和完全不同的”一个主体,因此不能启动岔路口条款。“违反条约和违反合同的不同使其产生了效果上的不同……,根据违约诉诸国内救济并不阻止根据违反条约而诉诸 ICSID 仲裁。”如果要适用一事不再理的情况必须要求当事方是同一的。[3]

因此,发生投资争端后,通常情况下是跨国公司股东根据 BITs 提起国际仲裁保护其权益,该公司则根据投资合同向国内法院提起诉讼。当东道国以岔路口条款为由提出管辖权异议时,仲裁庭一般会将之界定为两个完全不同的争议,使岔路口条款难以适用。同时仲裁庭会清楚地区分两个争议的性质,将适用国内程序的争议界定为合同争议,而将适用国际程序的争议界定为条约争议从

---

[1] CMS 案,管辖权异议的决定第 80 ~ 81 段。

[2] 安然案,管辖权的异议第 97 段。

[3] 安然案,管辖权异议的决定第 96 ~ 98 段。

而认定自己是根据投资条约行使管辖权,使岔路口条款没有启动的可能性。

根据国际仲裁机构的一般理念,投资者选择国内救济很难说是一种自由的选择,如果选择国内救济就丧失了国际救济的机会,对于投资者来说,国际仲裁的保护就变得毫无意义。因此岔路口条款很难得到真正运用。投资者在寻求当地救济后,可以几乎不受限制地再寻求国际仲裁救济,使岔路口条款形同虚设。

第三节 "保护伞条款"与ICSID管辖权

现代BITs中通常设有条款规定缔约方应当遵守其对另一缔约方国民或公司作出的任何承诺,称为义务遵守条款。由于该条款引发了是否可以把东道国在合同中的承诺一并置于投资条约中加以保护这一问题,所以又被称为"保护伞条款"。该条款典型的表述为:"每一缔约方应该遵守其对另一方国民或公司之投资所承诺的任何义务。"[1]

最早的"保护伞条款"出现在1959年德国与巴基斯坦签订的BIT中。[2] 很多BITs中包含这种条款,ECT(1994)中也有这种条款。"保护伞条款"的出现,为外国投资者提供了扩大适用投资条约的一种工具,他们声称东道国对投资合同的违反实际上是违反了该国的国际法义务。"保护伞条款"实际上使得国际仲裁庭能对合同行

〔1〕 如英国BIT范本第2(2)条。

〔2〕 See Katia Yannaca-Small, *Interpretation of the Umbrella Clause in Investment Agreements*, OECD(Mar. 1,2006), https://dx.doi.org/10.1787/415453814578.

使管辖权,使合同争议被上升为条约争议,由东道国国内法管辖的问题变成了国际法管辖的问题。"保护伞条款"的适用为国际仲裁机构提供了扩大自身管辖权的机会。如果投资者以违约为由对东道国提出索赔,由于存在"保护伞条款",投资者得以将争议提交国际仲裁机构,这对主张用尽当地救济的东道国非常不利。由于这个条款的存在,投资者可以完全无视双方在合同中的承诺转而利用条约中规定的国际仲裁争端解决机制,行使条约请求权。

最早给予"保护伞条款"以全面管辖权的案件是SGS诉菲律宾案[1],在该案中,仲裁庭认为,根据菲律宾—瑞士BIT(1997)第10条第2款的规定,东道国若不遵守其与特定投资相关的有约束力的承诺,包括合同承诺,将违反BIT。但这一义务并不意味着"菲律宾必须支付多少钱"这个决定将成为一个条约问题。义务的范围仍受合同制约,只能参照合同条款来确定。[2] 仲裁庭还认为,BIT第10条第2款的规定使东道国不遵守有约束力的承诺,包括东道国就具体投资所承担的合同承诺的行为成为违反BIT的行为。但该条款并未将有关义务范围或内容的争议转变为国际法问题。应支付多少费用的问题仍然由投资合同管辖。[3]

在不同的案件中仲裁员通常会对该条款作出完全不同的解释。关于"保护伞条款"最极端的解释就是认为该条款可以将任何违反合同或是国内法的行为上升到违反国际条约的层面。这样投资者可以规避先前约定的进行国内法救济,直接诉诸国际仲裁。例如在安然

[1] SGS Société Générale de Surveillance S. A. v. Republic of the Philippines, ICSID Case No. ARB/02/6.

[2] SGS诉菲律宾案,管辖权异议的决定第127段。

[3] SGS SociétéGénérale de Surveillance S. A. V. Republic of the Philippines,管辖权异议的决定第128段。

案中，仲裁庭认为条约条款可以将违反合同（包括天然气许可）和国内法的行为等同于违反条约的行为。还有一些仲裁庭对“保护伞条款”的认定也持相同的态度。[1]

在CMS案中，原告认为阿根廷对外国投资者作出的所有承诺，无论是根据现行法律还是根据合同，都因为阿根廷采取的措施而遭到违反。因此，阿根廷也违反了“保护伞条款”。阿根廷则认为在现行法律之下自己并没有作出任何承诺，承诺属于纯合同性质。阿根廷认为不是所有违反合同的行为都等于违反条约的行为而使外国投资者因此受条约中的“保护伞条款”的保护。

仲裁庭认可阿根廷主张的不是所有违反合同的行为都是违反条约的行为的说法和只有违反特定的条约的权利和义务或是违反条约保护的合同权利时才达到违反条约义务的标准，仲裁庭也认可单纯的商业权利不受条约的保护，但是，仲裁庭还提到，当东道国政府或公共机构对投资者的权利有实际的干预时，商业权利也受条约的保护。在这个案件中，政府采取的措施很难说是具有纯粹商业性的，它们都跟政府决策有关，因此构成了干预并违反了条约。仲裁庭得出结论，阿根廷没有遵守美国—阿根廷BIT（1991）第2条第2款（c）项条款义务，违反了与投资有关的法律和合同，从而导致违反了条约所保护的权利。[2]

另外一些仲裁庭对“保护伞条款”表现出不同的态度。仲裁庭认为，只有违反合同的行为同时违反条约其他实体条款时，才有适用

---

〔1〕 如CMS案，裁决书第296段；LG&E Energy Corp. v. Argentine Republic，ICSID Case No. ARB/02/1，裁决书第170～171段；西门子诉阿根廷案，裁决书第204段。

〔2〕 CMS案，裁决书第296～297、299、201、303段。

"保护伞条款"的可能。[1]

在埃尔·帕索能源国际公司(El Paso Energy International Company)诉阿根廷案[2]中,仲裁庭得出了不同的结论,拒绝原告根据美国—阿根廷 BIT(1991)提出的论点。原告认为在条约宽泛的"保护伞条款"之下,应允许将违反合同看作违反 BIT。与之前的仲裁庭认为条约的条款模糊时应作出有利于投资者的解释[3]不同,仲裁庭认为对条约的解释应该使用公平的方法[4]。

仲裁庭拒绝对条款作出宽泛解释:"有必要把国家同普通商人区分开来,特别是它作为主权国家存在时。美国—阿根廷 BIT(1991)中的"保护伞条款"……可以根据其第 7 条第 1 款作出解释,该条文清楚地包括国家违反条约承诺的所有投资争端,这种争议或许是通过协议,授权或 BIT 引发的……按这种方式解释,"保护伞条款"与第 7 条第 1 款放在一起理解,就不应该将条约保护扩展至对普通商业合同的保护,但是应该包括对附加的由东道国以主权名义承诺的合同的保护。"

仲裁庭还认为对"保护伞条款"作出宽泛解释会产生"意想不到的结果,这种结果对区分国内法律秩序和国际法律秩序而言是具有破坏性的"。而且,仲裁庭确信,投资者不会正确地对该条款作出限制性的解释,他们也不应该这样做,因此对"保护伞条款"施加限制是

---

〔1〕 如 El Paso Energy International Company v. Argentine Republic,管辖权的决定第 70 段; Pan American Energy LLC and BP Argentina Exploration Company v. Argentine Republic,管辖权的决定第 105 段;CMS 案,专门委员会关于撤销阿根廷申请的决定第 95 段。

〔2〕 埃尔·帕索能源国际公司诉阿根廷案,管辖权的决定第 71 段。

〔3〕 例如 SGS 诉菲律宾案中,仲裁庭认为,对"保护伞条款"作宽泛的解释符合约文的通常意义。BITs 意在保护和促进外国投资,因此,即便瑞士—菲律宾 BIT(1997)对"保护伞条款"适用范围的规定有不明确之处,也应该作有利于投资者的解释。

〔4〕 埃尔·帕索能源国际公司诉阿根廷案,管辖权的决定第 70 段。

仲裁庭的责任。[1]

由埃尔·帕索能源国际公司诉阿根廷案仲裁庭所确立的将东道国政府对合同的违反区分为纯商业行为和主权行为的方法除了得到ICSID 仲裁庭的认可外,也得到了学界的认可。[2]

另一个同样涉及美国投资者的泛美能源有限责任公司和 BP 阿根廷勘探公司(Pan American Energy LLC and BP Argentina Exploration Company)诉阿根廷案仲裁庭也使用了与埃尔·帕索能源国际公司诉阿根廷案一样的分析方法,指出美国—阿根廷 BIT(1991)的条款不应该被看作是“保护伞条款”,不能将合同争议转变为违反国际法的争议。仲裁庭认为:“如果接受 BIT 意味着国家要接受远超过条约中规定的国家义务并使其承担任何与投资有关的违反国内法或国际法的任何承诺的责任,这是非常奇怪的事。”[3]

ICSID 处理的有关“保护伞条款”的案件还涉及更复杂的法律问题。在 EBO 公司等诉拉脱维亚案[4](EBO Invest and others v. Latvia)中,根据 2006 年签订的租赁协议,投资者承诺建造一家与机场相连的酒店,并获得了在机场经营短期停车场的专有权。据称,这些项目失败的原因是机场管理局频繁改变计划,缩小了机场扩建的规模,以及取消了投资者运营停车场的权利。该案适用拉脱维亚—挪威 BIT(1992)。在该案中,申请人提出拉脱维亚违反了英国—拉

〔1〕 埃尔·帕索能源国际公司诉阿根廷案,管辖权的决定第 81、82 段。

〔2〕 泛美能源有限责任公司和 BP 阿根廷勘探公司诉阿根廷案就完全采纳了埃尔·帕索能源国际公司诉阿根廷案的结论。学界的态度参见徐崇利:《“保护伞条款”的适用范围之争与我国的对策》,载《华东政法大学学报》2008 年第 4 期;王楠:《双边投资协定中的伞形条款解释——兼论 ICSID 近期相关案例》,载《法学家》2008 年第 6 期。

〔3〕 Pan American Energy LLC and BP Argentina Exploration Company v. Argentine Republic,初步反对意见的决定第 110 段。

〔4〕 ICSID Case No. ARB/16/38,该案于 2020 年审结。

脱维亚BIT(1992)第2条第2款所载的“保护伞条款”,该条款规定:各缔约方应遵守其关于另一缔约方国民或公司的可能履行的任何义务。申请人认为本“保护伞条款”应该根据该BIT第4条最惠国待遇条款导入到BIT中。该BIT第4条第1项规定:缔约一方的投资者在另一缔约方领土内的投资应得到的待遇不低于给予任何第三方的投资者的待遇。[1] 仲裁庭认定被申请人没有违反“保护伞条款”,因为违反合同的行为不能归因于国家。

拉脱维亚接受申请人提出的“概念性框架在‘保护伞条款’中稍有不同”的说法,但其不认为在这个案件中有可适用的“保护伞条款”,或者“保护伞条款”可能对申请人和拉脱维亚之间的合同适用。[2]

“保护伞条款”的扩大使用,实际上是扩大了ICSID仲裁庭的管辖权。假如东道国政府违反合同的任何行为都被认定为违反“保护伞条款”,外国投资者每案都可利用国际投资条约规定的争端解决机制,过多的诉讼不但将给东道国政府带来沉重的负担,还会使投资者和东道国在特许合同中规定的当地救济条款变得多余。另外,假如东道国政府违反合同的任何行为都可得到“保护伞条款”的庇护,国际投资条约中其他实体条款的存在将变成摆设。

可以看到,CMS案仲裁庭已经开始区分“商业合同”和“与主权行为有关的合同”,仲裁庭认为,只有特定的涉及主权行为的公共合同才涉及“保护伞条款”的适用,特许合同不是一般的商业合同,而是涉及政府以一个主权国家的身份授予投资者权利,而不仅是私有的权利,只有国家依主权与投资者签订的投资协议,合同的主体才受到投资条约的保护。

---

[1] EBO公司等诉拉脱维亚案,裁决书第227段。

[2] EBO公司等诉拉脱维亚案,裁决书第247段。

另外,正像这些案件裁决表明的,仲裁庭对该条款的解释在不断演进,并没有形成一个统一的结论,只能逐案进行考虑。仲裁庭之间在对待“保护伞条款”的确切的范围和含义问题上也没有达成一致。产生这种分歧是因为条约的条文之间存在微妙差别,这些条约在评估可能的以合同为基础的条约仲裁的问题上都低估了条约文本的重要性。“保护伞条款”因此成为外国投资者处理合同争议时对付东道国的一个有力工具。[1] 即使在投资条约条文完全相同的情况下,仲裁庭的分歧也会因仲裁员不同而产生。[2] 这时很难指望外国投资者自觉地“适当克制”[3]使用“保护伞条款”,正如埃尔·帕索能源国际公司诉阿根廷案仲裁庭所指出的:投资者不会也没有义务这样做,同时也不能期望仲裁庭作出令人完全信服的、一致的裁决。正因如此,除了需要仲裁庭在对相应条款进行解释时的适当限制之外,还需要投资条约的参与方——政府对订立这些条款的意图作出进一步的解释以及在新的投资条约中加入更清楚的表述。[4]

仲裁实践中,不同的仲裁庭对“保护伞条款”的解释存在较大差异,一些仲裁庭对此作出谨慎解释,认为只有违反合同的同时也违反条约的实体条款,“保护伞条款”才能得以适用,单纯的商业权利不应受

[1] See Ethan G. Shenkman & D. Jason File, *Recent Developments in Investment Treaty Jurisprudence:Arbitrating Contract Claims Under Umbrella Clauses*, International Arbitration 9 (2007).

[2] 仲裁员相同多会作出相同的解释和结论,就如泛美能源有限责任公司和 BP 阿根廷勘探公司诉阿根廷案和埃尔·帕索能源国际公司诉阿根廷案中,由于两个仲裁员相同(其中包括仲裁庭主席),两个案件在“保护伞条款”的问题上得出相同的结论。这不是个孤立的个案,在本书后续讨论国家安全例外条款时还会讲到这个问题。

[3] Christoph Schreuer, *Traveling the BIT Route2 of Waiting Periods, Umbrella Clauses and Forks in the Road*, 5 The Journal of World Investment and Trade 255 (2004).

[4] See K Yannaca-Small, *Interpretation of the Umbrella Clause in Investment Agreements*, OECD (Mar. 12, 2023), https://www.oecd-ilibrary.org/finance-and-investment/interpretation-of-the-umbrella-clause-in-investment-agreements_415453814578.

到保护。但另一些仲裁庭则认为违反了与投资相关的合同即违反了条约所保护的权利。这种扩大解释使投资者可以无视合同承诺而依靠条约提起诉求,使“保护伞条款”成为投资者对付东道国的一个工具。

第四节 最惠国待遇条款与 ICSID 管辖权

最惠国待遇条款是国际投资协定的核心条款之一,最惠国待遇条款有着悠久历史,最早起源于国际贸易领域。11 世纪地中海沿岸国家为抢夺市场,在无法将其他国家排挤出去的背景下,提出了“机会均等”的概念,即为最惠国待遇条款的雏形。此后,最惠国待遇条款在世界贸易组织规则下得以广泛应用。自 20 世纪 90 年代以来,国际投资条约数量的大量增长,最惠国待遇条款逐渐演变为投资条约的主要内容之一。国际投资领域中的最惠国待遇条款要求缔约一方的投资者在另一缔约方领土内的待遇应当获得不低于该国给任何第三国投资者的相应待遇。

依据传统习惯,投资仲裁实践中一直存在的共识是,最惠国待遇条款的适用范围仅限于实体法领域,不能在投资争端解决程序中适用。然而从马斐兹尼(Maffezini)案[1]以来,ICSID 在适用最惠国待遇条款方面的新实践对传统观点提出了重大挑战。其主要焦点在于最惠国待遇条款能否被扩张适用于投资争端解决事项。[2] ICSID 有

---

〔1〕 Emilio Agustin Maffezini v. Kingdom of Spain, ICSID Case No. ARB/97/7.

〔2〕 近期也有很多文章开始重新关注最惠国待遇条款是否适用于实体权利的问题,如王彦志:《从程序到实体:国际投资协定最惠国待遇适用范围的新争议》,载《清华法学》2020 年第 5 期。但本书只涉及最惠国待遇条款和 ICSID 管辖权,所以并不论及最惠国待遇条款适用于实体权利的问题。

可能借由最惠国待遇条款可以被适用于争端解决事项这个事由扩大自身的管辖权。由于国际投资条约多为双边条约,在条约中同时规定最惠国待遇条款和投资争端解决条款的情况下,由于投资争端解决条款规定的内容并不一致,在发生争议后,外国投资者有可能根据最惠国待遇条款要求并入自己认为的“更优惠”的争端解决条款,从而取得第三国在争议解决程序上的优惠待遇,使投资者有权根据本国与东道国签订的 BIT 享受到东道国给予第三国国民的优惠待遇。

在国际投资仲裁实践中,部分外国投资者试图利用最惠国待遇条款将更优惠的待遇适用在争端解决条款上,表现为利用该条款规避国内法院等待期、利用该条款将 ICSID 的管辖权扩展至原始投资条约没有规定的事项、利用该条款突破原始条约的时效要求及利用该条款适用更优惠的争端解决机构等。

马斐兹尼诉西班牙政府案是第一起使用最惠国待遇条款规避国内法院等待期并获得仲裁庭支持的例子。马斐兹尼是阿根廷国民,争议涉及其与西班牙一家叫索迪加(SODIGA)的国有企业的合资企业纠纷。阿根廷和西班牙 1991 年签订 BIT,根据该 BIT,马斐兹尼应当在 6 个月内与对方友好协商;协商不成应当将争议提交东道国法院解决,之后才能提交 ICSID 仲裁。但原告马斐兹尼引用西班牙—阿根廷 BIT(1991)中的第 9 条,即最惠国待遇条款和西班牙—智利 BIT(1991)第 10 条争端解决条款(该条款规定,如果发生争议,协商未果可以直接提起 ICSID 仲裁,不要求经过 18 个月的本地救济期限)。仲裁庭经审查作出裁决认为原告有权依西班牙—阿根廷 BIT(1991)最惠国待遇条款向 ICSID 提起仲裁,外国投资者不需要受到西班牙—阿根廷 BIT(1991)中规定的等待期间的限制而可以凭借西班牙与他国签订的BIT规定的更有利的条件来更快地开始仲裁。这个案件引发了最惠国待遇条款是否能被适用在争端解决条款(BIT中的程序条款)上的讨论。

在西门子诉阿根廷案中,外国投资者同样无意遵守18个月的等待期,主张援引德国—阿根廷BIT(1991)第3条有关最惠国待遇条款,即"缔约任何一方给予缔约另一方国民或公司在其境内投资有关的活动的待遇,不得低于其给予本国国民或公司或其给予任何第三国国民或公司投资的待遇",要求适用智利—阿根廷BIT第10条第2款的规定,即在争议发生6个月之后投资者便可以向ICSID提起仲裁。原告称,德国—阿根廷BIT(1991)第3条规定的投资待遇并不限于实体待遇:"最惠国待遇条款是一个独立的条款,没有任何对其适用范围作出限制的规定。"[1]仲裁庭认可了原告的主张,认为西门子公司有权援引智利—阿根廷BIT中的争议解端规定,在争议发生6个月后向ICSID仲裁庭提起仲裁,ICSID仲裁庭拥有管辖权。

除西门子诉阿根廷案之外,阿根廷作为被申请方的卡姆兹(Camuzzi)案、天然气公司(Gas Natural)案、英特让嘎斯(Interaguas)案、格雷德(Grid)案、魏文迪案等同样涉及外国投资者试图将最惠国待遇适用在条约中的程序条款上,从而规避等待期。尽管涉及的BIT不同,仲裁庭均支持了原告的诉求。

ICSID仲裁庭也作出过反对利用最惠国待遇条款规避诉讼等待期的裁断,典型的如普拉玛(Plama)诉保加利亚案[2]。在普拉玛诉保加利亚案中,仲裁庭驳回了塞浦路斯投资者普拉玛公司的要求。根据塞浦路斯和保加利亚之间的投资协定,特设仲裁庭仲裁只涉及

---

〔1〕 西门子诉阿根廷案,管辖权的决定第62段。

〔2〕 Plama Consortium Limited v. Republic of Bulgaria, ICSID Case No. ABR/ 03/04.

征收补偿额数，但原告却想适用保加利亚—芬兰 BIT(1997)的规定，在协商之后直接将争议提交 ICSID 仲裁。仲裁庭认为，只有当事方明确和毫不含混地表示适用其他协定的仲裁条款，才能提交仲裁。在 2008 年 ICSID 仲裁庭处理的温特思豪诉阿根廷案[1](Wintershall *v.* Argentina)中，同样来自德国的投资者温特思豪也试图援引德国—阿根廷 BIT(1991)中的最惠国待遇条款来规避投资者必须在 18 个月内先诉诸本国法院的规定，但仲裁庭得出了与西门子诉阿根廷案相反的结论，仲裁庭认为，ICJ 和仲裁庭仅在主权国家同意的情况下才能行使管辖权，这是国际法的一个基本原则，是国家主权与平等的必然结果。

一些涉中国案件也涉及最惠国待遇条款和 ICSID 管辖权的关系。其中谢某深诉秘鲁政府案是中国涉及投资条约中最惠国待遇条款的第一案，该案涉及利用最惠国待遇条款扩大争端解决事项的范围。由于基础协定[中国—秘鲁 BIT(1994)]仅允许将因征收或国有化引起的补偿额数争议提交国际仲裁，谢某深援引该 BIT 第 3 条第 2 款的最惠国待遇条款，要求适用第三方协定[秘鲁—哥伦比亚 FTA(1994)]第 12 条的规定，从而对秘鲁征税行为提起国际投资仲裁。仲裁庭认为，每个最惠国待遇条款自身都是一个独立的整体，因此需要采取个性化的解释才能确定其适用的范围。在谢某深诉秘鲁政府案中，ICSID 仲裁庭并未支持最惠国待遇条款的延伸适用从而扩展自身的管辖事项范围。[2]

在马来西亚伊佳兰公司(Ekran Berhad)诉中国政府案[3]中，由

〔1〕 Wintershall Aktiengesellschaft v. Argentine Republic, ICSID Case No. ARB/04/14.

〔2〕 Tza Yap Shum v. The Republic of Peru, ICSID Case No. ARB /07 /6.

〔3〕 Ekran Berhad v. People's Republic of China, ICSID Case No. ARB/11/15.

于海南省万宁市政府将伊佳兰公司的土地使用权收回,申请人向 ICSID 提起仲裁申请。由于中国—马来西亚 BIT(1988)生效于 1990 年,当时中国还没有加入《华盛顿公约》,因此 BIT 中并没有包含 ICSID 解决争议条款。[1] 虽然双方表示一旦中国成为《华盛顿公约》缔约方后即重新进行协商,但双方并未付诸实际。因此中国—马来西亚 BIT(1988)第 7 条并未为 ICSID 管辖权提供必要的依据。本案最终以调解结案,也就没有涉及 ICSID 是否拥有管辖权的问题。但是从公布的资料看,本案除了涉及中国—马来西亚 BIT(1988)还涉及中国—以色列 BIT(1995)。[2] 可以猜测伊佳兰公司有可能试图利用最惠国待遇条款,适用中国—以色列 BIT(1995)中的争端解决条款,以使 ICSID 对本案有管辖权[3],从而达到利用最惠国待遇条款适用更有利的仲裁机制的目的。

北京城建集团有限公司诉也门案[4]中,申请人试图利用中国—也门 BIT(1998)最惠国待遇条款将也门—英国 BIT(1982)并入使用。仲裁庭认为应将中国—也门 BIT(1998)第 3 条第 1 款的规定放在《维也纳条约法公约》第 31 条中进行解释,将最惠国待遇条款中的"不应低于"(no less than)与中国—也门 BIT(1998)第 3 条第 1 款中"在其领土内"(in the territory)结合起来考虑。中国—也门 BIT(1998)对待遇的修饰语为"在其领土内",表明最惠国待遇条款仅在

---

[1] 中国—马来西亚 BIT(1988)第 7 条第 4 款:有关补偿款额的争议和双方同意的其他争议,可以提交国际仲裁庭。

[2] See *Investment Dispute Settlement Navigator* | *Ekran v. China*, UNCTAD Investment Policy Hub (Feb. 16, 2023), https://investmentpolicy.unctad.org/investment-dispute-settlement/cases/427/ekran-v-china.

[3] 中国—以色列 BIT(1995)第 8 条第 1 款规定,投资者和缔约一方之间的,任何有关征收补偿款额的争议,可以按规定提交解决 ICSID 解决。

[4] Beijing Urban Construction Group Co. Ltd. v. the Republic of Yemen, ICSID Case No. ARB/14/30.

也门领土内赋予外国投资者的实体权利适用,而 ICSID 管辖权与东道国领土内的事项并没有内在关联。因此,中国—也门 BIT(1998)的最惠国待遇条款不在争端解决条款上适用。

在安城公司诉中国案[1]中,安城公司与江苏省射阳港经济区管委会签订关于高尔夫球场及豪华附属设施开发的投资协议。项目动工建设不久,中国房地产开发政策发生变化,园区管委会表示不能按照投资合同约定的价格向安城公司提供一期工程所需的 300 亩土地,要求其公开竞买。2010 年 11 月,一期工程竣工后,园区管委会未及时提供二期用地。安城公司于 2011 年 10 月将项目低价转让给了一家中国公司。2014 年 10 月 7 日,安城公司根据中国—韩国 BIT(2007)向 ICSID 申请仲裁。

2016 年 9 月 15 日,中方代理人根据 ICSID 仲裁规则第 41(5)条,在首次开庭审理前提出了初步反对意见,认为距安城公司首次知道或应当知道其权益受到侵害之日,已经超过了三年,申请仲裁的时间超过了中国—韩国 BIT(2007)第 9 条第 7 款规定的仲裁时效。安城公司代理人答辩称其在知道损害后的两年半时间内向中国政府提交了意向通知,并未超过仲裁时效,即使仲裁庭裁定自己是在超过仲裁时效后才提起仲裁,其也有权援引中国—韩国 BIT(2007)第 3 条第 3 款最惠国待遇条款,采用中国与第三方 BIT 中规定的较长的仲裁时效,从而达到仲裁申请没有超过仲裁时效的效果。

中方认为,中国—韩国 BIT(2007)第 3 条第 3 款的最惠国待遇条款不适用于争议解端事项,仅适用于“投资及与投资相关活动”,安城公司的仲裁请求“明显不具法律价值”。

仲裁庭认为,仲裁时效的有效期间起始于投资者首次知道或者

[1] Ansung Housing Co. ,Ltd. v. the People's Republic of China, ICSID Case No. ARB/14/25.

应当知道已经遭受损失或者侵害之日,因此仲裁庭不认可安城公司主张的起始时间为 2011 年 10 月以后。仲裁庭认为,申请人的仲裁请求超过了仲裁时效。另外,中国—韩国 BIT(2007)第 3 条第 3 款文本已经清晰地表明了最惠国待遇不能延伸适用至缔约一方与缔约另一方投资者的投资仲裁事项,特别是不能适用于中国—韩国 BIT(2007)第 9 条第 7 款的仲裁时效,文义解释已经足够清晰,没有必要进一步考虑此前仲裁庭的其他观点或其他含有最惠国待遇条款的条约和条约实践。[1]

迄今为止,ICSID 仲裁庭在最惠国待遇条款是否可以扩大适用于争端解决程序问题上并没有得出一致的结论,肯定结论和否定结论并举。而且,即使其中一种结论胜出,由于 ICSID 裁决缺乏先验效力,所以无法从中找出规律。在具体的投资仲裁案件中,仲裁员的解释任务应该是确定条约术语的含义与缔约者缔约时的动机是否一致,仲裁员的任务是发现而非创造条约术语的含义。支持仲裁员完成条约解释并最终解决争议的法理基础在于仲裁员适用的条约解释规则。司法裁决和国家实践已经认可了 1969 年《维也纳条约法公约》第 31 条、第 32 条确立的条约解释规则的国际惯例性质。这种解释规则能够提供一种平衡的解释方法,公平考虑并承认投资条约中东道国和投资者的合理利益。[2] 条约解释规则包括一般解释规则和辅助解释规则,且这两种解释规则的适用存在先后顺序。投资仲裁庭在解释最惠国待遇条款的过程中应该先适用《维也纳条约法公约》第 31 条的一般解释规则,在必要时适用《维也纳条约法公约》第 32 条的

---

〔1〕 参见龚柏华、伍穗龙主编:《涉华投资者—东道国仲裁案述评》,上海人民出版社 2020 年版,第 226～235 页。

〔2〕 参见朱明新:《最惠国待遇条款适用投资争端解决程序的表象与实质——基于条约解释的视角》,载《法商研究》2015 年第 3 期。

辅助解释规则。然而,根据学者统计,这些涉及最惠国待遇条款适用于争议解端事项的案例中,有些仲裁庭根本没有提及《维也纳条约法公约》,有些完全忽视了第 31 条的解释方法,在辅助解释规则的适用方面,则更加偏爱司法决议和相关条约,偶尔也会适用缔约背景和学者学说。[1]

仲裁庭对条约进行任意解释的根源是最惠国待遇条款的内容表达。目前,最惠国待遇条款主要有以下几种:第一种,笼统表述为应当给予投资者在缔约一方领土内的待遇不低于给予第三方投资者的待遇而不解释其涉及的待遇标准。如前文中马来西亚伊佳兰公司诉中国政府案中涉及的中国—马来西亚 BIT(1988)第 3 条第 1 款就属于这种情况,条款并未说明待遇包含的内容。第二种,广泛地给予投资者的最惠国待遇包括条约涉及的所有方面或所有事项。第三种,将最惠国待遇限定在一定范围内,如美国 BIT 范本(2012)中规定,在相似情况下,各方应给予另一方投资者/投资不低于其给予任何非缔约方投资者在其领土内设立、收购、扩张、管理、实施和出售或以其他方式处置投资的优惠待遇。[2] 安城公司诉中国案件中涉及的中国—韩国 BIT(2007)也表现出中国对最惠国待遇进行明确限制的态度。这种条款清楚列出了待遇涵盖的范围,有的甚至明确排除该条款运用于争端解决的可能性,是一种可喜的转变。

---

[1] 参见朱明新:《最惠国待遇条款适用投资争端解决程序的表象与实质——基于条约解释的视角》,载《法商研究》2015 年第 3 期。

[2] 参见美国 BIT 范本(2012)第 4 条,UNCTAD Investment Policy Hud(Mar. 15, 2023), https://investmentpolicy. unctad. org/international-investment-agreements/treaty-files/2870/download。

第五节　集团仲裁与ICSID管辖权

一、集团仲裁

涉及管辖权的一个新问题出现在三个以阿根廷为被申请方的案件当中：阿布克莱特案，安比恩特（Ambiente Ufficio S. P. A.）案和乔凡尼·阿勒曼尼（Giovanni Alemanni）案。对于这三个案件的管辖权的认定产生了一个新的问题：多个的、互相之间没有隶属关系的投资者是否可以在一个程序中提起诉求。由于这几个案件原告人数众多（尤其阿布克莱特案原告多达60000人），引起了国际社会的广泛关注。一直以来，在集团仲裁中司法主体如何正确平衡个人正义的压力和效率及速度之间的关系是一件令人头痛的工作。[1] 由于原告之间缺乏隶属关系，诉求涉及不同的投资，只是案件是由在相似背景下实施的措施引起的，仲裁庭在判断案件可否在同一个程序中进行时要进行细致的考量。这个由人数众多的原告提起同一个仲裁程序，而仲裁庭认为自己拥有管辖权的情形被称为“集团仲裁”（mass proceedings或者mass claims）。在三个案件中，仲裁庭无视程序上的瑕疵和当事方的反对认定自己有管辖权，其做法引发了阿根廷的强烈反对和学界的热烈讨论。

〔1〕 See Katarzyna Barbara Szczudlik, *Mass Claims Under ICSID*, Wroclaw Review of Law, Administration & Economics, Vol. 4:2, p. 71(2014).

二、集团仲裁涉及的案件及法律问题

(一)阿布克莱特案及法律问题

20世纪90年代,为了筹措资金,阿根廷通过国内市场和国际市场发放主权债券,总数达到1867亿美元,其中通过国际市场发放1394亿美元。[1] 受到2001年经济危机的影响,阿根廷宣称暂停对外国债权人偿还债务。2005年,政府发出要约用新的债务证书替换拖欠的债务的证书,每1美元大约支付35美分。多达76%的债权人参与了这个重建计划,但有很多债权人拒绝加入。其中有一部分债权人选择适用国内司法救济程序,而另一部分债权人则寻求更加可能得到执行的ICSID程序。[2]

从2006年开始,意大利的八家主要银行组成了一个联盟叫作"阿根廷特别小组"(Task Force Argentina,TFA),代表被阿根廷拖欠债务的债权人寻求ICSID仲裁。2006年,TFA以180000个债券持有者的名义提起了仲裁,阿根廷反对仲裁庭对此拥有管辖权。2010年5月,阿根廷政府第二次发出要约用新的债务证书替换拖欠的债务的证书,有66%的债权人同意这个要约,他们撤回了在ICSID的诉求,使原告的数量减少到大约60000个。

阿布克莱特案中,是否允许多达60000个原告利用ICSID机制进行集团仲裁使该案成为最具争议的案件之一。在阿布克莱特案之前,没有仲裁庭对投资条约仲裁中是否同意投资者以集团的形式诉国家作出过表示,也没有仲裁庭对ICSID程序规则是否适用于集团

---

〔1〕 See Jessica Beess und Chrostin, *Sovereign Debt Restructuring and Mass Claims Arbitration before the ICSID*, *The Abaclat Case*, 53 Harvard International Law Journal 506 (2012).

〔2〕 See Karen Halverson Cross, *Investment Arbitration Panel Upholds Jurisdiction to Hear Mass Bondholder Claims against Argentina*, 15 American Society of International Law 30(2011).

诉求作出过说明。

阿根廷认为自己在BIT中同意诉诸ICSID仲裁不能被解释为包括不可预见的与主权债务重组相关的集团仲裁。它强调允许集团仲裁将根本改变ICSID程序的实质,因为其不可能评估每一个原告的情况。集团仲裁要求仲裁庭忽略每个原告的特殊性以支持其最低的共性。[1] 阿根廷还认为仲裁庭支持这些债权人只会使阿根廷政府现在对主权债务进行重组的努力变得困难。[2]

作为回应,仲裁庭认为问题的核心不是阿根廷是否同意集团仲裁,而是ICSID仲裁能否以这种形式开展。[3]《华盛顿公约》对此确实没有规定,但仲裁庭认为如果将这种无规定解释为禁止集团仲裁是违背意大利和阿根廷之间的BIT和ICSID精神的。[4] 同样地,尽管仲裁庭承认其不可能像处理单个原告那样在集团仲裁中进行调查[5],但仲裁庭权衡了拒绝债券持有者诉求的后果,它将导致"令人震惊的"拒绝司法。[6] 仲裁庭否认自己受理案件与阿根廷采取的主权债务重组计划有关。[7]

案件的争议焦点集中在以下三个方面:

1. 双方对集团仲裁的同意

仲裁庭认为,仲裁是一种经双方同意的争端解决方法。在BIT仲裁的语境下,同意通常被认为是投资者接受国家的要约而开始仲

---

〔1〕 阿布克莱特案,关于管辖权和可受理性的决定第470~471段。

〔2〕 阿布克莱特案,关于管辖权和可受理性的决定第517段。

〔3〕 阿布克莱特案,关于管辖权和可受理性的决定第491段。

〔4〕 阿布克莱特案,关于管辖权和可受理性的决定第517~519段。

〔5〕 阿布克莱特案,关于管辖权和可受理性的决定第531段。

〔6〕 阿布克莱特案,关于管辖权和可受理性的决定第537段。

〔7〕 阿布克莱特案,关于管辖权和可受理性的决定第550~551段。

裁。[1] 而涉及集团仲裁,则不是每一个单独的投资者都对仲裁提起诉求,因此对仲裁的同意应该以其他方式来建立。

阿布克莱特案并不是由每一个单独的原告提出仲裁的请求,而是由 TFA 向每一个潜在的原告发送一个授权包,这才构成原告对仲裁的同意。这个授权包包括 TFA 的一封指导信、律师的权利、TFA 的授权和一份问卷调查和指引。[2] 仲裁庭认为,原告的同意是否有效取决于是否存在对 ICSID 仲裁的书面同意及反映原告真实意图的陈述。[3] 仲裁庭认为任何一个原告都不会试图援引一个无效同意的诉求,正因为这样,仲裁庭将适用一个更高的证据标准。[4]

根据仲裁庭的调查结果,包含在 TFA 授权包中的律师的权利足以清楚地满足书面同意的要求。[5] TFA 授权包要求参与的原告方在仲裁待决的情况下不要起诉意大利银行(部分债券的出售者),银行为债券持有者们支付在 ICSID 仲裁的费用。因此仲裁庭认为 TFA 授权包是对双方有利的,其中没有可能导致双方同意无效的欺诈、强迫或错误存在。尽管可能牺牲一些程序权利,但原告清楚地知道自己在做什么。[6] 因此,仲裁庭得出结论,认为原告有效地同意了集团仲裁。

然而,仲裁庭忽略了本案中的一个重要问题,即这个案件是由银行而不是由债券持有人提起的。国际仲裁费用昂贵[7],这个案件是

---

〔1〕 阿布克莱特案,关于管辖权和可受理性的决定第 258 段。

〔2〕 阿布克莱特案,关于管辖权和可受理性的决定第 450 段。

〔3〕 阿布克莱特案,关于管辖权和可受理性的决定第 436 段。

〔4〕 阿布克莱特案,关于管辖权和可受理性的决定第 445 段。

〔5〕 阿布克莱特案,关于管辖权和可受理性的决定第 453 段。

〔6〕 阿布克莱特案,关于管辖权和可受理性的决定第 457 ~ 458、466 段。

〔7〕 据称,平均每个投资仲裁的费用是 9743000 美元。Global Arbitration Review (Mar. 24, 2014), https://globalarbitrationreview. com/news.

由 TFA 资助的,而 TFA 只是案件的第三方。对于阿根廷提出的对律师授权的签字造假的问题,仲裁庭认为该问题在程序阶段并不重要。仲裁庭假定每一个律师授权都是由当事人签订的。[1]

对于阿根廷一方的同意问题,仲裁庭认为根据阿根廷—意大利 BIT(1990),尤其是第 83 条第 3 款,阿根廷一般性地同意到 ICSID 进行仲裁,但没有涉及集团仲裁。[2] 因此,仲裁庭要考虑的是对此是否需要直接明确的同意还是只需要一般同意即可。仲裁庭认为自己对单个诉求拥有管辖权,而仅因为案件的原告数量众多就丧失管辖权是不合理的。而且,该案的诉求以一种集团的形式提出是由该投资的类型和本质决定的。阿根廷—意大利 BIT(1990)的投资形式包含了集团救济机制的解决方法,而且《华盛顿公约》的目的就是促进和保护投资。如果在一般仲裁同意之上附加明确同意的要求,将与 BIT 的目的和 ICSID 的精神相悖。[3] 因此,仲裁庭认为阿根廷对集团仲裁的同意应取决于这种诉求在《华盛顿公约》架构下是否被允许,而不是阿根廷是否明确地在 BIT 中表示同意。

2.《华盛顿公约》和 BIT 没有规定集团仲裁

《华盛顿公约》并没有明确提及集团仲裁的问题。因此,阿根廷要求仲裁庭解释这种沉默,这是一种"合格的沉默"(指明集团仲裁是不被允许的)还是一种"非故意的空白"(可以由仲裁庭来填补空白)。[4] 为回答这个问题,仲裁庭对阿根廷—意大利 BIT(1990)的目的和范围进行了一系列分析。仲裁庭发现:(1)该 BIT 包含涉及大量原告的投资;(2)这些投资要求集团救济来提供有效保护;(3)BIT 是用以

〔1〕 阿布克莱特案,关于管辖权和可受理性的决定第 454 段。
〔2〕 阿布克莱特案,关于管辖权和可受理性的决定第 467 段。
〔3〕 阿布克莱特案,关于管辖权和可受理性的决定第 490 段。
〔4〕 阿布克莱特案,关于管辖权和可受理性的决定第 517 段。

保护其定义的投资范围内的投资的;(4)ICSID 设立的目的是促进和保护 BIT 所规定的投资;(5)如果将 BIT 的这种沉默解释为“合格的沉默”,将与 ICSID 的精神相悖,所以应将其解释为一种空白,等待仲裁庭来填补。[1]

仲裁庭认为为使其受理集团仲裁成为可能,《华盛顿公约》第 44 条和《解决投资争端的国际中心仲裁规则》第 19 条授权其引进任何经修改的程序,因为这种修改与诉求的实体问题并无关联,只跟诉求的提出方式有关。[2]

3. 当事方的程序权利会受到限制

仲裁庭认为,尽管集团仲裁会使阿根廷回应单个诉求变得困难,而且单个的原告也不能提交其论点,但这不会对双方的权益造成负面影响,因为该案中原告的诉求具有同质性。仲裁庭强调真正重要的是集团仲裁是否是由相同的事实引起的,国家是否采取的是相同的措施及争议是否建立在相同的条约基础上。仲裁庭认为这些条件都满足,因此该案的诉求具有同质性。仲裁庭还认为,对仲裁程序的修改仅仅对阿根廷的程序权利有所限制,而这种限制仅对其抗辩权的行使有轻微的抑制效果,这种抗辩权对于保护阿根廷的程序权利是否有必要并不确定。对双方权利的限制是符合全体的公平利益的。当事方的程序权利被轻微限制不构成不公平的损失,进行 60000 个单独的程序反而是一个巨大的挑战。[3]

仲裁庭认为集团仲裁只是 ICSID 仲裁的一个变体,仲裁庭有权使用一个本质上与普通 ICSID 仲裁没有不同的仲裁程序。因此仲裁

---

[1] 阿布克莱特案,关于管辖权和可受理性的决定第 518 ~ 519 段。

[2] 阿布克莱特案,多数人的裁决意见第 534 ~ 535 段。

[3] 阿布克莱特案,多数人的裁决意见第 536、544 ~ 545 段。

庭对本案拥有管辖权。

2011年10月,阿根廷对两个仲裁员皮埃尔·滕西亚(Pierre Tercier)和阿尔伯特·扬·范登伯格(Albert Jan van den Berg)的资格提出怀疑,这两个仲裁员对本案仲裁庭拥有管辖权提出了支持意见,但对这两位仲裁员资格的质疑于12月被ICSID否决。阿根廷指派的乔治·阿比·萨博(Georges Abi-Saab)教授提出反对意见,他认为仲裁庭对本案没有管辖权。阿根廷对国际仲裁的同意不能被解读为包含同意集团仲裁。[1] 因此,仲裁庭受理案件明显地超越了其权限,会剥夺阿根廷针对个体诉求对抗质证的程序权利。[2] 之后,乔治·阿比·萨布教授从仲裁庭辞职。2011年12月29日,阿根廷指派了西班牙籍的圣地亚哥·托雷斯·波纳兹(Santiago Torres Bernárdez)博士替代了乔治·阿比·萨布教授。新仲裁庭在2012年1月重新组成。

本案于2016年10月7日以和解的方式结案。阿根廷对仲裁庭拥有管辖权的质疑以失败而告终。

(二)其他案件及法律问题

1.安比恩特案

安比恩特案[3]是另一个由阿根廷经济危机引发的案件,这个案件的事实背景与阿布克莱特案相同。仲裁庭认为虽然国际仲裁不要求遵循先例,但其会使用阿布克莱特案的推理方法。[4] 安比恩特案的仲裁庭认为该案不构成一个集团仲裁案件,主要原因是该案原告人数比阿布克莱特案少很多,阿布克莱特案有60000个原告,而该案

[1] 阿布克莱特案,乔治斯·阿比·萨博教授的反对意见第150~151段。

[2] 阿布克莱特案,乔治斯·阿比·萨博教授的反对意见第242~244段。

[3] Ambiente Ufficio S. p. A. v. Argentine Republic, ICSID Case No. ARB/08/9.

[4] 安比恩特案,关于管辖权和可受理性的决定第11~13段。

只有几十个原告。[1] 仲裁庭将本案界定为“多当事方”(multiparty)仲裁案件而不是集团仲裁(mass arbitration)案件,仲裁庭还强调,程序问题不构成本案管辖权的任何障碍。[2]

与阿布克莱特案一样,本案仲裁员圣地亚戈·托雷斯·波纳兹(Sanatiago Torres Bernandez)也出具了自己的反对意见。他批评本案仲裁庭过度依赖前案并指出这样做缺乏法律依据。[3] 当事方是否同意国际仲裁关键在于双方签订 BIT 时的意图,仲裁庭的任务就是解释 BIT 中双方是否同意仲裁。[4] 圣地亚戈·托雷斯·波纳兹贝南迪兹认为《华盛顿公约》和 BIT 中对集团仲裁没有规定并不意味着同意此种程序,仲裁庭没有被赋予管辖权。“沉默”意味着没有同意,而不是相反。圣地亚戈·托雷斯·波纳兹认为自己的结论是有理论依据的,《华盛顿公约》第 25 条对当事方的表述使用的是单数形式,即“另一缔约方国民”(a national of another Contracting State)。按照《维也纳条约法公约》第 31 条第 1 款的规定,该条款仅允许一个原告,而不是多个原告向 ICSID 仲裁庭提起诉求。[5]

2. 乔凡尼·阿勒曼尼案[6]

2014 年 11 月 17 日,乔凡尼·阿勒曼尼案的仲裁庭发布了管辖权决定。这个案件与前两个案件在事实上很相似,涉及 74 个原告。

与前两个案件一样,乔凡尼·阿勒曼尼案仲裁庭认为将多当事

[1] 安比恩特案,关于管辖权和可受理性的决定第 135 段。
[2] 安比恩特案,关于管辖权和可受理性的决定第 164 ~ 166 段。
[3] 安比恩特案,圣地亚戈·托雷斯·波纳兹的反对意见第 3 ~ 41 段。
[4] 安比恩特案,圣地亚戈·托雷斯·波纳兹的反对意见第 3 ~ 9 段。
[5] 安比恩特案,圣地亚戈·托雷斯·波纳兹的反对意见第 61、85 ~ 86 段。
[6] Giovanni Alemanni and others v. Argentine Republic, ICSID Case No. ARB/07/8.

方仲裁排除出《华盛顿公约》的适用范围是不合理的。仲裁庭并不认可阿根廷认为这类诉求需要被申请国家的二次同意的说法。仲裁庭认为,如果程序不在《华盛顿公约》适用范围内,那么二次同意也不能改变这个事实。同意不会因为增加次数而变得更有效,也不会因为只给出一次而变得无效。[1]

仲裁庭认为真正的问题在于《华盛顿公约》第 25 条第 1 款中的"缔约方(或缔约方向中心指定的该国的任何组成部分或机构)和另一缔约方国民之间直接因投资而产生……争端"是否应被理解为"一个缔约方和另一缔约方的一个且只是一个国民之间的争议"。仲裁庭认为无论是《华盛顿公约》还是 ICSID 规则均无明确指示支持这种解释。[2]

这几个案件的仲裁庭认定自己对集团仲裁拥有管辖权引发了广泛的讨论,正如泛美能源有限责任公司和 BP 阿根廷勘探公司诉阿根廷案中所说的,仲裁庭的职责在于"发现",而不是"创造"条约的含义。[3] 多数反对者认为,无论是国内法还是国际法,允许进行集团仲裁的用语必须被明确规定在法律中。人们应该意识到投资仲裁的特性是以国家主权为代价的。因此,应对《华盛顿公约》和 BITs 作出更谨慎的解释。集团仲裁是非常特殊的,它要求一个有效的附加程序机制来解决问题。仲裁庭应当清楚地区分国家同意仲裁和国家同意集团仲裁之间的区别。《华盛顿公约》和 ICSID 规则中没有任何措辞支持投资者可以对东道国提起集团仲裁。《华盛顿公约》的缔约方在签订《华盛顿公约》时以及阿根廷在订立 BITs 时,是不可能预想到这些国际规则包含集团仲裁的。

---

〔1〕 乔凡尼·阿勒曼尼案,关于管辖权和可受理性的决定第 269 段。

〔2〕 乔凡尼·阿勒曼尼案,关于管辖权和可受理性的决定第 270 ~ 271 段。

〔3〕 泛美能源有限责任公司和 BP 阿根廷勘探公司诉阿根廷案,程序性的细节,注释 105。

适用集团仲裁将根本地改变《华盛顿公约》的结构,《华盛顿公约》是为个体投资者提起诉求而设计的。集团仲裁中被申请方的抗辩权会实质性地受到限制,而这种限制无法从《华盛顿公约》第 44 条和 ICSID 规则第 19 条推断出来。《华盛顿公约》第 44 条的含义是填补程序性的空白,而不是取代现有规则。这种空白应该是微小的、纯技术的。该条文不应被解释为授权仲裁庭创造规则。仲裁庭的做法实际影响了当事方的程序权利,这样做也会严重影响当事方的实体权利,因此仲裁庭没有权利这样做。

除却阿根廷的程序权利,仲裁庭在已经证实一些授权的签字造假的情况下仍然认定"原告知道自己在做什么"是非常令人惊讶的。实际上,这些造假的签字恰好证明了"原告不知道自己在做什么"。[1]

将 ICSID 规则适用到集团仲裁中引发了其是否与正当程序原则相符的问题。被申请方应该有机会针对诉求的每一个要素进行抗辩,而阿布克莱特案仲裁庭通过"实质上同质化"剥夺了这个权利。

有学者指出,针对集团仲裁,国家的二次同意是非常有必要的。只要是在《华盛顿公约》中没有签字并且在 BITs 或是国内法中没有表示出对集团仲裁的同意都不意味着同意。沉默不能被解释为对这种特殊程序的认可,同意必须是明确的。因此,应该区分两种不同的同意,一种是对某些类型的争议进行仲裁的同意,被称为一般同意;另一种是对特定类型的程序的同意,对集团仲裁的同意就属于这一种。这种对特定类型的程序的同意不是集团仲裁独有的,传统上,哪怕是多方当事人仲裁,如果仲裁协议对此没有规定或是规定模糊,也需要二次同意。因此,二次同意的要求并不令人惊奇,阿布克莱特案

---

〔1〕 See Katarzyna Barbara Szczudlik, *Mass Claims Ubder ICSID*, Wroclaw Review of Law, Administration & Economics, Vol. 4:2, p. 78 – 83(2014).

和安比恩特案仲裁庭对这个问题的解释才令人惊奇。[1] ICSID仲裁中可以有集团仲裁,但是不应当违背当事方的意愿。二次同意是这类程序的必要条件。因此缺乏二次同意是一个无法逾越的障碍。

诚然,集团仲裁有其不可替代的优越性。集体提出诉求可以减少原告经济上的负担,也可以减少仲裁机构的工作量,使其免于瘫痪。集团仲裁还可以避免裁决冲突。然而,这些优点不能掩盖集团仲裁和ICSID规则不兼容的问题。国际法的程序和实体要求有时比快速和有效的程序需求更重要。

ICSID仲裁程序的适用价格昂贵且进入程序严苛,在集团仲裁案件中,仲裁庭试图为个人提供一个进入的通道。然而,集团仲裁管辖权有无的决定毫无疑问地影响到将来国际投资仲裁的发展。这几个案件的裁决可能促使阿根廷其他主权债券个人持有者考虑将投资协定仲裁作为一种救济方法,其他涉及利益微小的投资者也会调整行为以使其符合可以提起集团仲裁的要求。这些案件将对将来的国际投资仲裁产生重要影响。另外,集团仲裁的使用次数也会呈增加趋势。这将导致仲裁案件数量增加。

---

〔1〕 See Stacy I. Strong, *Does Class Arbitration Change the Nature of Arbitration? Stolt Nielsen, AT&T and Return to First Principles*, 17 Harvard Negotiation Law Review 55 – 56(2012).

第四章 国际投资仲裁中的间接征收

第一节 间接征收和国家管理权

征收,作为东道国政府对外国投资者的财产实行剥夺的行为,可分为直接征收和间接征收两种类型,前者是指东道国政府公开、迅速地将外资收归国有。目前直接征收已经很少,国家不愿意通过严厉、公开的措施征收外国投资者的财产而使本国投资环境陷入险境。通过官方行为剥夺外国投资者的财产权利会带来负面舆论效应,并可能对国家吸引对外投资造成永久损害。[1] 后者是指东道国政府通过采取各种干预外国投资者行使财产权的管制措施将其财产收归国有。间接征收的典型表现形式主要包括强制转让财产、完全禁止转让或支配财产、实质干预企业的管理控制权、过度或任意征税、取消许可或批准、违法驱逐外国投资者、实施骚扰行为等。间接征收并没有明确的定义。一般认为,间接征收系指虽未直接转移或剥夺投资者的财产权,但通过东道国干涉财产的使用或是对利益的享有,使效果等同于直接征收,可以将之称为与征收"类似的任何其他措

---

〔1〕 参见[德]鲁道夫·多尔查、[奥]克里斯托弗·朔伊尔编:《国际投资法原则》,祁欢、施进译,中国政法大学出版社2014年版,第102~103页。

施”或“效果相同的其他措施”。

间接征收的实施过程往往是渐进式的,虽然这些措施在形式上没有否定投资者的所有权,但是对投资者财产的影响足以构成对投资者的投资利益的剥夺,或对投资的管理、使用或控制权的限制,或使投资的价值受到实质性的减损。[1]

传统国际法认定原则上东道国有权征收外国投资者的财产。实际上,国际实践认为这一权利是最重要的,甚至现代投资条约也尊重这一观点。[2] 只要符合特定的条件,国际法并不禁止东道国基于公共利益的需要对外国投资进行征收。这些条件是:公共目的、非歧视及给予补偿。[3] 另外一些国际条约中则规定了四个条件:公共目的,非歧视,正当程序,给予充分、及时、有效的补偿。

过去学术界及实务界对征收问题的关注主要集中在对被征收财产补偿数额的确定上。发达国家坚持赫尔原则,认为外国投资者应该得到充分、及时、有效的补偿,而发展中国家则坚持卡尔沃原则,主张适当补偿。随着世界经济的发展,发展中国家纷纷进行经济结构的调整,采取出口导向型的经济增长模式。这时为弥补自身资金的不足,都在投资政策上与其他国家竞争,建立自由化及保护外国投资者的投资法律体制。作为东道国,仅为吸引外资的声誉考虑,不会轻易地对外国投资者的财产实行直接剥夺,何况还可能要依赫尔原则

---

[1] 参见温先涛:《〈中国投资保护协定范本〉(草案)论稿(二)》,载陈安主编:《国际经济法学刊》第19卷第1期,北京大学出版社2012年版。

[2] 参见[德]鲁道夫·多尔查、[奥]克里斯托弗·朔伊尔编:《国际投资法原则》,祁欢、施进译,中国政法大学出版社2014年版,第98页。

[3] 《美国外交关系法》重述第712条规定,违背这几个条件的征收是违法的。*Restatement (Third) of Foreign Relations Law of the United States*, 76 American Journal of International Law 712 (1987).

对后者进行高额补偿。[1] 对直接征收问题的淡化,并没有使征收问题退出历史舞台,为了维护社会稳定和对环境进行保护,二十世纪七八十年代,争议的焦点转向与东道国对外国投资管理有关的争议和比较隐蔽的间接征收。[2]

一、间接征收和国家管理权概述

自 NAFTA(1992)第一个关于间接征收的案件出现后,针对保护环境、健康和其他公共利益的管理措施引发的间接征收行为引来越来越多的关注。[3] 当东道国管理自身经济事务时,不可避免要触及外国投资者的利益,而外国投资者认为,东道国的这些行为,虽然没有直接进行剥夺,但是效果等同于征收,是一种比较隐蔽的征收方式,同样达到了剥夺财产的目的,阿根廷经济危机期间采取的措施就被外国投资者指控为间接征收,而将阿根廷诉诸国际仲裁,使间接征收问题逐渐成为国际投资争端中的重大议题。实际上,并不是所有的政府管理行为都构成征收。对于如何界定间接征收的争议,实际上就是谁应该承担东道国所采取的涉及公共利益的措施的经济损失的问题。有人认为,东道国不应该被要求为外国投资者在该国政府为公共目的而采取管理措施时所损失的利益提供保险,因为这最终

[1] 当然也有例外,2012 年锐普索诉阿根廷案就是近年来一个罕见的直接征收的例子。Repsol, S. A. and Repsol Butano, S. A. v. Argentine Republic, ICSID Case No. ARB/12/38.

[2] UNCTAD 官方网站提供的资料显示,在涉及 BITs 的案件中涉及直接征收的有 144 个,涉及间接征收的有 493 个,其他国际投资条约案件中涉及直接征收的有 45 个,间接征收的有 75 个。*Investment Dispute Settlement Navigator*, UNCTAD Investment Policy Hub (Dec. 31, 2023), https://investmentpolicy.unctad.org/investment-dispute-settlement.

[3] 门托克莱德公司诉墨西哥案即为有关环境管理权方面的典型案例。在该案中,美国投资者在墨西哥建立了一个有毒废物掩埋场,但该设施一旦投入运营,将会污染当地水源并威胁周边野生仙人掌的生存。鉴此,墨西哥当地政府拒绝对其发放许可证。仲裁庭认定,墨西哥的做法严重损害了美国投资者对其投资的合理期待,构成间接征收。

会由东道国的纳税人来买单，这是外国投资者理应承担的政治风险。而另外的观点则认为不应该由外国投资者来承担东道国为自身福利的目的而导致的经济负担，既然构成了征收，东道国就要负责赔偿。[1] 这里必须厘清以下几个问题。

（一）东道国有权进行管理

根据主权理论以及地域管辖原则，国家有权在其境内管理经济和商业事务[2]，国际仲裁实践也承认国家的经济管理权。[3] 这些权利包括决定谁可以从事商业活动、商业活动应采用什么形式以及在什么条件下可以从事等。当政府行使这种权力时，通常不被要求对财产权受到影响的私人进行赔偿，否则，政府就不能正常发挥其职能。就像美国法院在其判决中指出的那样："如果在某种程度上财产一点都不能在未经赔偿的情况下受到损害，政府将举步维艰。"[4]

仲裁实践中，持这种观点的人不在少数。在费尔德曼（Feldman）案中，仲裁庭认为：政府必须能够自由代表更广大的公共利益行事：环境保护、新的或改进的税收制度、政府补贴的赋予或撤回、关税水平的降低或上涨、强制性划分区域以及其他类似事务。如果任何受到不利影响的公司都可以寻求赔偿，并肯定国际惯例认同这种诉求，那么上述类型的合理政府管理不可能实现。[5]

在梅塞尼斯公司（Methanex）案中，仲裁庭认定美国对汽油添加

---

〔1〕 See Maurizio Brunetti, *Indirect Expropriation in International Law*, 5 International Law Forum du droit international 150 (2003).

〔2〕 See Inaamul Haque & Ruxandra Burdescu, *Monterrey Consensus on Financing for Development: Response Sought from International Economic Law*, 27 Boston College International and Comparative Law Review 219(2004).

〔3〕 例如 LG&E 案，裁决书第 195 段。

〔4〕 Ben Mostafa, *The Sole Effects Doctrine, Police Powers and Indirect Expropriation under International Law*, 15 Australian International Law Journal 269 (2008).

〔5〕 费尔德曼案，裁决书第 103 段。

剂的禁令不构成征收,因为其措施是以公共利益为出发点,且不具有歧视性;“作为一般国际法,一个非歧视性的以公共目的为出发点的管理型行为,如果按照一定的法定程序实施,不能被视为征收和可受补偿”[1]。

在 CNA 保险公司诉阿根廷案中,仲裁庭指出:基于公共利益而对财产进行限制属于典型的政府针对财产的监管措施,这种监管绝大多数不可避免地包含强制性限制,从而保障他人或公共利益。这种限制不禁止对财产的基本使用,也不强加给财产拥有者不合理的负担。因此,只要这类限制措施没有以无法容忍的、歧视的或者不合比例的方式影响财产,就不属于征收,也不能要求赔偿。[2]

然而,大量案例支持东道国的管理权并不能使其成为一个国际通行的标准。在桑塔·艾莉娜(Santa Elena)案中,仲裁庭认为,出于保护环境的目的而采取的措施并没有改变征收的实质。一旦出现了征收,即使是出于保护环境的目的,该国赔偿的责任不变。[3]

(二)间接征收理论和政府管理行为的相互作用

公共利益使政府规制合法化,但政府能否将社会变动的成本完全转嫁于投资者,从而免于补偿应视投资者所受影响的程度而定。[4] 这里面有一个度的问题,即东道国采取的管理行为可能会对投资者产生不利的影响。如果这种影响在合理限度内,投资者就要承担其不利后果,如果超过了一定的限度,此时要求投资者必须无条

---

〔1〕 梅塞尼斯公司案,裁决书第7段。

〔2〕 Continental Casualty Company v. Argentine Republic, ICSID Case No. ARB/03/9,裁决书第276段。

〔3〕 Compañía del Desarrollo de Santa Elena S. A. v. Republic of Costa Rica, ICSID Case No. ARB/96/1,裁决书第72段。

〔4〕 参见彭岳:《国际投资中的间接征收及其认定》,载《复旦学报(社会科学版)》2009年第2期。

件接受东道国对其投资作出的决定则显失公平。本书认为,如果对财产或对财产的使用造成了重大的损害,必须在公共利益和个人利益之间进行公正衡量,以确保投资者不会因此而受到过分的伤害。[1] 一方面,即使给予投资者充分、及时、有效的补偿,也不能成为政府随意征收的借口。另一方面,不能将政府采取的对财产权的管理行为统统划入征收的范围,从而限制政府管理经济事务,推进社会变革的能力。因此,超过合理限度的政府管理行为才构成间接征收。当一个主权国家行使其内在的权利来管理其国内事务时,对权利的行使不是无条件的而是有界限的。那么东道国实施管理行为的边界何在?

尽管国际法承认政府进行征收时有义务对外国投资者进行补偿,但由于对东道国政府可以采取何种管理措施的界定不清,在如何给间接征收设立边界的问题上国际上并没有达成共识。由于政府在规制私人财产方面发挥越来越重要的作用(其中一些属于政府承担的国际义务,如管理对环境和人类健康造成损害的行为)[2],加上大量投资协定的存在,导致因为间接征收问题而诉诸国际仲裁的情况有所增多,双方很难确定被诉诸国际仲裁的情况到底是征收还是正常的政府管理行为。东道国和外国投资者会分别站在自身的立场,东道国一方倾向从严界定间接征收的范围,从而使自己在一个较宽的尺度下对经济行为进行管理,而投资者及其母国一方则倾向于从宽界定间接征收的范围,从而扩大对自身权利的保护。另外,由

---

〔1〕 参见彭岳:《国际投资中的间接征收及其认定》,载《复旦学报(社会科学版)》2009 年第 2 期。

〔2〕 See Surya Subedi, *The Challenge of Reconciling the Competing Principles within the Law of Foreign Investment with Special Reference to the Recent Trend in the Interpretation of the Term* "Expropriation",40 International Law 121(2006).

于征收问题与公平公正待遇、国民待遇等问题在内容上有所交叉，因此对间接征收的内涵进行明确比较困难。国际投资法专家多尔泽(Dolzer)指出，对征收的界定问题可能成为国际投资法中的主要问题。[1]

由于存在两种相互抵触的观点，衍生出两种理论：一是单一效果理论，即从政府措施造成的效果界定是否存在征收，这种理论是偏向支持外国投资者的利益的。二是单一目的理论，即从东道国采取措施的目的是不是保护公共利益来衡量是否构成征收，这是一种支持国家行使治安权(police power，也称警察权)的理论。[2]

二、间接征收的界定标准

当间接征收涉及国际法层面时，除了东道国管理权和外国投资者财产权之间的冲突之外，还涉及投资者身后的母国和东道国之间的冲突。当资本输入国和资本输出国之间建立条约关系后，国际惯例意义上的外交保护权被转换为条约上的权利，双方将依据事先拟定的条约来解决其间的争议。[3] 但几十年来，什么构成间接征收从未有过统一的说法。

(一)界定间接征收的要素及标准选择

虽然对如何界定间接征收在国际法上尚无法找出明确的规定，但是“对外资影响的程度”和“政府行为的目的”显然是两个应该考

---

[1] See Rudolf Dolzer, *Indirect Expropriations: New Developments*, 11 Environmental Law Journal 64 (2002 - 2003).

[2] See Ben Mostafa, *The Sole Effects Doctrine, Police Powers and Indirect Expropriation under International Law*, 15 Australian International Law Journal 267(2008).

[3] 参见彭岳:《国际投资中的间接征收及其认定》,载《复旦学报(社会科学版)》2009 年第 2 期。

虑的要素。前者考察政府措施对外国投资的财产权利有多大的影响,后者则偏重考虑政府措施是不是出于维护社会公共利益的需要。不难看出,前一个要素偏向投资者一方,后一个要素则偏向东道国一方。在这两个要素之下,衍生出对间接征收的界定标准:效果标准、性质和目的标准及结合两个标准的兼采标准。

1. 效果标准

效果标准是依东道国政府所采取的管理措施对外国投资和外国投资者造成影响的程度来判断其是否构成间接征收。[1] 该标准不考虑该管理行为本身是否具有国内法基础或符合法定程序,即使是完全符合国内法的管理行为如果对投资者的财产造成影响也可能被认定为征收。学界将满足效果标准归纳为"排除所有人的利益"[2]或是"使财产实质上无用"或"等同于对财产权的直接征收"[3]。只要达到了这些标准,就被视为有实质性的损害,东道国的管理措施就构成征收。

在提贝兹(Tippetts)案中,仲裁庭就使用了单一的效果标准:"比起这些措施对财产所有人造成的影响,政府的意图并不重要……""政府对财产的控制行为并不能自动而迅速地得出结论认为财产已经被征收而要求补偿。这种结论的前提是财产基本权利已被剥夺并且此种剥夺并不是暂时的。"[4] 在波普和泰尔波特(Pope & Talbot)

---

〔1〕 See Rudolf Dolzer & Felix Bloch, *Indirect Expropriation: Conceptual Realignments*, 5 International Law Forum 155(2003).

〔2〕 Jason Gudofsky, *Shedding Light on Article* 1110 *of the North American Free Trade Agreement* (*NAFTA*) *Concerning Expropriations: An Environmental Case Study*, 21 Northwestern Journal of International Law and Bunness 243(2000).

〔3〕 J. Martin Wagner, *International Investment, Expropriation and Environmental Protection*, 29 Golden GateUniversityLaw Review 465(1999).

〔4〕 伊朗—美国求偿仲裁庭的 Tippetts, Abbett, McCarthy, Stratton v. TAMS-AFFA Consulting Engineers of Iran 案,裁决书第 141-7-2 号。

案中,仲裁庭也支持政府对财产权的干涉要构成间接征收必须达到“像财产被剥夺了”的要求。[1] 该案仲裁庭认为,加拿大政府的出口配额限制虽然造成了原告的利益减损,但原告的海外销售并没有被完全禁止,投资者仍能获利,因此,“干扰本身不是征收,如果要构成征收,还需要证明财产所有权的基本权能受到了严重程度的剥夺”[2]。

在 ICSID 仲裁庭处理的桑塔·艾莉娜案中,原告桑塔·艾莉娜在哥斯达黎加购买了30平方千米的土地用来开发旅游度假项目,但1978年政府颁布了一个征收法令,宣布这块地域为保护区域。仲裁庭沿用了提贝兹案的观点,认为政府措施剥夺了所有权人使用其财产的利益和经济价值的权利,使其“实质上无用”。该标准将东道国政府采取的实质上损及外国投资财产权的任何管理措施一概认定为间接征收,反映了在对东道国国家责任认定上应作有利于受害人之解释的传统观念,过分损害了东道国的主权。[3] 在 BG 案中,仲裁庭认为一个国家有权为维护公共利益而颁布影响私人财产的管理措施。如果该措施是“不可更改的和永久的”,并且如果财产权利受到例如剥夺的影响,就可以要求征收补偿。[4]

实际上,在认定间接征收时绝大部分的 ICSID 仲裁庭都将效果因素作为决定性因素,在其看来,当投资者被剥夺了投资的经济使用权能以后,投资者的唯一选择就是停止投资活动。

2. 目的标准

目的标准根据东道国所采取的管理措施是不是为了社会公共目的来判断是否构成间接征收,无论这种措施是否造成对外国投资者

[1] Pope and Talbot Inc v. Canada, UNCITRAL,临时裁决第102段。

[2] 波普和泰尔波特案,临时裁决第99段。

[3] 参见徐崇利:《“间接征收”之界分:东道国对外资管理的限度》,载《福建法学》2008年第2期。

[4] BG Group Plc v. The Republic of Argentina, UNCITRAL 裁决书第268段。

财产权利的剥夺,只要是出于公共目的就不需要补偿。该定义考虑了管理措施是出于善意、非歧视并用于保护公共、健康利益、道德或其他利益的。[1] 这是对目的标准最广泛的一种理解。NAFTA 仲裁庭在梅塞尼斯公司案和阿祖瑞克斯案[2]中都持这种观点。梅塞尼斯公司案仲裁庭认为,只要是出于公共利益的目的,同时建立在非歧视的基础之上的政府行为都可以归入目的标准。[3] 这种判断标准无视投资者是否受到损害,过分强调东道国公共利益的目的,很容易造成东道国对权力的滥用。

其实,目的标准中规定的公共目的不应该是无边界的,必须明确哪些情况符合。考虑政府采取措施的目的和背景,通常是看政府措施是否促进了"社会目的"或是"公众福利",其中包括公共健康、安全、道德和福利,这样的措施通常不构成征收。[4] 如果非歧视地采用与反垄断、消费者安全保护、环境保护这些对发挥国家功能而言是必要的措施,也不构成征收。[5] 但是,这样的识别规则并没有形成国际惯例,因此决定权实际上掌握在国际仲裁庭手中。

有的国际条约中明确规定了哪些情况属于不构成征收的"公共目的",例如美国 BIT 范本(2012)附件 B[6]中规定:除非特殊情况,

---

[1] See David Schneiderman, *NAFTA's Takings Rule: American Constitutionalism Comes to Canada*, 46 University of Toronto Law Journal 499 (1996).

[2] 梅塞尼斯公司案,最终裁决书第 4 部分 D 章节第 7、44 段;阿祖瑞克斯案,裁决书第 311 段。

[3] 梅塞尼斯公司案,裁决书第 1345 段。

[4] See G. Christie, *What Constitutes a Taking of Property under International Law*, 38 British Yearbook of International Law 307(1962).

[5] See M. Sornarajah, *The International Law on Foreign Investment*, Cambridge University Press, 2004, p. 283.

[6] See *U. S. Model BIT* 2012, States (Mar. 24, 2022) http://www.state.gov/documents/organization/188371.pdf.

否则一方用于保护公共利益的——如公共健康和安全,以及环境的非歧视的管理措施——不构成间接征收。美国和智利以及新加坡FTA中也有规定:除非特殊情况,为保护合法的公众福利目的,例如对公共健康、安全和环境的非歧视的管理措施,不构成间接征收。[1]

然而,从逻辑上讲,东道国的行为性质不能作为一个判断标准,因为在国际法中,公共目的只作为判断东道国政府的征收行为是否合法[2]的一个要件,而不能作为判断是否构成征收的一个标准,正如桑塔·艾莉娜案仲裁庭认为的:因为环境原因而进行的征收可以被归入为了公共目的一类,因而是合法的,但是,财产被征收的原因既不影响措施的本质,也不影响征收应该给予补偿的性质。也就是说,保护环境的目的不能改变征收的法律特征。[3] 在所有BITs的征收条款中都有相应规定,即征收行为只要是非歧视、非武断、出于公共目的,国家便有权征收。徐崇利教授认为,两种情形并不矛盾。在决定东道国政府采取的一项措施是否构成合法的征收时,只涉及东道国社会公共利益"有无"的问题,即只要该项措施的采取不是出于增进东道国社会公共利益的目的,即属非法征收;而对于间接征收的认定,涉及的是东道国社会公共利益"大小"的问题。[4] 然而本书认为,单一的性质和目的标准不能作为一个单独的标准存在,根据BIT的要求,除非出于公共目的,否则不能征收,而一旦出现征收,就必须进行补偿。与此同时,构成征收的监管措施如果是出于公共目的则不引起补偿,从这个角度看,该标准是不充分的且相互矛盾的。衡量

---

[1] See Matthew Porterfield, *International Expropriation Rules and Federalism*, 23 Stanford Environmental LawJournal 3(2004).

[2] 合法的措施才构成国际法允许的征收行为,而这种行为仍然需要补偿。

[3] Compañía del Desarrollo de Santa Elena S. A. ,裁决书第71~72段。

[4] Compañía del Desarrollo de Santa Elena S. A. ,裁决书第335段。

政府行为的目的是否出于满足间接征收要求的公共目的与构成征收要件的公共目的在外延上是一致的,并没有本质的区别。很难将"保护环境"这种公共目的与一般的公共目的区分开来。

3. 兼采标准

鲁道夫·多尔泽(Rudolf Dolzer)和费利克斯·布洛赫(Felix Bloch)认为,虽然国际仲裁庭倾向于使用效果标准,但是单一的效果标准和单一的目的标准都不能代表国际主流观点。[1]

根据1950年签订、1953年生效的《欧洲人权公约》(European Convention on Human Rights, ECHR)第一议定书第1条规定,一般的管理行为不应受到补偿:每一个自然人都有权安静地享有其财产权利,没有人能剥夺其财产,除非基于公共利益并且符合国际法及其一般原则规定的条件。对该款的解释包括了以下两方面的含义:一方面,政府依法采取的行为只是控制财产的使用,而非从实质上剥夺私人财产权,并不损害其对收益的正当之期待,就不构成征收,即遵循效果标准。另一方面,哪怕政府采取的行为达到了效果标准,但在最终认定其是否构成征收时,仍需在维护公共利益与保护私人权利之间进行平衡,这种平衡应受到比例原则的限制,即在效果与目的之间寻找一个平衡。[2]

这是基于ECHR的"自由判断余地(margin of appreciation)"原则或称比例原则规定的。该原则给予东道国对涉及公共利益的措施以很大的尊重,让东道国自行评价对财产的剥夺(deprivation)是否存在公共利益的考虑,由法院来考虑东道国对投资者财产权的干涉是

---

〔1〕 See Rudolf Dolzer & Felix Bloch, *Indirect Expropriation: Conceptual Realignments*, 5 International Law Forum Du Droit International 159 (2003).

〔2〕 参见李晓皓:《浅析管理性征收及其认定标准》,中国国际经济法学会2010年年会论文。

否公平对待公共利益和私人利益,是否对私人增加了不合理的负担。[1]

不合理的负担,涉及国家管理权和投资者财产所有权之间的平衡,就是二者的边界。本书认为,为了量化这种不合理的情形,这种平衡应受到比例原则的限制。该原则可以通过实现公权力和私权利的动态平衡,达到个案的公正。[2] 既不单单考虑公共利益,也不单单考虑个体利益,而是将二者之间的平衡或比例作为更重要的考量因素,同时,强调不让外国投资者受到不公平对待。这种平衡或比例要求,并非简单的利益平分,而是对单纯形式上公平的扬弃。[3]

一般认为,比例原则含义有三:一是政府采取行为之方式必须适合实现法律规定的目的,即政府行为的"适当性"首先应当得到保证;二是在若干适合实现法律目的的行为方式中,政府必须选用其中对私人造成损害最小的那种方式,即政府行为应具有"必要性";三是必要的政府行为对私人造成之损害与给社会带来的利益应当成比例,即应符合狭义的"比例性"。[4]

在利用 ICSID《附加便利规则》裁决的泰克迈德(Tecmed)诉墨西哥案[5]中,原告诉称墨西哥政府违反西班牙—墨西哥 BIT(1995),

---

[1] See "*Indirect Expropriation" and the* "*Right to Regulate" in International Investment Law*, OECD iLibrary (Sept. 1, 2004), https://www.oecd-ilibrary.org/finance-and-investment/indirect-expropriation-and-the-right-to-regulate-in-international-investment-law_780155872321.

[2] 参见徐崇利:《利益平衡与对外资间接征收的认定及补偿》,载《环球法律评论》2008 年第6期。

[3] 参见商镇:《征收与政府管理行为的划分 论间接征收的界定》,载《法律适用》2006 年第10期。

[4] 参见徐崇利:《利益平衡与对外资间接征收的认定及补偿》,载《环球法律评论》2008 年第6期。

[5] Tecnicas Medioambientales Tecmed S. A, v. The United Mexican States, ICSID Award Case No. ARB (AF)/00/2.

构成征收。仲裁庭引用了欧洲人权法院的理论,认为"应该在施加给外国投资者的负担和征收措施所实现的社会目标之间保持适当的比例"[1]。虽然该案最终仍然认定政府措施构成间接征收并作出了有利于投资者的判定,但该案在 ICSID 的仲裁历史上仍然具有重要意义,它默示承认如果措施的目的是合法的,即使东道国的善意行为给投资者的投资带来了重要损失,也未必会被判定为间接征收。这一原则使此前某些案件中仲裁庭兼顾效果标准与性质和目的标准的做法具体化了,成为具有确切内涵的规范化标准,增强了间接征收认定的一致性,具有方法论意义。[2]

(二)国际法标准

国际法文件也尝试对间接征收进行界定。最早提及间接征收的是 1959 年《阿布斯 - 肖克罗斯海外投资公约(草案)》。随后 1967 年经济合作与发展组织(Organisation for Economic CO - operation and Development,OECD)《关于保护外国财产公约的草案》[3]对征收进行了更详细的规定,第 3 条规定,缔约任何一方不得采取直接或间接剥夺另一缔约方国民财产的措施,除非符合国际法规则认可的条件。OECD 在注释中分析了国家管理权和个人财产所有权的关系:一个主权国家为了追求其政治、社会和经济目标,在国际法之下剥夺财产的所有权,包括外国人的财产。否定这个权利就是试图干涉其管理权——实际上就是其独立和自主权。这个权利与保护外国人的财产权的义务应该和谐共存。如果外国人的财产被剥

[1] Tecmed v. The United Mexican States,裁决书第 122 段。

[2] 参见王海蓉:《ICSID 的间接征收认定及其对中国在农业领域引入外资的启示》,载《世界农业》2016 年第 1 期。

[3] See MJVE Boas, *OECD Draft Convention on Foreign Property*, Kluwerlawonline, 1967, p. 23 - 25.

夺就应该得到补偿。后面的注释中对征收的概念进行了界定，即无论是直接的或间接的，有意、错误地剥夺国民的实质权利并导致损失发生。例如，通过以严重低于市场价的价格强制要求出售的方式禁止国民出售其财产。OECD 还试图界定间接征收的概念：没有任何特别的行为能被认定为征收，但从根本上剥夺了外国投资者享有其财产的权利，例如过分或武断地征税、禁止分配红利、强制性贷款、强迫指定管理人员、禁止解雇员工、拒绝提供原材料或必要的进出口许可。[1] OECD 明确了保护私人投资者财产权利和东道国行使主权权利之间的平衡关系，同时对征收的表现形式进行了举例式说明。较为全面地规定了征收涉及的概念。值得注意的是，在征收的界定标准的选择上，OECD 仍选择了偏向投资者利益的效果标准。

另外一些国际条约的条款也涉及征收问题，但并没有对征收的内涵作出明确界定，也未涉及征收的程序、标准等问题。1994 年 ECT 第 13 条规定：缔约方投资者的投资在另一缔约方范围内不能被国有化、征收或是被采取与国有化或征收相同效果的措施。

NAFTA 第 11 章第 1110 条第 1 款：NAFTA 成员国不能直接或间接地国有化或征收另一个缔约方投资者在本国境内的投资或是采取相当于国有化或征收的措施。除非：(1)为公共利益；(2)在非歧视的基础上；(3)根据正当程序和第 1105 条第 1 款(最低待遇标准条款)；(4)给予补偿。对于政府的管理措施在何种程度上达到征收的效果这个问题，NAFTA 并没有予以明确，条文的规定在某种程度上

---

[1] See "*Indirect Expropriation" and the "Right to Regulate" in International Investment Law*, OECD iLibrary (Sept. 1, 2004), https://www.oecd-ilibrary.org/finance-and-investment/indirect-expropriation-and-the-right-to-regulate-in-international-investment-law_780155872321.

只是表明该条约中包含了间接征收。[1] 有学者认为,NAFTA 自身没有直接强调怎样区分虽然对外国投资者的经济价值有影响但属于合法的不需要补偿的管理行为和需要补偿的管理型征收。[2] 因此,虽然 NAFTA 规定了一旦征收确定后怎样正确进行征收的良好的指导规则,但是却将什么样的管理行为应该被归入征收一类的决定权交给了仲裁庭。[3]

在现存的 2000 多个 BITs 中,几乎所有 BITs 对间接征收都有规定,但是,与多边条约规定一样,多数 BITs 既没有在征收规则中或是条约的定义条款中对间接征收进行界定,也没有区分需要补偿的征收行为和不需要补偿的政府管理行为,只描述性地规定"等同于征收或国有化的措施"或是"等同于征收或国有化效果的措施"。例如,法国 BIT 范本(2006)使用的措辞为"征收措施或国有化或是其他起到直接或间接剥夺财产效果的措施"。美国—阿根廷 BIT(1991)第 4 条第 1 款规定,除非为了公共利益,通过非歧视的方式,给予及时、充分和有效的补偿,并遵循正当法律程序和该 BIT 第 2 条第 2 款外资待遇的基本原则,否则不能对投资进行征收或国有化,无论进行直接征收还是通过等同于征收或者国有化的措施进行间接征收。

然而,随着国际经济形势的变化,美国对待投资条约条款的态度有了新的转变。由于美国在有关 NAFTA 投资争端中不断地被推上

[1] See Ethan Shenkman, *Could Principles of Fifth Amendment Takings Jurisprudence be Helpful in Analyzing Regulatory Expropriation Claims under International Law*, 11 New York University Environmental Law Journal 174(2002 - 2003).

[2] See Vicki Been & Joel C. Beauvais, *The Global Fifth Amendments? NAFTA's Investment Protections and the Misguided Quest for an International "Regulatory Takings" Doctrine*, 78 New York University Law Review 30(2003).

[3] See Vicki Been & Joel C. Beauvais, *The Global Fifth Amendments? NAFTA's Investment Protections and the Misguided Quest for an International "Regulatory Takings" Doctrine*, 78 New York University Law Review 30(2003).

被告席,针对国际仲裁庭对间接征收条款作出极其宽泛的解释[1]的问题,美国开始着手推进国际投资仲裁机制的改革,同时在新订立的国际条约中清晰界定含义模糊的条款。美国投资条约还对间接征收进行了界定。美国—澳大利亚 FTA(2021)[2]、美国—智利 FTA(2003)[3]、美国—摩洛哥 FTA(2004)[4]、美国 BIT 范本(2012)及 NAFTA(1992)更新后的 USMCA(2018)均有对间接征收清晰的规定。

第二节 仲裁实践对间接征收的界定

要区分管理和征收,仲裁庭会考虑一些因素,例如对财产权是否有干涉,所有权人是否被剥夺了所有或是实质的一部分财产或是财产的使用权;措施对所有权人的影响的严重性,对投资者合理预期的影响,以及该措施存在的期限。有些仲裁庭还会详细审查政府措施的目的,以确定管理措施是不是出于善意,该措施是否合法。

由于国际上鲜有规定如何界定间接征收,学者倾向于逐案界定:"很明显,在国际法下什么情况的干涉构成剥夺,能使用的最好的方法就是普通法下的逐案审查,或许这也是唯一可以使用的方法。"[5]

---

[1] 批评者认为 NAFTA 第 11 章的争端解决机制已经被私人投资者"绑架"了。See Maurizio Brunetti, *Indirect Expropriation in International Law*, 5 International Law Forum du droit international 150 (2003).

[2] 美国—澳大利亚 FTA(2021)附件 11 - B4(b)条。

[3] 美国—智利 FTA(2003)附件 10 - D。

[4] 美国—摩洛哥 FTA(2004)附件 10 - B。

[5] G. Christie, *What Constitutes a Taking of Property under International Law*, 38 British Yearbook of International Law 307(1962).

国际仲裁庭也认为投资条约中并没有明确什么情况构成间接征收,因此仲裁庭可以在国际法中寻找相应标准。仲裁庭允许一国在BITs和国际法的一般原则下,自由使用其主权权利来征收私人财产,以满足公共利益的要求,但要根据国际法进行补偿并要遵循正当程序。[1] 但是,由于案件事实的多样性,ICSID仲裁庭的界定标准并不一致,仲裁庭在征收的认定上,存在不同的标准,包括单一的效果标准、单一性质和目的标准和兼采标准。单一效果标准认为,只要东道国的管制措施实质性地损害了外国投资者的财产权就构成间接征收;单一性质和目的标准认为,只要东道国的管制措施是出于维护公共利益的目的,就不能被视为间接征收;兼采标准要求判定东道国政府采取的管理措施是否构成间接征收时,不能仅以其效果是否损害投资者利益为标准,同时还应考虑其行为的性质或目的,以维持公共利益与私人财产权利之间的平衡。这种平衡受比例原则的限制,即对公共利益的保护和对私人财产权的保护都不能使冲突利益产生不合比例的负担。其中单一性质和目的标准过于不合理地强调保护东道国利益,在理论和实践中鲜有赞同者,效果标准和兼采标准则得到了大量的运用。

一、适用单一效果标准的做法

ICSID仲裁庭在仲裁实践中多采用单一效果标准,这是一种相对偏袒投资者的标准,因为其不考虑东道国行使管理权的目的,只考虑东道国政府的管理措施对外国投资者构成的影响程度。在判断是否达到征收的严重程度时,ICSID仲裁庭通常考虑几个要素:是否使

---

[1] LG&E案,裁决书第185~186段。

投资者对其财产失去控制、是否使投资者期待落空及是否剥夺了投资财产的价值。仲裁庭对这几个因素综合考虑而不是单独考虑,使得被认定为征收的可能性大大降低。但是,对于效果标准构成要素的取舍,各个仲裁庭并没有统一的做法,这让该标准的适用结果充满了不确定性。

东道国对外国投资者提供的是投资保护而不是投资保险,因此并不是所有的政府措施都会构成征收。ICSID 仲裁庭适用效果标准时,会将政府采取措施对投资造成影响的严重程度作为决定是否构成征收的一个重要指标。仲裁庭通常认为如果政府行为没有在实质上消除财产的所有或者绝大部分经济价值,就不构成征收。如果一个措施构成了对投资的适用和享有的剥夺,则被认为构成间接征收。[1] 政府的干涉必须是实质的,剥夺外国投资者的财产所有权或是对投资的干涉达到了一定时间才能达到要求。有几个仲裁庭认为当东道国实质损害了投资者的经济权利,如所有权、使用权和经营权时其行为构成征收。仅仅是限制并不构成征收,对财产权利干涉达到直接征收程度时才会被仲裁庭认定为间接征收。[2] 正如维勒(Weiler)所言,征收仅适用于政府管理行为的"核弹头"部分。[3]

门托克莱德公司诉墨西哥案[4]通常被认为是典型的适用单一效果标准的案例。美国门托克莱德公司在墨西哥投资收购了一个有

---

〔1〕 参见[德]鲁道夫·多尔查、[奥]克里斯托弗·朔伊尔编:《国际投资法原则》,祁欢、施进译,中国政法大学出版社 2014 年版,第 124 页。

〔2〕 See Ben Mostafa, *The Sole Effects Doctrine, Police Powers and Indirect Expropriation under International Law*, 15 Australian International Law Journal 269(2008).

〔3〕 See Todd Weiler, *Interpreting Substantive Obligations in Relation to Health and Safety Issues*, in Todd Weiler ed, NAFTA: Investment Law and Arbitration: Past Issues, Current Practice, Future Prospects, 2004, p. 126.

〔4〕 Metalclad Corporation v. The United Mexican States, ICSID Case No. ARB(AF)/97/1.

毒废物掩埋场,并获得了墨西哥联邦政府的经营许可。但由于该有毒废物掩埋场正好位于当地城市居民饮用水地下水源的上方,当地居民和一些环保组织抗议该有毒废物掩埋场的运作。当地政府在巨大的公众压力下,以该项目可能会污染环境为由拒绝给该项目颁发许可证。门托克莱德公司根据NAFTA(1992)的规定提出国际投资仲裁申请,提出墨西哥政府的上述措施对其投资构成了间接征收。仲裁庭认为,NAFTA(1992)规定的征收不仅包括公开的、有意的和承认的对财产的征用,如直接扣押或以东道国为受益方正式或强制转让所有权,也包括隐蔽或偶然干扰财产,但达到了全部或大部分剥夺所有权人的拥有或合理预期的经济利益的效果,即使这种剥夺对东道国的利益而言缺乏明显必要性。允许或容忍墨西哥对门托克莱德公司的行为违反了NAFTA(1992)第1105条规定的公平公正待遇,因此尽管该项目已得到墨西哥联邦政府的充分批准,但其参与或默许了对门托克莱德公司经营有毒废物填埋场权利的拒绝,墨西哥应当被认为采取了违反NAFTA(1992)第1110条第1款的相当于征收的措施。这些措施,加上门托克莱德公司所依赖的墨西哥联邦政府的陈述,以及当地政府在没有及时、有序或具有实质性的理由时拒绝颁发许可证,构成间接征收。仲裁庭认为生态法令的执行本身就构成了一种相当于征收的行为,自己不需要决定或考虑实施该措施的动机或意图。[1]

泰克迈德诉墨西哥案仲裁庭也使用了与门托克莱德公司诉墨西哥案同样的解释思路。仲裁庭认为,从西班牙与墨西哥签订的BIT的条款来看,并没有说明国家的行政立法行为享受除外责任,即使这种立法行为是为了保护环境。如果这种立法行为对投资者的利益产

---

〔1〕 门托克莱德公司诉墨西哥案,裁决书第103~104、107、111段。

生了负面影响，比如使投资者的投资行为无效或者剥夺投资者的资产，则东道国应该给予相应的补偿。而且西班牙—墨西哥 BIT (1995)的条款中并没有任何关于环境保护的规定。该案仲裁庭裁决墨西哥政府实施的相关环境措施对泰克迈德公司的投资构成了间接征收，墨西哥政府应向泰克迈德公司支付 5200 万美元的补偿。[1]

诉阿根廷政府的阿祖瑞克斯案也适用单一效果标准，仲裁庭拒绝考虑阿根廷的措施是不是出于公共目的的要求，声称双边协定的当事方不应该为东道国在其治安权范围内的出于善意而进行的管理行为承担经济上的损失。仲裁庭还认为，管理行为哪怕出于一个合法的公共目的也并不会使东道国免于补偿。[2]

西门子诉阿根廷案仲裁庭也适用了单一效果标准。在该案中，申请人认为阿根廷政府未能履行合同构成了间接征收。但是阿根廷认为自己对待西门子公司的投资采取的措施是合法的和适当的，因为西门子公司的本国子公司的履行合同行为是“令人失望的和不充足的”。阿根廷援引了泰克迈德诉墨西哥案中的比例标准，用以表明一个国家有权在一定程度上决定什么构成重要的公共利益以及当危及公共利益时对外国投资采取的何种干涉是被许可的。阿根廷反对仅通过考虑措施的效果来决定是否构成征收。仲裁庭否定了阿根廷的说法，认为德国—阿根廷 BIT 第 4 条第 2 款只涉及政府措施造成的征收的效果而不涉及征收的意图。征收的目的只能用来判断征收是否符合条约的条款而不能用来判断征收是否发生。仲裁庭没有清楚陈述阿根廷的行为是不是出于条约中征收条款规定的公共目的，而是简单

---

〔1〕 Tecnica Mediambientales Tecmed S. A. v. United Mexican States, ISCID Case No. ARB/AF/00 /2，裁决书第 183 ~ 200 段。

〔2〕 阿祖瑞克斯案，裁决书第 278、310 ~ 311 段。

地指出征收清楚地违背了条约中规定的另一条件:按照被征收的投资的价值对投资者进行补偿。[1] 值得注意的是,西门子诉阿根廷案的认定结果是因为 2000 年紧急法案所执行的法令结束了西门子子公司的合同权利,这一法令具有永久性,因此构成了对其投资的征收。

在判断是否达到与直接征收同样严重的程度时仲裁庭通常考虑以下几个因素:

1. 是否"失去控制"

CMS 案中,原告声称阿根廷在 2001 年至 2002 年的行为因为违反美国—阿根廷 BIT(1991)第 4 条第 1 款的规定,因此存在间接(creeping)征收。双方能够达成共识的是认为没有直接征收的存在,但仲裁庭认为对间接征收的认定不仅应确定措施是否对原告的经营造成严重影响[2],还应确定对财产的所有是否事实上失效。仲裁庭认为阿根廷已经举出了一系列被认定构成实质征收的问题证实在本案中不存在征收。阿根廷认为投资者仍然对投资进行着控制,政府并没有控制该公司的日常经营,投资者仍然对其投资拥有完全的所有权和控制权。仲裁庭接受阿根廷的观点,认为阿根廷政府并没有违反美国—阿根廷 BIT(1991)第 4 条第 1 款所规定的标准。[3]

阿祖瑞克斯案仲裁庭同样考虑了征收的控制因素,在该案中,一家美国公司的子公司阿祖瑞克斯,与布宜诺斯艾利斯市签订了 30 年期限的供水服务的特许合同。[4] 原告诉称由于阿根廷当局拒绝原告提高供水价格的要求,致使其投资遭到"相当于征收的措施"的损

---

〔1〕 西门子诉阿根廷案,裁决书第 213 ~ 219、260、270 ~ 273 段。

〔2〕 CMS 案,裁决书第 253 ~ 256、260 段。

〔3〕 CMS 案,裁决书第 262 ~ 264 段。

〔4〕 Azurix 案,裁决书第 38、41 段。

害。[1] 仲裁庭认为这些措施中的每一个单独的措施都不构成与直接征收有同等效果的征收措施，并得出结论说没有发生征收。[2] 仲裁庭的理由是：阿祖瑞克斯没有丧失其所有权，在所有的时间都持续控制着其阿根廷子公司，其90%的股份也没有受到影响。当然该子公司的经营受到该市管理措施的影响，但是不足以让仲裁庭认定阿祖瑞克斯的投资受到了征收。[3]

这种控制的概念同样出现在桑普拉能源公司(Sempra)案的裁决中，仲裁庭把重点放在征收要求的影响的程度上，认为认定间接征收不仅要求存在消极影响，还要求投资者不再控制其企业的经营，或者是企业的价值实质上被消灭。[4] 因为没有达到这个标准，仲裁庭拒绝了投资者的征收认定请求。

另外，政府管理措施的持续时间也可能成为仲裁庭裁量措施是否影响财产权利，以致构成征收的另一个标准。阿祖瑞克斯案仲裁员考虑了丧失控制的时间，认为当考虑到多个措施时，是否存在征收取决于其总体效果存续的时间。虽然仲裁庭认为国际法没有对构成征收的管理行为规定一个特定的时间，但如果只是一个单一的措施而不是所有“逐渐”的措施造成投资者对该财产在一年的时间内丧失控制，就不构成征收。[5]

类似的还有LG&E案和苏伊兹(Suez)案。LG&E案仲裁庭认为，当一方不再保持对投资的控制权时，或其不再管理该投资的日常

---

〔1〕 Azurix案，裁决书第43、82~83、92、144、277段。

〔2〕 Azurix案，裁决书第308段。

〔3〕 Azurix案，裁决书第322段。

〔4〕 Sempra Energy International v. Arentine Republic, ICSID Case No. ARB/02/16，裁决书第285段。

〔5〕 阿祖瑞克斯案，裁决书第313段。

经营时,可以说所有权无效了。[1] 苏伊兹案中申请人声称阿根廷的监管措施以及其对调整使用费的抵制相当于征收,但仲裁庭驳回了申请人的诉求,因为申请人仍然控制着其业务的运营,并没有失去对其财产的控制。[2]

2. 是否使"投资者合理期待落空"

除了失去控制外,外国投资者还声称管理型的征收必须表现为使投资者的期待落空。许多学者和仲裁员接受将"投资者的合理期待"作为确定管理型间接征收是否存在的重要考虑因素,例如托马斯·韦德(Thomas Walde)和阿巴·卡洛(Abba Kolo),他们相信:投资者已经准备好接受其投资国家的管理措施,但投资保护转向了比外国投资者当初预料的有害得多的影响,这种影响造成了偏向保护本国投资者。[3]

合理期待概念的一般性使其较难抽离出机械性结论。但是在一些情况下,它能得到有效的运用。合理期待不仅源自东道国一方在合同中的明确认可,还有可能来自更为广泛的一般性认可。东道国提供的法律框架将是投资者一方合理期待的重要来源。并非所有影响外国财产的东道国法律上的变动都会侵犯到合理期待。如上述变动保持在东道国正常的变动惯例范围内并且得到了别的国家的认可,则不会出现合理期待侵犯。[4]

在门托克莱德公司诉墨西哥案中,仲裁庭认为(政府的)这些措

---

〔1〕 LG&E 案,裁决书第 188 段。

〔2〕 苏伊兹案,裁决书第 117 段。

〔3〕 See Thomas Walde & Abba Kolo, *Environmental Regulation, Investment, Protection and "Regulatory Taking" in International Law*, 50 The International and Comparative Law Quarterly 811 (2001).

〔4〕 参见[德]鲁道夫·多尔查、[奥]克里斯托弗·朔伊尔编:《国际投资法原则》,祁欢、施进译,中国政法大学出版社 2014 年版,第 117～118 页。

施，加上门托克莱德所依赖的墨西哥联邦政府的陈述，以及市政当局没有及时、有序或实质性的依据而拒绝颁发当地建筑许可证，构成间接征收。[1]

在泰克迈德诉墨西哥案中，仲裁庭将合理期待作为认定构成征收的标准：仲裁申请人有合法的理由相信对垃圾填埋区的经营是长期有效的，其期待的是长期性投资，投资依赖于在其经营垃圾填埋区的有效使用年限期间对其投资的回报以及通过经营得到的预期收益。[2]

在阿祖瑞克斯案中，投资者的期待是否落空这一问题同样扮演了重要的角色，成了双方争议的焦点。原告认为投资者的期待可以通过政府的确认行为、主要的法律规则或者甚至是合同本身而产生。违背这种期待就是对某种经济权利的剥夺而导致征收。[3] 对此，阿根廷政府提出了一个全新的理论，认为投资者的期待根本不能成为认定征收的一个要素，只用于衡量如何补偿。[4]

仲裁庭拒绝将投资者期待排除在衡量管理型的间接征收的要素之外，但仲裁庭并没有表明哪些主要的法律规则（而不是政府官员的一些陈述）可以作为投资者期待的动因。从仲裁庭的裁决中可以推知，政府官员的行为破坏了合同规则可能会毁掉投资者由合同而产生的期待。但是仲裁庭指出，仅仅是使投资者的期待落空并不足以构成征收，因为投资者仍然行使着对其投资的控制权。[5]

---

〔1〕 门托克莱德公司诉墨西哥案，裁决书第107段。

〔2〕 泰克迈德诉墨西哥案，裁决书第149段。

〔3〕 阿祖瑞克斯案，裁决书第286～287段。

〔4〕 阿祖瑞克斯案，裁决书第302段。

〔5〕 阿祖瑞克斯案，裁决书第316、320～322段。

在雷鸟公司(Thunderbird)诉墨西哥案[1]中,仲裁庭对合理期待给出了一般定义:考虑到最近的投资判例法以及国际惯例中的善意原则,在NAFTA框架背景下,合理期待的定义涉及以下情况,即缔约方的行为使得投资者(或投资)产生了合理的、正当的期待,使其依赖所述而行事,在上述情况下,NAFTA缔约方对上述期待的无法实现可能使投资者(或投资)遭受损失。[2]

3. 是否"剥夺财产价值"

在CMS案的裁决中,仲裁庭认为如果政府剥夺了投资者的一部分但是不是所有的投资价值,使投资者遭到了"实质性的剥夺"或是管理措施对投资有"灾难性的影响",则构成征收。[3] 同时认为,必须在"对所有权人基本权利的实际剥夺"并"在同类公司的股权价值增加"的情况下认定征收存在。[4]

阿祖瑞克斯案仲裁庭把价值问题也作为界定是否存在征收的标准之一,虽然其表现得更小心。仲裁庭认为阿根廷政府的行为既不违反国际法也不违反双方之间的协定。仲裁庭认为,如果情况不是那样,将对特许合同在经济上的存在产生破坏性的影响。[5] 仲裁庭对投资价值使用"破坏性的影响"(devastating effect)的表述在针对未达到100%的征收的情形时是非常有用的,这使没有完全丧失价值但是受到严重影响的财产也可以被包括在内。

挪威移动通信公司(Telenor)诉匈牙利案[6]中,仲裁庭认为,对

---

[1] International Thunderbird Gaming Corporation v. The United Mexican States, UNCITRAL/NAFTA.

[2] 雷鸟公司诉墨西哥案,裁决书第147段。

[3] CMS案,裁决书第259段;Azurix案,裁决书第321段。

[4] CMS案,裁决书第259段。

[5] 阿祖瑞克斯案,裁决书第321段。

[6] Telenor Mobile Communications AS v. Republic of Hungary, ICSID Case No. ARB/04/15.

投资者权益的干预必须是实质上剥夺了投资者的经济价值，剥夺了对其投资的使用或享用的权利。在考量政府所采取的行为是否构成征收时，决定性的因素就是投资者因上述行为被造成的经济上的剥夺的强度和时间长度。[1]

在谢某深诉秘鲁政府案中，仲裁庭裁决 SUNAT 采取的临时措施构成对谢某深投资的间接征收。[2] 仲裁庭首先指出，国家对执行税收的公益性行为具有豁免权，承认国家税收行为具有正当性，但前提是善意实施。如果国际行为具有任意性或歧视性，则不能免除其责任和支付补偿的义务。[3] 仲裁庭在结束讨论时宣布，指控间接征收的仲裁裁决都显示了一种实质性共识：即如果征税措施是没收的、任意的、滥用的或具有歧视性的，那么征税措施可能构成征收。[4] 仲裁庭认为，SUNAT 在实施临时措施时，未能遵守其内部程序，因此其行为是具有任意性的（acted arbitrarily）。[5]

仲裁庭认为，在分析了 SUNAT 措施的性质后，自己审查了各方的论点和法律来源，认为这些措施对投资的影响是严重的。仲裁庭列举了 LG&E 案中仲裁庭的观点，该案仲裁庭认为，在投资继续经营的情况下，即使只是利润减少，对投资继续经营的能力的干扰也是令人不满的。与其他未发现发生征收的裁决一样，有关投资保持了某种程度的经营可行性，然而其盈利能力相对降低。TSG（秘鲁）有限公司的财务报告显示，即使在破产程序的保护之下，其销售额仍然暴跌（从 2003 年至 2004 年的 8 亿索尔跌至 2005 年至 2006 年的 3400

[1] 挪威移动通信公司诉匈牙利案，裁决书第 65、70 段。

[2] 谢某深诉秘鲁政府案，裁决书第 178 段。

[3] 谢某深诉秘鲁政府案，裁决书第 148 段。

[4] 谢某深诉秘鲁政府案，裁决书第 181 段。

[5] 谢某深诉秘鲁政府案，撤销案件决定第 159 段。

万索尔)。[1]

在经济收益和价值以及对投资控制的措施效果是判定是否已经出现间接征收行为的关键因素。一旦上述效果最终出现并持续了一段相当长的时间,则该措施将被初步认定为财产征收。在这类案例中,仲裁庭将其的裁决建立在经济考量的基础上,如果一个措施构成了对经济价值的使用和财产的剥夺,则被认定出现了间接征收。[2]在LG&E案和梅塞尼斯公司案中,仲裁庭认定的实质性剥夺标准是18个月。在谢某深诉秘鲁政府案中,仲裁庭认为临时措施实际持续6个月即构成征收。[3]

二、兼采标准的做法

ICSID仲裁实践中少数案件使用了兼采标准来认定间接征收,这是一种被认为是对东道国相对有利的方法。因为除了考虑东道国措施之外,该标准还考虑东道国实施政策措施的目的。这种标准认可东道国实行管理的权利,认为外国投资者应该在合理限度内承担措施造成的负面代价。这种做法受到国内学者的赞誉,但值得注意的是,这种标准并没有成为一种国际惯例。即使成为绝大多数仲裁庭使用的标准,但由于ICSID仲裁庭并没有遵循先例的义务,仍然不能保证各个仲裁庭使用统一的标准。

在多数案例中,对投资者使用财产法律地位的影响和政府措施

〔1〕谢某深诉秘鲁政府案,裁决书第159~161段。

〔2〕参见[德]鲁道夫·多尔查、[奥]克里斯托弗·朔伊尔编:《国际投资法原则》,祁欢、施进译,中国政法大学出版社2014年版,第114页。

〔3〕秘鲁政府认为本案仲裁庭应遵守前两案的标准,6个月的标准过于短暂。但仲裁庭认为SUNAT的临时措施实际上存续时间长达3年。SUNAT在2005年1月作出决定,预计存续1年时间,然而该措施随后经过两次延期,至2008年1月。这个措施最终导致TSG(秘鲁)有限公司面临退出市场。见谢某深诉秘鲁政府案,撤销案件决定第191段。

实际影响的严重性是仲裁庭考虑是否构成间接征收的一个主要因素。但有争议的是这是不是唯一的和排他性的标准,还是要同时考虑政府措施的目的及其背景。无论标准和要素如何选择,国际仲裁庭这种同时考虑政府措施的背景和措施造成的效果的兼采效果和目的的做法,无论从理论上看还是从仲裁实践中看都显得更加公平。

LG&E 案仲裁庭认为,如果要认定间接征收的存在,对投资者法律地位的改变的严重程度和影响,以及对其行使投资的所有权和使用权的影响是两个决定性的因素。但问题是是否仅仅考虑该措施造成的影响,还是也考虑政府措施实施的背景及东道国的目的。仲裁庭认为在认定征收本质的时候应该同时考虑措施的原因和效果。〔1〕

仲裁庭指出,当涉及治安权时,通常认为国家有权采取出于社会或公共目的的措施。在这种情况下,这些措施是不需要承担法律责任的,除非东道国的措施明显超越了需要。仲裁庭援用了泰克迈德诉墨西哥案的比例标准,认为:这些措施对所保护的公共利益和投资者所享有的权利是否合乎比例,应考虑影响的严重程度,这一点对于确定比例性有决定性的作用。〔2〕

LG&E 案仲裁庭认为为了确定国家措施是否构成美国—阿根廷 BIT(1991)第 4 条第 1 款下的征收,必须平衡该国家措施是否达到干涉(投资者)所有权的程度和国家拥有实施政策的权力这两种利益之间的冲突。〔3〕 仲裁庭认为不应混淆国家行使治安权的权利和征收之间的区别。行使治安权会使财产减少,但是真正的征收会在实质上剥夺财产和权利。〔4〕

---

〔1〕 LG&E 案,裁决书第 194 段。

〔2〕 泰克迈德诉墨西哥案,裁决书第 122 段。

〔3〕 LG&E 案,裁决书第 189 段。

〔4〕 LG&E 案,裁决书第 194 段。

在衡量该措施对投资者所有权的影响程度时,LG&E 案仲裁庭也分析了这几个因素:该措施的经济影响、它对投资者期待的影响以及该措施持续的时间。仲裁庭认为,只要投资活动还在继续,对投资者经营的干涉并不满足征收的条件,即使利益有所减损。仲裁庭引用了泰克迈德诉墨西哥案仲裁庭的观点,认为应该要求申请人达到根本上被剥夺其投资的经济使用的标准,就像一些相关权利(例如与投资有关的收入或利益)不复存在一样。即因为被申请人的行为,申请人的财产失去了价值。[1]

仲裁庭提出,在考虑政府措施对投资者所有权的影响时还应该考虑该措施持续的时间。通常情况下,征收应该是永久性的,而不应该是暂时性的,除非投资者的发展依赖于特定时刻特定的不会改变的行为的实现。[2]

总之,虽然承认阿根廷的行为对原告的投资造成了负面的影响,但是只有东道国采取具有永久性的措施给外国投资者的投资造成了严重的不利影响,使投资者基于投资的合理预期完全落空,东道国的措施才构成间接征收。LG&E 案仲裁庭认为阿根廷并没有剥夺其投资权利或是其对投资的日常控制。同时,该措施的影响也不是永久性的[3],因此,不构成原告宣称的间接征收。

在 CNA 保险公司诉阿根廷案中,仲裁庭也采用了这种做法。仲裁庭对比了"因为其对财产造成的重大影响而被看作征收的特定类型的措施或国家行为"和"因为特定的公共利益,政府规范财产权必然要施加许多不可避免的限制,以确保其他人或者公众的利益"的不

[1] LG&E 案,裁决书第 190 ~ 192 段。
[2] LG&E 案,裁决书第 193 段。
[3] LG&E 案,裁决书第 198 ~ 200 段。

需要补偿的行为,后一行为属于典型的政府针对财产实施的监管行为,只要这种监管行为没有以一种不能忍受的、歧视的或是不成比例的方式影响财产权,就不属于征收,也不能要求补偿。当然,仲裁庭承认“这种区别并不总是容易”被识别的,在不同的历史和社会背景下标准也会不同,不同的国际仲裁庭,包括各种 BITs 之下的仲裁庭,依靠的标准会不同,侧重点也会不同。〔1〕

国际仲裁庭试图在保护东道国代表公共利益行使权力和保护投资者权益之间找到一个平衡点。许多仲裁庭已经跳出法律程式的技术性考量,审视真正相关的利益以及政府措施的目的和效果。〔2〕兼采标准已经成为主流,不但得到众多条约在法律规范层面的认可,更得到仲裁实践的普遍采用,从而有利于实现保护东道国公共利益和保护投资者私人财产权利之间的平衡。〔3〕

为了达到双方利益的平衡,很多案件仲裁庭引入了前文述及的比例原则,政府措施要实现的公益目标与造成的投资者财产损失之间是否成比例是仲裁庭考虑的重点。二者之间必须存在合理的均衡关系,一旦与案件相关的人承担着个人的、过重的负担,则上述均衡将会缺失。

泰克迈德诉墨西哥案中,仲裁庭根据比例原则对墨西哥的环境措施进行了详细分析,指出:为了确定管制措施是否具有征收的特性,除了此类措施消极的经济影响外,仲裁庭将考虑此类措施是否与其声称要保护的公共利益及法律上授予投资的保护成比例,并考虑措施对投资产生的负面经济影响的显著性。这些因素在决定政府措

〔1〕 CNA 保险公司诉阿根廷案,裁定书第 276 ~ 277 段。

〔2〕 梅塞尼斯案,裁决书第 285 段。

〔3〕 参见韩秀丽:《后危机时代国际投资法的转型——兼谈中国的状况》,载《厦门大学学报(哲学社会科学版)》2012 年第 6 期。

施是否符合比例性方面起到关键作用。[1]

LG&E 案中仲裁庭也采用了比例原则：为了验证在美国—阿根廷 BIT(1991)第 4 条第 1 款规定下国家的措施是否构成征收，仲裁庭必须平衡两个相互竞争的利益：即该措施对所有者权利的干扰程度和国家采用政策的权力。国家有权采用具有公众利益目的的政策。在这种情况下，上述措施必须被接受且东道国没有补偿责任，除非国家的行为很明显地具有不均衡性。国家保护的公共利益和对合法投资的保护比例是否均衡，鉴于其影响的重要性，这一比例对决定均衡性起到关键作用。[2] 阿祖瑞克斯案也采用了类似的比例原则。

由于间接征收缺乏清晰的概念，仲裁案件中对此问题的认定常带来争议。而对间接征收的明确能够清晰划分间接征收和正常的政府规制行为之间的界限。无论对东道国还是对投资者而言，这个问题都很必要。东道国希望扩大政府管理的权限，认为这部分不构成间接征收，不需要赔偿。而投资者则希望对间接征收作出扩大解释，从而获得赔偿。

国际投资仲裁的裁决报告显示，各案仲裁庭认可及使用的间接征收认定要素较为复杂。虽然多数仲裁实践已经将兼采标准作为检验标准，试图在外国投资者利益和东道国权力之间寻找平衡。然而仲裁实践的发展不具有稳定性和可预测性，一方面，仲裁庭必须解读作为裁决法律依据的各种相异的投资文件；另一方面，由于法律文件的指导性有限，仲裁庭不得不在各种相互矛盾的“先例”中寻求认同及理论支持[3]，因此很难说 ICSID 在多年的仲裁实践中形成了较为统一的认定间接征收的一般规则。

---

〔1〕 泰克迈德诉墨西哥案，裁决书第 122 段。

〔2〕 LG&E 案，裁决书第 189、195 段。

〔3〕 参见王海蓉：《ICSID 的间接征收认定及其对中国在农业领域引入外资的启示》，载《世界农业》2016 年第 1 期。

第五章 国际投资仲裁中的公平公正待遇

发达国家一般认为东道国为外国投资者提供公平公正待遇是东道国所承担的通常的国际法义务之一。国际投资变得活跃及国际投资仲裁大量增加后,外国投资者以违反公平公正待遇为由提起国际仲裁的案件增多,这与国际投资自由化和国际投资仲裁的活跃有关。该待遇条款最常被申请人使用,甚至取代征收条款成了投资者为向东道国索赔而使用的更方便快捷的条款。由于这个待遇标准被赋予了不同的解释,不少索赔案件得到国际仲裁庭的支持,从而将东道国置于非常不利的地位。本章以ICSID仲裁庭处理的一些案例为样本,分析仲裁庭对公平公正待遇内涵的解释和构成要素选择以及该待遇的发展变化。

公平公正待遇通常被界定为一种“绝对的,无条件的”待遇标准,即其含义已经确定的待遇。与之相对应的是相对待遇,包括国民待遇和最惠国待遇,后者的标准要根据给予其他投资的待遇而定。然而,虽然被称为绝对待遇,但是由于公平公正词义本身的主观性,导致其含义含混。同时由于各国采取不同的政策选择,故赋予公平公正的内涵也不一样,因此国际社会并没有就该待遇的范围和构成要素达成一致。大量国际投资条约产生后,对其规定措辞不一,使公平公正待遇的内涵更加难以明确。因此对该待遇的最终解释权就落到了国际仲裁庭手中。

由于仲裁庭对公平公正待遇标准门槛的降低，东道国被认定违反该待遇的情况增多，公平公正待遇从一个常被忽视的和仅作为附属的待遇标准，变成一个对投资者最有利的待遇标准。[1] 公平公正待遇原则常常被投资者当作向东道国索取赔偿的"万灵药"。有些国际条约把公平公正待遇标准作为征收的条件之一，例如 NAFTA 第 1110 条第 1 款征收条款中规定，任何缔约方不得实行直接或间接的征收或国有化，除非：(1)为了公共目的；(2)非歧视；(3)符合法律的正当程序及第 1105 条第 1 款的规定。美国 BIT 范本(2004)和美国 BIT 范本(2012)两个范本均保留了这样的说法。[2] 在阿根廷被诉到 ICSID 的案件中，虽然绝大多数案件没有被认定为征收，但是最终仲裁庭都依据公平公正待遇原则裁定东道国进行补偿，这可以被看作公平公正待遇得以广泛适用，甚至替代了投资中的实体权利的实例。

第一节 公平公正待遇概说

一、概说

在许多多边贸易和投资法律文件中，都包含公平公正待遇条款，

---

〔1〕 See Ioana Tudor, *The Fair and Equitable Treatment Standard in the International Law of Foreign Investment*, Oxford University Press, 2008, p. 236.

〔2〕 NAFTA 第 11 章第 1105 条第 1 款和美国 BIT 范本(2004)和美国 BIT 范本(2012)中该待遇条款均被表述为"最低待遇标准"，关于最低待遇标准和公平公正待遇标准的关系本书有论述。

其中有些法律文件还停留在草案阶段,没有生效,有一些多边和双边条约已经生效。[1] 最早在条约中规定公平公正待遇,是1948年的《哈瓦那宪章》第11条第2款,使用的措辞为"公平和公正待遇"(just and equitable treatment)。[2] 该条约最终没有生效,但是可以被看作使用公平公正待遇的鼻祖。之后OECD的两个法律文件也将公平公正原则作为对投资者保护的基本待遇,但遗憾的是,这两个法律文件也没有生效。[3] NAFTA(1992)和ECT(1994)都有专门的条款规定公平公正待遇原则。

公平公正待遇条款作为双边条约的待遇条款,最早出现在美国友好通商航海条约(FCN)中,20世纪60年代的BITs都没有涉及公平公正待遇标准,直至20世纪70年代这种情况发生了很大变化,之后绝大多数BITs都包含了公平公正待遇条款。[4] 近年来,甚至是那些倾向于使用国民待遇而不愿意使用公平公正待遇的国家,如中国、秘鲁、泰国、保加利亚、加纳、阿联酋和马来西亚都在其BITs中规定

---

〔1〕 See *Fair and Equitable Treatment UNCTAD Series on Issues in International Investment Agreements* Ⅱ, Aceris Law LLC (May 15, 2023), https://www.acerislaw.com/wp-content/uploads/2022/01/UNCTAD-Series-on-Issues-in-International-Investment-Agreements.pdf.

〔2〕 《哈瓦那宪章》第11条第2款:"……确保给予从一方到另一方的企业、技能、艺术、技术以公平和公正待遇。"

〔3〕 第一个法律文件是OECD 1967年《关于保护外国财产公约的草案》,第1条关于外国财产待遇条款中规定,每一缔约方在任何时候都要保证给予另一缔约方国民的财产以公平公正待遇。See M. J. VAN. Emde Boas, *OECD Draft Convention to the Protection of Foreign Property*, 1 Common Market L. Rev. 265 (1963–1964). 第二个法律文件是1998年OECD《多边投资协定》(草案),使用的是"提供公平公正待遇及全面和经常的保护和安全"的表述。See *International Investment Instruments: A Compendium*, UNCTAD (May 15, 2023), https://unctad.org/system/files/official-document/dite2vol6_en.pdf.

〔4〕 美国与爱尔兰(1950),希腊(1954),以色列(1954),法国(1960),巴基斯坦(1961),比利时(1963)和卢森堡(1963)签订的FCN中,包括保证外国投资者、其财产和其他利益将会受到公平待遇的规定。其他一些国家如德国、埃塞俄比亚和荷兰使用的措辞为"公平公正待遇"。See Kenneth Vandevelde, *The Bilateral Treaty Program of the United States*, 21 Cornell International Law Journal 201 (1988).

了公平公正待遇条款。值得注意的是,由于坚持卡尔沃主义,拉美绝大多数国家在20世纪一直都避免使用公平公正待遇条款,但阿根廷、智利等国家的BITs中都规定了该待遇条款。

然而,虽然都被称为公平公正待遇条款,但各BIT中使用的措辞和待遇标准并不统一。尤其是当该待遇涉及国际惯例标准时。[1]由于东道国和母国的立场不同,对于公平公正待遇中应包含的内容的看法也有不同,对该待遇条款主要有三种不同的解释:(1)该待遇标准等同于国际惯例最低待遇;(2)该待遇标准为更广泛的国际法标准,其中包含BITs提供的保护义务;(3)该待遇标准与国际法没有明确联系,是一个自给自足的标准。[2] 后两种类型的公平公正待遇容易被宽泛解释。将公平公正条款与国际法相结合会导致宽泛的解释,因为国际法可以广泛包括《国际法院规约》第38条第1款所列各种渊源。[3] 而将公平公正待遇设定为一个独立的、自给自足的条款,因为没有任何限定而缺乏明确的约束和确定的内容,从而给了国际仲裁庭更大的解释空间。

将公平公正待遇与国际法相结合的国家有英国、法国、比利时、瑞士、卢森堡等。这些国家早期对外缔结的一些BITs规定,公平公正待遇应"符合国际法或国际法原则"。[4]

将公平公正待遇作为一个独立的标准的有荷兰、瑞典、瑞士和德

[1] See R. Dolzer & M. Stevens, *Bilateral Investment Treaties*, Martinus Nijhoff Publishers, 1995, p. 58.

[2] 参见[美]凯瑟琳·扬纳卡-斯莫尔:《国际投资法中的公正与公平待遇标准》,樊林波、卓海译,载陈安主编:《国际经济法学刊》第13卷第3期,北京大学出版社2006年版。

[3] 参见王彦志:《国际投资法上公平与公正待遇条款改革的列举式清单进路》,载《当代法学》2015年第6期。

[4] 参见[美]凯瑟琳·扬纳卡-斯莫尔:《国际投资法中的公正与公平待遇标准》,樊林波、卓海译,载陈安主编:《国际经济法学刊》第13卷第3期,北京大学出版社2006年版。

国等国家。德国 BIT 范本(2008)规定,各个缔约方应该在任何情况下给予投资公平公正待遇。瑞士 BIT 范本(1995)规定,缔约方应在任何时间给予投资者的投资及回报以公平公正待遇。

另外一些国家则将公平公正待遇原则限定于国际惯例之下,同时确定其不高于最低待遇标准。在以美国为主导签订的 BITs 和美国参与的 FTAs 中,都规定公平公正待遇必须符合国际惯例。在美国—澳大利亚 FTA(2004)、CAFTA(2004)、美国—智利 FTA(2003)、美国—摩洛哥 FTA(2004)和美国—新加坡 FTA(2003)的投资章节中[1],均规定每一当事方都有义务根据国际惯例给予投资待遇,包括公平公正待遇以及全面的保护和安全。NAFTA 将公平公正待遇直接放在了最低待遇标准条款中,第 1105 条第 1 款"最低待遇标准"规定,各方应依照国际法给予其他缔约方投资者相关待遇,包括公平公正待遇、充分保护和安全待遇。美国 BIT 范本(2004)和美国 BIT 范本(2012)中均将这个待遇条款命名为"最低待遇标准",规定每一方应该在任何时间给予投资公平公正待遇以及全面的保护和安全;并且在任何情况下不低于国际法要求的待遇。

公平公正待遇条款在各个条约中有不同的规定,然而在条约中澄清待遇的通常含义的情况并不多。有观点认为,公平公正待遇标准自身的模糊性有利于资本输出国与资本输入国之间达成妥协。[2]甚至有人认为,这是投资条约特意留下的空白,目的是给予国际仲裁庭在特定争议中明确条约目的的权利。该观点认为,这种准确性的缺乏可能是一个优点而非缺点。在实践中,不可能抽象地预估可能

[1] 参见[美]凯瑟琳·扬纳卡-斯莫尔:《国际投资法中的公正与公平待遇标准》,樊林波、卓海译,载陈安主编:《国际经济法学刊》第 13 卷第 3 期,北京大学出版社 2006 年版。

[2] 参见陈安主编:《国际投资法的新发展与中国双边投资条约的新实践》,复旦大学出版社 2007 年版,第 54 页。

侵害投资者法律地位的违法类型的范围。而公平公正待遇将允许独立客观的第三方在灵活标准的基础之上来决定这种行为的类型。[1]就像蒙德弗(Mondev)案仲裁庭指出的那样:对于公平公正待遇不能进行抽象的判断,必须按照特定案件的事实来决定。[2] 废物处理(Waste management)案仲裁庭也有类似的观点:该标准在某种程度上是一个灵活的标准,必须适应每个案子的情况。[3] 但是,这同样给了仲裁庭过大的裁量权。

二、公平公正待遇与国际法最低待遇标准

根据国际惯例,外国投资者有权得到一定程度的待遇,任何低于这种程度的待遇都会引发国际责任。最低待遇标准的原则与国民待遇提供相同的待遇不同,该原则规定了东道国必须给予外国人的基本权利,而无论其给予本国公民的待遇是什么。国际法最低待遇是外国投资者有权获得的最低待遇,如果东道国违反,将承担国际责任。[4] 然而,何为最低待遇,各国并没有达成共识。

1926 年的尼尔案是有关最低待遇标准的一个标志性的案件,这个案件确立了国家承担最低待遇义务的标准——恶意标准。美国代表约翰·尼尔向美墨求偿委员会求偿。约翰·尼尔在墨西哥被杀害,美国提起诉求认为墨西哥没有尽力追诉责任人,应该对被害人家庭予以赔偿。美墨求偿委员会认为,墨西哥当局没有逮捕和惩罚谋

[1] 参见[德]鲁道夫·多尔查、[奥]克里斯托弗·朔伊尔编:《国际投资法原则》,祁欢、施进译,中国政法大学出版社 2014 年版,第 101 页。

[2] Mondev International Limited v. United States of America,裁决书第 118 段。

[3] Waste management, Inc. v. United States of America, ICSID Case No. ARB(AF)/98/2 (NAFTA),裁决书第 99 段。

[4] 参见[美]凯瑟琳·扬纳卡-斯莫尔:《国际投资法上的公平与公正待遇标准》,樊林波、卓海译,载陈安主编:《国际经济法学刊》第 13 卷第 3 期,北京大学出版社 2006 年版。

杀美国公民的罪犯,本身并不违反对外国人保护的国际最低待遇标准。委员会表达了这样的理念:政府行为要放在国际标准下进行检验,其行为要构成国际过失,应以相当于暴行、恶意、故意忽视其义务或者政府行为不当、远未达到国际标准的方式对待外国人,以至于每个理智的和公正的人都能很容易地认识到这种不当。[1] 尼尔案是建立在最低待遇标准基础上的,东道国只承担最低待遇义务,即只对外国人提供最低限度的保护。[2] 尼尔案的结论是:一个国家,除非出于恶意,否则不承担国际责任。

这一案件明确了最低待遇标准的内涵,为公平公正待遇的适用设定了较高的门槛。这一做法得到了国际社会的支持。但是对于该标准的争论集中在最低待遇是否限于在尼尔案中对其作出的解释,还是应该随着国际惯例的发展而发展。其中,具代表性的意见是公平公正待遇标准的范围应该有所扩大。[3] 这种观点得到了仲裁实践的支持。国际仲裁庭认为,国际惯例的国际标准是在发展变化的,而不应该局限在尼尔案所作的解释中。

然而,对于公平公正待遇的范围应该扩大到什么程度,仲裁实践并没有统一的标准。如 NAFTA 处理的门托克莱德公司诉墨西哥案中将透明度原则与公平公正待遇联系起来,认为东道国政府行为如果缺乏透明度,就是违反公平公正待遇。[4] 而梅塞尼斯公司案仲裁

〔1〕 *F. H. Neer and Pauline E. Neer* (*United States.*) *v. United Mexican States*, Reports of International Arbitral Awards(Mar. 20, 2023), http://legal. un. org/riaa/cases/vol_Ⅳ/138_neer. pdf;[美]凯瑟琳·扬纳卡-斯莫尔:《国际投资法上的公平与公正待遇标准》,樊林波、卓海译,载陈安主编:《国际经济法学刊》第13卷第3期,北京大学出版社2006年版。

〔2〕 See Rudolf Dolzer, *Fair and Equitable Treatment*: *A Key Standard in Investment Treaties*, 39 International Law 93(2005).

〔3〕 See Rudolf Dolzer, Fair and Equitable Treatment: A Key Standard in Investment Treaties, 39 International Law 93(2005).

〔4〕 门托克莱德公司诉墨西哥案,裁决书第75~76段。

庭则认定违反国民待遇构成对公平公正待遇的违反。仲裁庭裁定，违反第1105条很大程度上以裁定违反第1102条(国民待遇条款)为基础。[1] 美国国务院的律师认为，仲裁庭对第1105条的解释同该条规定在一定程度上是不一致的，该仲裁庭的解释超出了国际惯例中公平公正待遇标准的内容。

由于对仲裁实践对公平公正待遇的解释不同的担忧，NAFTA尝试对公平公正待遇进行解释。在所有的国际条约中，NAFTA第11章被认为是对国际投资规则规定得最为详细的国际条约，第1105条第1款将公平公正待遇等同于国际法最低待遇，该条款规定："每一当事方应该给予另一当事方投资者的投资根据国际法的待遇，包括公平公正待遇以及全面的保护和安全。"不但如此，NAFTA自由贸易委员会对该条文作的解释对此后的缔约和仲裁实践产生了重要的影响。

2001年7月21日，自由贸易委员会澄清了NAFTA规定的公平公正待遇条款[2]：

第1105条第1款规定的国际惯例最低待遇标准，即给予外国投资者投资的最低待遇。

"公平公正待遇"和"全面的保护和安全"不要求超越国际惯例要求的给予外国人的最低待遇。

如果一个裁决认定某行为违反NAFTA的其他条款，或其他的国际协定，不能由此确定也违反了第1105条第1款。

自由贸易委员会将NAFTA第1105条第1款中的"国际法"限

---

[1] 迈尔斯案，裁决书第264~266段。

[2] See *Notes of Interpretation of Certain Chapter* 11 *Provisions*, NAFTA Free Trade Commission (July 31, 2023), http://www.dfait-maeci.gc.ca/tna-nac/NAFTA-Interpren.asp.

制性地解释为“国际惯例”,成员国违反一般的国际条约义务并不意味着违背公平公正待遇义务。该委员会进一步指出,东道国只应在国际惯例最低待遇标准的范围内提供公平公正待遇。该委员会的解释还明确公平公正待遇是一个独立的待遇,不能因为违反其他国际义务而认定其违反公平公正待遇。自由贸易委员会的解释更多地从保护东道国的立场出发,对公平公正待遇标准的适用进行了较为严格的限定。这一趋势也影响了发达国家对待该待遇标准的态度。这种态度的转变体现在此后的 NAFTA 仲裁和 BIT 范本中。

自由贸易委员会的解释对后来其成员国建立 BITs 范本产生了很大的影响。美国 BIT 范本(2004)第 5 条第 1 款规定:“每一缔约方应给予投资以符合国际惯例的待遇,包括公平与公正待遇及充分的保护与安全。”第 2 款进一步作出解释:“第 1 款规定的给予投资的最低待遇标准即国际惯例给予外国人的最低待遇标准。公平公正待遇和全面的保护和安全的概念不要求高于最低待遇标准,也不创造额外的实体权利。”第 3 款规定:“违反该协定其他条款或其他国际协定的规定,并不构成对本条规定的违反。”为防止国际仲裁庭在仲裁实践中作出扩大解释,美国 BIT 范本(2004)还在附件中对国际惯例作出了明确说明,在美国 BIT 范本(2012)中沿用了这种表述。加拿大 BIT 范本(2004)也有类似的规定,区别仅在于加拿大范本没有关于国际惯例的解释说明。

从自由贸易委员会的解释及美国 BIT 范本(2004)、加拿大 BIT 范本(2004)来看,NAFTA 成员国已经开始尝试改变对待该待遇标准的态度,这种改变对东道国是有利的。它明确公平公正待遇标准的内涵,限制了国际仲裁庭对公平公正待遇的任意解释,提高了违反公平公正待遇的门槛。虽然一些发展中国家仍然对最低待遇标准持保留态度,但这种标准已经得到越来越多国家的认可。[1] 但是,由于最低待遇仍然是一个模糊性标准,其内涵是否随着国际惯例的发展而发展,其构成要素包括哪些并没有达成统一的认识,这也招致反对观点对其的攻击以及适用上的困难。因此,国际仲裁庭在仲裁实践中仍然可以置 NAFTA 的解释和各国 BITs 条文规定于不顾,自行作出裁决。

多尔泽和史蒂文斯(R·Dolzer and M·Stevens)认为,"BITs 的当事方认为有必要将该待遇作为一个直接的义务而不是依赖对国际法例如最低待遇标准的参考,从而适用一个相对模糊的概念"[2]。这一观点指出了将公平公正待遇等同于最低待遇的软肋,即最低待遇标准的含义和构成要素的模糊性。因此,他们认为不应该将公平公正待遇等同于最低待遇。

根据曼(Mann)博士的观点,"公平公正以及全面的保护和安全"是一个高于一切的义务,将公平公正待遇等同于最低待遇是错误的,因为该待遇远远高于最低待遇,其提供了比之前很多说法更多的保护和更客观的标准。仲裁庭不应该关注最小、最大还是通常标准,其应该决定的是在任何情况下争议的行为是公平公正的还是相反……这些术语应该被独立和自动地理解和适用。[3] 曼博士并没有反对适用国际惯例,但是他的这种观点却是一种对国际惯例的扩张理解,这种观点具有一定的代表性,并被赞成这种观点的学者广

---

〔1〕 例如在之前签订的 BITs 中,中国也采用了将公平公正待遇与最低待遇标准结合起来的措辞。如中国—墨西哥 BIT(2008),中国—智利 BIT(2012)。

〔2〕 See R. Dolzer & M. Stevens, *Bilateral Investment Treaties*, Martinus Nijhoff Publishers, 1995, p. 35.

〔3〕 See F. A. Mann, *British Treaties for the Formation and Protection of Investment*, British Yearbook of International Law 24(1981).

为引用。

仲裁实践认可公平公正待遇应该是动态发展的这个观点。在蒙德弗案中,仲裁庭扩大解释了公平公正待遇标准。仲裁庭特别提到了公平公正待遇和最低待遇之间的关系,认为最低待遇标准是在不断演进变化之中。仲裁庭清楚地表达了“今天的最低待遇标准不应该限于20世纪20年代仲裁机构所作出的决定认可的国际惯例的内容”。仲裁庭还认为:“不公平或者不平等不需要达到惊人的或是显著的程度。尤其是一个国家不公平和不平等对待外国投资不需要出于恶意。”[1] ADF案的仲裁庭认为“国际惯例不是给予外国人待遇标准的一张静止的照片,不会停留在尼尔案裁决作出的1927年。国际惯例和其包含的最低待遇标准一直处于发展之中。”[2] 勒文(Loewen)案仲裁庭更是进一步指出:“无论是国家实践、国际仲裁庭的裁决还是评论者的意见都不支持这样的观点——恶意是构成违反公平公正待遇的要件或是拒绝司法达到违反国际法的程度。”[3]

在波普和泰尔波特案[4]中,仲裁庭放弃使用尼尔案中所确立的最低待遇标准,认为NAFTA第1105条暗示着公平公正待遇以及全面的保护和安全的因素被包含在国际法中。但是,该仲裁庭评论说,对第1105条的另一个可能的解释是该条款只是国际法的添加剂。即NAFTA下的投资者有权享有国际法最低待遇,还应再加上公平的因素。诚然NAFTA第1105条不是这样规定的,它规定公平因

---

〔1〕 蒙德弗案,裁决书第116、123段。

〔2〕 ADF Group Inc. v. United States of America, ICSID Case No. ARB(AF)/00/1,裁决书第179段。

〔3〕 Loewen Group, Inc. v. United States, ICSID Case No. ARB(AF)/98/3,裁决书第132段。

〔4〕 Pope & Talbot Inc. v. Government of Canada, UNCITRAL Case 2002.

素是包含在国际法中的。仲裁庭解释了第1105条，认为外国投资者和投资应该在NAFTA国家善意的一般标准中受益，而不管该行为是否符合“极端的”、“骇人的”和“令人吃惊的”限制条件的要求。该仲裁庭的解释实际上超越了NAFTA自由贸易委员会对公平公正待遇所作的解释，将公平这一要素从公平公正当中分离出来单独理解。

可见仲裁庭对该待遇仍然存在扩张解释的情况。尽管仲裁庭解释的前提是遵循国际惯例最低待遇标准，但实践中仲裁庭往往以最低待遇标准演进性的说法进行扩张解释。公平公正待遇与最低待遇之间的关系始终未有定论，仲裁庭依据不同的观点可以得出不同结论。参照最低待遇标准，对于厘清公平公正待遇内涵的实际效果有限；脱离最低待遇标准，仅依照仲裁员主观定夺，在某种程度上“法官造法”的特点明显，待遇内容更加缺乏明确性和可预测性，因为仲裁庭在解释与国际惯例相联系的公平公正待遇条款时并非基于国家实践和法律确信，而几乎都是通过援引之前的仲裁裁决和学者学说，导致之前的扩张解释被复制。[1]

在一些案例中，仲裁庭抛弃了将国际最低待遇作为衡量是否违反公平公正待遇的标准，转而借助条约目的来解释该待遇标准。在采用最低待遇来衡量时，仲裁庭在原有的“恶意”要求之外加入了一些考虑因素，其中包括合理期待和透明度等。

---

〔1〕参见左海聪、闫旭：《论国际投资协定中公平公正待遇的义务要素》，载《中国高校社会科学》2022年第1期。

第二节 仲裁实践中对公平公正待遇内涵的界定

穆赫林斯基(Muchlinski)教授认为:“公平公正待遇并没有被明确界定,它只是阐述了外国投资者被歧视或是其他不公平的措施损害其利益的问题。因此,其概念依赖于根据特定事实进行的解释。”[1]因此,人们倾向于将公平公正待遇原则的解释权交给仲裁庭。实践中仲裁庭主要借助投资条约的目的及仲裁庭认定的一些基本要素来确定公平公正待遇的内涵。

一、借助“目的解释”的方法

由于除了NAFTA自由贸易委员会对公平公正待遇作出解释之外,没有任何条约详细列出该待遇的基本内容和标准,因此仲裁庭会在《维也纳条约法公约》和BITs中寻找答案,这样不可避免地涉及条约解释的基本原则和方法,包括条约的上下文、文字的基本意思,条约的前言和其他条款的关系等。[2] 根据《维也纳条约法公约》第31条第1款,目的解释也是解释条约的方法之一。在条约条款的文本含义不清时,目的解释可以发挥重要作用。

在阿根廷与发达国家签订的BITs中,与英国、美国、加拿大、瑞典、荷兰、澳大利亚签订的BIT中都有公平公正待遇条款。例如美国—阿根廷BIT(1991)规定:“无论何时,都应该给予投资以公平公正待遇,使之享有充分的保护和安全;在任何情况下,给予外资的待

---

〔1〕 Peter Muchlinski, *Multinational Enterprises and the Law*, Wiley-Blackwell, 1995, p. 625.

〔2〕 参见王贵国:《国际投资法》(第2版),法律出版社2008年版,第116页。

遇都不能低于国际法所要求的标准。"这些 BITs 的条文相对清晰,将公平公正待遇与国际法相联系。但 ICSID 仲裁庭在处理阿根廷案件时却采用目的解释的方法,将公平公正待遇视为一种超越国际法的待遇标准。

在 CMS 案中,仲裁庭完全忽视了美国—阿根廷 BIT(1991)规定的与国际法相联系的公平公正待遇条款,认为美国—阿根廷 BIT(1991)中并没有明确公平公正待遇标准,因此仲裁庭在其裁决中转而分析 BIT 的序言部分,认为对投资者提供保护的主要目标是该待遇是用于维持一个稳定的投资结构和使用最有效的经济资源。因此,一个稳定的法律和商业环境是公平公正待遇的必要因素。[1]

之后一些案件的仲裁庭在这个问题上都效仿了 CMS 案仲裁庭的推理。阿祖瑞克斯案原告就看到了这一点,其在抗辩中提到了美国—阿根廷 BIT(1991)第 2 条第 2 款 a 项(无论何时,都应该给予投资以公平公正待遇,使之享有充分的保护和安全;在任何情况下,给予外资的待遇都不能低于国际法所要求的标准)的同时还提到了该 BIT 的序言(双方同意公平公正待遇是用于维持稳定的投资结构和使经济资源的使用达到最大效率)。原告认为该条文并没有涉及最低待遇标准,公平公正待遇所设想的行为远远超过最低待遇,会给予投资者更多的保护和一个比之前使用的措辞更客观的标准。[2] 原告甚至还提出了文本上的抗辩,认为公平公正待遇这个短语被一个逗号和 BIT 第 2(2)(a)条分割开来,这表明该待遇是一个独立于国际法要求的待遇。[3]

---

〔1〕 CMS 案,裁决书第 274 段。

〔2〕 阿祖瑞克斯案,裁决书第 325 段。

〔3〕 阿祖瑞克斯案,裁决书第 326 段。

仲裁庭将该案涉及的公平公正待遇问题分为两个问题:(1)公平公正待遇对于 BIT 的当事方来说,是不是一个附加在国际惯例的最低待遇标准上的必要义务?(2)国家的什么行为可以被视为不公平和不公正?

在讨论第一个问题的时候,仲裁庭提到《维也纳条约法公约》第 31 条第 1 款在解释条约时的要求,即"条约应依其用语按其上下文并参照条约之目的及宗旨所具有之通常意义,善意解释之"。仲裁庭认为,根据 BIT 的目的和通常含义,公平公正待遇应该被理解为一种平等的和合理的态度,以促进外国投资。BIT 的内容反映了其对待投资的一种积极的态度,条款使用了"促进"和"激励"等字眼。

仲裁庭还认为原告在公平公正条款上的文本抗辩是有说服力的:条约条款在其起草时就允许将公平公正待遇以及全面的保护和安全作为比国际法要求更高的标准来看待。该句的作用是提供一个兜底条款而不是一个上限,目的是避免将这些标准解释为低于国际法要求的标准。[1]

在讨论美国—阿根廷 BIT(1991)下适用公平公正待遇时,仲裁庭认为 BIT 当事方同意的行为标准预先设定了一个对外国投资有利的安排,要求国家采取积极行为来保护和鼓励外国投资。鼓励和保护投资就是 BIT 的目的。仲裁庭还认为当一方出于恶意或其行为是惊人的和显著的才能够被认定为违反公平公正待遇义务的话,将与条约的目的和其期待不符。[2]

LG&E 案仲裁庭同样认为,在 BIT 没有明确公平公正待遇的情况下,仲裁庭有权根据时间的发展和情况来解释条约。根据条约的

[1] 阿祖瑞克斯案,裁决书第 359 ~ 361 段。

[2] 阿祖瑞克斯案,裁决书第 372 段。

目的,仲裁庭认为条约的前言中提及“(双方)同意公平公正待遇是用于维持稳定的投资结构和使经济资源的使用达到最大效率”说明双方意欲“促进更大的经济合作”和“刺激私人资本流动及双方的经济发展”。因为这些目标,仲裁庭认定一个稳定的法律和商业环境是公平公正待遇的必要因素。仲裁庭还认为,几个仲裁庭针对不同的条约都采用目的解释的方法对公平公正待遇作出了相同或相似的解释,因此该案仲裁庭认为这是一个新的解释标准。[1]

二、选用具体要素界定公平公正待遇

朱亚尔(Juillard)认为,应该在条约中对该条款的解释规定几个基本的要素,然后由国际仲裁庭如“古罗马执政官”(praetor)一样在实践中逐渐发展该标准。[2]

国际仲裁庭超越了讨论最低待遇和公平公正待遇的关系,尝试明确定义该待遇标准。仲裁实践已经甄别出一些被国际社会认可的公平公正待遇具体要素,在实践中,国际仲裁庭都会选取这些要素中的一个或几个来解释和适用公平公正待遇。这些要素包括:保护义务、正当程序(包括不拒绝司法和不武断)、透明度和保护投资者合理预期、善意(其中包括透明度和不武断)、公平、免于胁迫和骚扰等。[3] 学者认为,对于公平公正待遇的认定还处在初期,这些要素还等待仲裁庭进一步的发展。[4]

---

〔1〕 LG&E 案,裁决书第 122 ~ 125 段。

〔2〕 参见[美]凯瑟琳·扬纳卡-斯莫尔:《国际投资法上的公平与公正待遇标准》,樊林波、卓海译,载陈安主编:《国际经济法学刊》第 13 卷第 3 期,北京大学出版社 2006 年版。

〔3〕 波普和泰尔波特案,实体性裁决第 25 页。

〔4〕 See Christoph Schreuer, *Fair and Equitable Treatment in Arbitral Practice*, 6 The Journal of Investment & Trade 357 (2005).

在泰克迈德诉墨西哥案中,仲裁庭认为,从国际法的善意原则出发,协议条款要求缔约方给予国际投资的待遇不得影响投资者在决定投资时的基本预想。投资者期待东道国做到行为前后一致、清楚明了,与外国投资者的关系完全公开透明,以便投资者提前了解对其有约束力的所有规则和条例以及相关政策和管理性业务和指令的目标,从而能够在前述规范允许的范围内制定投资计划。投资者期望东道国的行为前后一致,即不会任意撤销投资者赖以承担义务、制定及实施商业经营计划的国家之前议定的条件和许可;投资者亦期待东道国在使用约束投资者个人或投资行为的法律文件时,以其通常职能为依据;投资者还期待东道国不会侵占其投资而不给予适当的补偿。[1] 该案中,仲裁庭的界定涉及公平公正待遇中的善意、保护、合理期待、透明度等要素。

在阿祖瑞克斯案仲裁庭和 MTD 案[2] 仲裁庭的裁定中也有类似表述。MTD 案中,仲裁庭认为公平公正待遇包含了善意、正当程序、非歧视、比例原则等内容,并依据泰克迈德诉墨西哥案中合理期待标准,认为东道国不应该只是消极被动地避免损害投资者利益。然而专门委员会在之后的撤销案件决定中却批评了泰克迈德诉墨西哥案中仲裁庭对投资者期待的依赖,该委员会认为东道国对外国投资者的义务源于投资条约,而不是投资者拥有的任何期待。可见,各仲裁庭在对公平公正待遇的要素选择上并不一致,甚至完全相反。一些要素经常被仲裁庭所考虑,并被包含在公平公正待遇标准之中。

---

〔1〕 泰克迈德诉墨西哥案,裁决书第 155 ~ 156 段。
〔2〕 MTD Equity Sdn. Bhd. and MTD Chile S. A. v. Chile, ICSID Case No. ARB/01/7.

1. 合理期待

合理期待是一个国内法术语,是普通法国家行政法中的一个特别概念,在国际投资仲裁中被引申为外国投资者对东道国的合理期待,被国际仲裁庭当作公平公正待遇的要素之一。1969 年,丹宁勋爵在一个案件中将其定义为:所谓合理期待是指合理的,不受干涉的,未来即将得到的法律权利和法律自由。[1] 外国投资者的这种期待并非不着边际的幻想,而是建立在一定事实基础上的符合逻辑的合理期望。投资者的这种合理期待基于东道国的法律体制和东道国的任何明示或暗示的保证与陈述。东道国做出的或明示或暗示的担保和陈述是合理期待的最坚实基础。东道国反悔其作出的保证,而投资者已经根据该保证产生合理期待,这种情况构成违反公平公正待遇标准。[2] 东道国要满足外国投资者的合理预期,必须提供一个稳定的和可预测的法律和商业环境,而稳定性是公平公正待遇的一个必要因素。外国投资者依据投资东道国的承诺投入了资金,便有权期待东道国政府会履行承诺。由于投资者在投资前都会仔细考察东道国的法律,所以仲裁庭均提出东道国的法律规则是投资者合理期待的基础。

在早期的雷鸟公司诉墨西哥案中,仲裁庭认为,合理期待的概念指这样一种情形,即缔约方的行为使投资者产生了合理的、正当的期待,投资者基于对该行为的信赖而作为,但此缔约方未能兑现该期待,致使投资者遭受损失。在泰克迈德诉墨西哥案中提到

[1] Schmidt v. Secretary of State for Home Affairs, [1969]2Ch149. 转引自马怀德:《澳大利亚行政法中的程序公平原则——兼论对中国行政程序立法的启示》,载农权法律网 2017 年 1 月 16 日,https://www.nmql.com/wenji/zhuanjia/mhd/1331.html。

[2] 参见[德]鲁道夫·多尔查、[奥]克里斯托弗·朔伊尔编:《国际投资法原则》,祁欢、施进译,中国政法大学出版社 2014 年版,第 151 ~152 页。

了合理期待的标准。仲裁庭指出，投资者期待东道国以一种一贯的风格行事，完全透明、不模糊，便于投资者事前知道所有与其投资相关的规定、政策及行政实践，使其能够事先对其投资作出计划并遵守这些规定。[1] 仲裁庭认为投资者有权利要求东道国这样做。[2]

CMS案中，原告认为阿根廷违反了公平公正待遇条款，特别是其根本上改变了投资环境的稳定性和可预见性，而这是自己决定是否投资的关键。东道国在2001年至2002年间实施的紧急法案完全打乱了自己的投资计划。[3] 仲裁庭认可了原告的这种说法，认定(东道国采取的)措施在事实上完全改变了投资赖以做出的法律和商业环境。仲裁庭还指出，无论是BITs还是多边投资协定，都很明确地显示公平公正待遇与稳定性和可预见性是不可分的。[4] 对于阿根廷提出的国家出台法律的权力不应该被冻结，出台紧急法案只是在行使这种权力[5]的说法，仲裁庭认为并不需要冻结此项法案，因为它是一直在发展的，但是东道国也不能完全弃用其原先承诺的法律框架。[6]

安然案中原告也认为美国—阿根廷BIT(1991)中的公平公正待遇条款赋予其与其期望相符的待遇标准，对投资协议的遵守将投资维持在一个稳定的法律和交易框架内。按照这个标准，阿根廷不应该对其管理结构进行激进的或武断的修改或者进行“无休止地对投

---

〔1〕 泰克迈德诉墨西哥案，裁决书第154、162段。
〔2〕 泰克迈德诉墨西哥案，裁决书第167段。
〔3〕 CMS案，裁决书第267段。
〔4〕 CMS案，裁决书第276段。
〔5〕 CMS案，裁决书第272段。
〔6〕 CMS案，裁决书第275段。

资者经营标准的修改”。而阿根廷坚持认为条约中规定的公平公正待遇条款并没有给予投资者所谓的合理期待。但是,仲裁庭不同意阿根廷的观点,认为公平公正待遇标准远高于国际惯例提供的最低待遇标准。仲裁庭认为条约为投资者提供了一个稳定的管理结构,这不要求对所有法律和规范标准进行冻结,但也绝不意味着全部抛弃之前对投资者特别的承诺。而且,公平公正待遇条款规定保护投资者的期待权,至少是根植于投资时国家提供给投资者的条件以及投资者赖以决定是否投资的条件。仲裁庭还认为,考虑阿根廷私有化进程的范围,其国际市场以及法定的税收,安然公司有合理的理由来依赖这些阿根廷提供的条件。仲裁庭裁定阿根廷违反公平公正待遇条款。[1]

LG&E 案中,仲裁庭同样认为违反稳定性和可预见性就意味着违反了公平公正待遇条款。仲裁庭认为,既然 BIT 中没有界定什么是公平公正待遇,而国际标准会随着时间和情况的不同发生变化,因此要概括一个清晰的和静止的概念是不可能的。仲裁庭认为自己可以根据《维也纳条约法公约》第 31 条善意地根据条款的目的及宗旨进行解释。仲裁庭认为投资者在投资时的期待应该被满足。[2] 仲裁庭承认阿根廷确实发生了经济上的困难,但是“阿根廷走得太远,因其完全废除了吸引投资者的法律架构”[3]。

2. 透明度

透明度,是指投资环境的法律体制是轻易可见的,针对投资者的法律框架是明确的,外国投资者可以轻易地获知与投资有关的所有

[1] 安然案,裁决书第 220 段。
[2] LG&E 案,裁决书第 131 段。
[3] LG&E 案,裁决书第 139 段。

法律规定。而且任何对投资者具有影响的决定均有法可依。[1] UNCTAD 曾将透明度作为公平公正待遇的一个部分:“透明度至少在两个方面与公平公正待遇有交集。第一,透明度是公平公正待遇所要求的,如果东道国对外国投资者适用法律或其他有约束力的决定,从公平的角度说应要求投资者在之前得到通知。这个解释意味着如果投资条约没有直接规定透明度,但是条约中有公平公正待遇,那么也就默示规定了透明度。第二,如果投资者要确定一国的行为是否公平公正,就需要弄清有关的规则,国家管理环境的透明程度会影响投资者评价在个案中是否得到公平公正待遇。”[2]

门托克莱德公司诉墨西哥案的核心问题就是透明度问题。在仲裁中,原告指控墨西哥政府的行为缺乏透明度,仲裁庭认为,透明度的含义包括协议中所有与投资或即将发生的投资的启动、完成及成功经营相关的法律要求,能够轻易地被其他缔约方的投资者所知悉。各缔约方的政府一旦发现任何相关的误解或疑虑后,有义务立即确定正确的理解并明确告知投资者,以便投资者能够确信自己是在依照相关法律进行各项投资活动。

但是,透明度是否能作为公平公正待遇的要素之一仍是一个有争议的问题。就像门托克莱德公司诉墨西哥案中涉及的 NAFTA 条文,其中公平公正待遇规定于第 11 章第 1105 条,而透明度问题则在第 18 章的第 1802 条。这说明公平公正待遇和透明度是两个不同的待遇标准,而不像仲裁庭理解的后者是前者的组成要素。而且,NAFTA 自由贸易委员会在 2001 年发布的解释中也特别强调,对

---

〔1〕 参见[德]鲁道夫·多尔查、[奥]克里斯托弗·朔伊尔编:《国际投资法原则》,祁欢、施进译,中国政法大学出版社 2014 年版,第 156 页。

〔2〕 UNCTAD, *Fair and Equitable Treatment*, UNCTAD (Sept. 30, 1999), https://unctad.org/system/files/official-document/psiteiitd11v3.en.pdf.

NAFTA 其他条款或其他独立条约的违反并不构成对第 1802 条规定的违反。但是,许多仲裁庭并没有考虑这一点。

透明度通常和保护投资者合理期待密切相关。在门托克莱德公司诉墨西哥案中,仲裁庭认为墨西哥政府未能对门托克莱德公司的计划和投资提供一个透明的和可预见的制度框架。[1] 因此,仲裁庭认为墨西哥政府的行为未能满足 NAFTA 所要求的透明度,违反了第 1105 条规定的公平公正待遇。仲裁庭将透明度界定为"应该被投资者所知的、所有有关的、为投资目的的法律要求"。仲裁庭还认为,当事方对要达到的法律要求存在"混乱和误解",政府有义务保证进行有效率的决定和陈述清晰,使投资者有足够的信心认定自己是按照法律来行事的。[2]

马斐兹尼案中,仲裁庭认为,由于 SODIGA(SODIGA 是西班牙政府为了发展加西利亚地区的区域经济所成立的一个引导和促进区域经济发展的实体,具有招商、咨询、提供资金、信息等服务支持的机构)有关贷款的行为不能被认为是商业性质的,并涉及其公共职能,因此应由西班牙负责。特别是这些行为等于西班牙违反了西班牙—阿根廷 BIT(1991)第 3 条第 1 款规定的保护投资的义务。此外,这项贷款交易缺乏透明度,不符合西班牙根据该条约第 4 条第 1 款确保投资者得到公平公正待遇的承诺。因此,仲裁庭认为,关于这一争议,索赔人的索赔已经得到了支持,并有权获得赔偿。[3]

泰克迈德诉墨西哥案中,仲裁庭也认定西班牙—墨西哥 BIT 中公平公正待遇条款包含了透明度要求,认为如果政府行为含糊不清,

---

〔1〕 门托克莱德公司诉墨西哥案,裁决书第 99 段。
〔2〕 门托克莱德公司诉墨西哥案,裁决书第 76 段。
〔3〕 马斐兹尼案,裁决书第 84 段。

则不利于投资者提前了解投资所处的法律环境，影响投资者对真实的法律情况的评估。[1]

实践中，仲裁庭通常并不仅仅依据缺乏透明度这一单一原因而判断东道国违反公平公正待遇义务。在门托克莱德公司诉墨西哥案中，仲裁庭表示东道国未能确保公平公正待遇所要求的透明度和可预测的框架，违反了投资者的合理期待。该案尽管对透明度进行了强调，但在更大程度上是基于投资者合理期待这一要素认定违反公平公正待遇义务。

当然，为外国投资者提供可预见的稳定的法律和经济环境虽然是东道国的义务，但规范涉及在公共利益的国内事务同样是东道国的正当权利。透明度和合理期待不是绝对的概念，不能要求东道国为了迎合投资者的利益而冻结其法律体系，任何明智的投资者都不会期待投资时的环境完全保持不变。投资者合理期待的只应该是一种相对稳定的法律框架，东道国法律环境的合理变化是投资者应该预见的。东道国维护稳定法律环境的义务不应胜过其防范严重的社会和经济危机的义务，在发生经济危机的情况下，采取相应的措施加以调整是保障公共利益和国家安全之需，是一种必要的防卫，即使影响投资法律环境的稳定，也应视为一种紧急状况的例外。[2] 投资者期待与透明度等要求会随着东道国危机的发生有所变化，它们不应该是静止的，在国家发生严重的经济危机时，外国投资者的预期也应该降低。而且，合理期待等要素只是从仲裁实践中归纳而来的，在各国的投资条约中并没有这样的规定，各国在这些因素上从未形成实

〔1〕 泰克迈德诉墨西哥案，裁决书第 167 段。

〔2〕 参见杨慧芳：《外资公平与公正待遇标准的要素评析》，载《法学评论》2009 年第 3 期。

质上一致的客观实践和已接受其为法律的主观观念。[1]

3. 善意

有的仲裁庭还考虑了善意因素。善意原则内涵丰富,是国际法的基础。仲裁庭的仲裁活动证实,善意原则是公平公正待遇标准的固有内容。它是投资条约下义务的普遍性指导原则,同时也是公平公正概念的核心并渗透到所有保护投资者的方法中。[2] 废物处理案中,仲裁庭认为,政府各机关没有正当理由有意使投资目的不能达成,是对 NAFTA 第 1105 条(1)款的违反。在第 1105 条(1)款下,国家的基本义务是善意行事,而不是故意以不适当的方式去损害投资。[3] 在泰克迈德诉墨西哥案中,仲裁庭参考了尼尔案,认为公平公正待遇标准是国际法承认的善意原则的一部分。该原则包括投资者对东道国给予透明的、一致的、非武断的待遇的基本期待,这种待遇不与任何一个理性的和无偏私的人认为的公平和公正相冲突。[4]

在贝英德(Bayindir)诉巴基斯坦案[5]中,关于公平公正待遇的主张,申请人的核心指控是,贝英德被驱逐的动机是“本国偏袒”,所谓的拖延完成只是一个借口。在这方面,贝英德的公平公正待遇要求与其最惠国要求一致。贝英德被驱逐以及将合同授予巴基斯坦承包商的情况进一步表明了巴基斯坦政府的不公平和不诚信,因为终止贝英德的雇佣的实际动机是“世界银行对该项目的强烈反对”和相关的“预算原因”。综上,贝英德进一步表示,现在公众都知道,贝英

---

[1] 参见杨慧芳:《外资公平与公正待遇标准的要素评析》,载《法学评论》2009 年第 3 期。

[2] 参见[德]鲁道夫·多尔查、[奥]克里斯托弗·朔伊尔编:《国际投资法原则》,祁欢、施进译,中国政法大学出版社 2014 年版,第 156 页。

[3] 废物处理案,管辖权的决定第 138 段。

[4] 泰克迈德诉墨西哥案,裁决书第 152 段。

[5] Bayindir Insaat Turizm Ticaret Ve Sanayi A. S. v. Islamic Republic of Pakistan, ICSID Case No. ARB/03/29,管辖权的决定。

德对巴基斯坦财团的投资充斥着腐败。[1]

针对贝英德的指控，仲裁庭认为，考虑到驱逐的所谓不公平动机，如果被证实可以根据 BIT 提出公平公正待遇的要求，仲裁庭对贝英德基于巴基斯坦给予外国投资公平公正待遇的义务提出的要求有管辖权。[2]

从仲裁庭的观点可知，东道国的恶意行为包括背信弃义的行为、以违背立法原意的方式适用法律，还包括政府机构打算伤害或损害投资的预谋。

4. 正当程序

正当程序要求是公平公正待遇标准的重要组成部分，要求东道国在对待外国投资者时不得拒绝司法，例如拒绝诉诸法院以及程序不公。美国 BIT 范本(2004)和美国 BIT 范本(2012)美国 BIT 范本都在公平公正待遇条款中规定了正当程序问题。美国 BIT 范本(2012)第 5 条第 2 款(a)规定，公平公正待遇包括在刑事、民事及行政审判程序中根据世界主要法律体系中正当程序原则不拒绝司法的义务。门托克莱德公司诉墨西哥案仲裁庭认为投资者的投资没有得到符合国际法的公平公正待遇，墨西哥违反了 NAFTA 第 1105 条第 1 款。[3] 该案中市政府拒绝了门托克莱德公司的施工许可申请。这一拒绝是在垃圾填埋场的建设几乎完全完成之后，并在宣布为垃圾填埋地的运营提供便利之后立即发出的。此外，在市议会的一次会议上，门托克莱德公司没有收到任何通知，没有收到任何邀请，也没有机会出席。[4] 泰克迈德诉墨西哥案中，仲裁庭也认为申请人没有

---

〔1〕 贝英德诉巴基斯坦案，管辖权的决定第 242 ~ 244 段。

〔2〕 贝英德诉巴基斯坦案，管辖权的决定第 250 段。

〔3〕 门托克莱德公司诉墨西哥案，裁决书第 74 段。

〔4〕 门托克莱德公司诉墨西哥案，裁决书第 90 ~ 91 段。

得到表达其立场的机会构成对公平公正待遇的违反。[1]

仲裁实践对于公平公正待遇标准选择何种构成要素并没有形成一致的看法，随着实践的进行，仲裁庭将提出新的要素。正如徐崇利教授指出的，由于这些因素的归纳并没有区分适用公平公正待遇标准的确当与否，而是不分良莠，兼收并蓄，实际上是支持对该待遇标准的滥用。而其他国际仲裁庭通过从过往的案件裁决中总结公平公正待遇标准的含义，只能造成对既成错误的不断复制。[2] 而且这些要素的不断增加可能使该待遇成为一个无所不包的"高于一切的义务"，甚至可以基于这些要素考虑，完全无视国际条约的规定，以自己的方式来解释该待遇。

5. 免于滋扰和胁迫

在泰克迈德诉墨西哥案中，仲裁庭认为，东道国拒绝续签垃圾填埋地的合同，是为了逼迫投资者另行选址并承担新的成本和风险。各种形式的胁迫和强制违反了西班牙—墨西哥 BIT(1991)第 4 条第 1 款的公平公正待遇标准。[3]

拓拓(Total)诉阿根廷案的仲裁庭也指出，(阿根廷的)这个方案被认为是一种强制的、不公平的债转股。因此，仲裁庭认为，这明显违反了 BIT 的公平公正待遇义务，阿根廷应为此承担赔偿责任。[4]

在沙漠线工程公司(Desert Line)诉也门案[5]中，申请人认为，被申请人对申请人施加压力，要求其接受较低数额的付款以满足也门

---

〔1〕 泰克迈德诉墨西哥案，裁决书第 178 段。

〔2〕 参见徐崇利：《公平与公正待遇标准：国际投资法中的"帝王条款"?》，载《现代法学》2008 年第 5 期。

〔3〕 泰克迈德诉墨西哥案，裁决书第 163 段。

〔4〕 Total S. A. v. Argentine Republic, ICSID Case No. ARB/04/1，裁决书第 106 段。

〔5〕 Desert Line Projects LLC v. The Republic of Yemen, ICSID Case No. ARB/05/17.

仲裁裁决到期的款项,这构成胁迫(coercion),违反了应给予申请人及其投资的公平和公正待遇。被申请人制造或允许严重的压力——包括经济上的和与申请人投资的物质安全有关的——以建立这样一种方式,迫使申请人遵守被申请人指示的和解协议。和解协议为通过被申请人的违法行为而取得的,故应宣布该和解协议无效。在面临更大损失甚至人身伤害的风险时,索赔人无奈之下接受了被申请人的建议。申请人认为根据国际法,在胁迫下达成的和解并不使一方放弃在没有其他实际办法替代强迫和解以及(物质或经济上的)胁迫不合法的情况下,以后为国际索赔寻求救济的权利。经济胁迫必须与普通的经济压力区别开来,必须构成国家为迫使投资者和解而采取的不适当的强制措施。国家强加的胁迫可以使原本有效的交易变成违反公平公正待遇原则的无效征用或索取。[1]

仲裁庭赞同申请人一方的观点,认为仲裁中胜诉一方未经适当考虑而放弃其一半权利的和解协议,只有经过真实、公平、公正的谈判,才是有效的。在本案中,双方选定了两名仲裁员同时由一名也门地方法官协助其审议,仲裁拒绝了解决索赔的机制的结果;再加上对申请人的雇员、家属和设备的逮捕没收和武装干涉,以及随后的强制性"建议",即同意将判决金额减半"符合其利益",远远低于国际法的最低待遇标准,不可能是真实、公平和公正谈判的结果。[2]

阿曼—也门 BIT(1998)第 3 条规定,缔约双方承诺确保对缔约另一方投资者的投资给予公平公正的待遇。缔约双方还保证不以任何方式对缔约双方一方投资者在缔约另一方领土内的投资以及进行这种投资的公司和项目的管理、维持、使用、转让采取歧视性或法律

---

〔1〕 沙漠线工程公司诉也门案,裁决书第 146 段。

〔2〕 沙漠线工程公司诉也门案,裁决书第 179 段。

上不合理的措施。仲裁庭认为,被申请人不可接受地迫使申请人接受并执行和解协议,而不是最终的、有约束力的也门仲裁裁决,违反了 BIT 第 3 条。[1]

在考虑和权衡了所有的情况后,仲裁庭得出结论认为,和解协议是申请人在经济和人身受到胁迫的情况下签订的,被申请人在这方面的抗辩应被驳回。此外,仲裁庭认为,和解协议的签订违反了被申请人根据 BIT 第 3 条承担的义务。因此,仲裁庭宣布和解协议不具有国际法效力。[2]

ICSID 仲裁实践中,仲裁庭倾向于扩大解释公平公正待遇条款,它们采用目的解释的方法,从 IIAs 的序言中寻找解释公平公正待遇的依据,还将满足"合理期待"和"透明度"等要求加入其中,要求东道国给投资者提供稳定的法律和经济环境,否则就认定东道国违反公平公正待遇条款。与早期要求"恶意"的国际惯例最低待遇标准相比,这些要求的标准显然更高,是一种将外国投资者的财产权置于东道国公共利益之上的做法。而且,由于仲裁庭拥有宽泛的自由裁量权,在将来的实践中还会加入什么样的要求,东道国无法预测。

公平公正待遇的含义模糊,无论是作为国际惯例,还是作为投资条约条款,也无论是独立的公平公正待遇条款,还是国际惯例最低待遇标准意义上的公平公正待遇条款,在习惯和条约解释上都存在很大的不确定性。这是因为,"公平"和"公正"都是较为笼统抽象的一般概念,无论根据条约的通常字面含义,还是根据条约的目的和宗旨,抑或借助条约解释的辅助补充资料,都很难将公平公正待遇标准非常好地予以具体化和明确化,而适用条约和习惯的演进解释,就更

---

[1] 沙漠线工程公司诉也门案,裁决书第 192~193 段。

[2] 沙漠线工程公司诉也门案,裁决书第 194 段。

使得公平公正待遇标准的具体内涵具有了很大的动态性和不确定性。这正是公平公正待遇所具有的最大特点。[1]

由于对最低待遇标准的外延缺乏明确规定,国际仲裁庭试图通过条约目的和构成要素选取的方法尽量精准地界定公平公正待遇的内涵,然而仲裁庭在解释公平公正待遇条款时并非基于国家实践和法律确信,通常是通过援引之前的仲裁裁决,如果之前的裁决中仲裁庭对公平公正待遇的内涵进行扩张解释,之后的仲裁结果也会复制这一扩张解释,而这种解释可能是错误的,仲裁庭只是在错误裁决的基础上简单重复。

三、构成要素的选择带来的问题

演进的判例法已经识别出诸多成熟稳定且理性可控的公平公正待遇具体义务。在实践中,大部分案件都能够合理运用这些要素来解释和适用公平公正待遇。[2] 然而,仲裁实践在案件中对公平公正待遇要素的选择完全不同,当事方很难对案件的结果作出预判。以艾斯科索尔(Eskosol)诉意大利案[3]为例,意大利颁布了一系列的政府法令,以削减对一些太阳能发电项目的税收优惠。据案件申请人所述,2011 年 3 月和 5 月采取的两项国家措施(《罗姆尼法令》和《第四能源法案》)使其光伏项目无法生存,并导致公司破产。在这个案件中,申请人艾斯科索尔呼吁对公平公正待遇标准适用“广泛”或“灵活”的定义,认为意大利采取的措施在六个方面违反了公平公正

[1] 参见王彦志:《公平与公正待遇条款改革的困境与出路——RDC v. Guatemala 案裁决引起的反思》,载陈安主编:《国际经济法学刊》第 21 卷第 1 期,北京大学出版社 2014 年版。

[2] 参见左海聪、闫旭:《论国际投资协定中公平公正待遇的义务要素》,载《中国高校社会科学》2022 年第 1 期。

[3] Eskosol S. p. A. in liquidazione v. Italian Republic, ICSID Case No. ARB/15/50.

待遇标准。申请人认为,意大利《罗姆尼法令》和《第四能源法案》违反了 ECT 第 10(1)条的规定:(1)违反了艾斯科索尔的合理期待;(2)未能为其投资提供稳定和可预测的框架;(3)行动不透明;(4)行为前后不一致;(5)行动武断和不合理;(6)采取了不相称的措施。[1]

艾斯科索尔认为,ECT 第 10 条第 1 款规定的公平公正待遇义务包括不妨碍投资者合理期待的义务,这些合理的期待可以来自东道国提供的陈述和保证,包括在其立法和法规中的陈述和保证。[2] 根据 ECT 的序言,艾斯科索尔认为,ECT 第 10 条第 1 款的公平公正待遇义务还包括提供合理稳定和可预测的法律和商业框架。更具体地说,艾斯科索尔认为,东道国应避免改变可能对因该国通过其法律作出的承诺而产生的投资者权利产生不利和重大影响的规章或政策。[3] 艾斯科索尔所谓的合理期待的第三个来源为《第三能源法案》本身。艾斯科索尔认为,公平公正待遇标准保护因东道国在其立法和条例中所作的陈述和保证而产生的合理期待。它假定虽然一般理解,公平公正待遇标准本身在一般情况下并不阻止国家改变其法律,但这一主张受到"重大和不公平地改变投资所依据的法律框架"的义务的限制。他认为,法律和商业的稳定性和可预测性保护投资者免受因国家改变其通过法律作出的承诺而对投资者权利产生重大影响。艾斯科索尔随后指出,《第三能源协议》提供了明确的法律框架,艾斯科索尔据此制定了商业计划并进行了投资。[4]

艾斯科索尔认为,ECT 第 10 条第 1 款规定的公平公正待遇义务包括透明度的义务。艾斯科索尔声称,意大利政府官员告诉潜在投

〔1〕 艾斯科索尔诉意大利案,裁决书第 279、382 段。
〔2〕 艾斯科索尔诉意大利案,裁决书第 280 段。
〔3〕 艾斯科索尔诉意大利案,裁决书第 309 段。
〔4〕 艾斯科索尔诉意大利案,裁决书第 437 段。

资者,现有的能源合作计划是稳定的,并在2011年6月的行动计划和与斯科涅米格里欧(Scognamiglio)先生的会议中确认了意大利对意大利光伏能源发展的承诺。艾斯科索尔认为,这相当于行动不透明,因此违反了公平公正待遇义务。[1] 艾斯科索尔还认为,公平公正待遇义务还包括对任意和不合理行为的保护,正如投资仲裁判例和ZCJ所定义的那样,即"故意无视正当法律程序的行为,这种行为出乎司法适当性的意料"[2]。艾斯科索尔进一步认为,公平公正待遇义务需要对国家行为的相称性进行分析,并认为国家行为必须"在合理相关的前提下适当缩小范围,以符合合法的国家利益"[3]。

针对申请人的诉求,仲裁庭认为,受到质疑的措施是面对全行业的普遍措施,不针对任何投资者,不构成故意滥用、骚扰或歧视。[4] 在该案中,政府的相关措施并没有针对特定投资者或投资,也不存在滥用或骚扰或是歧视的情形。相反,《罗姆尼法令》和《第四能源法案》都是旨在适用于整个工业部门的一般性法律。这是分析的一个重要起点,因为它消除了在其他情况下影响公平公正待遇索赔评估的各种重要因素。仲裁庭认为,正如各当事方的意见书所承认的那样,公平公正待遇标准被解释为涉及若干不同的要素,这些要素在不同的争议中可能具有不同程度的重要性,这取决于所指控的事实和错误的性质。[5] 这些不同的论点可以按任何顺序加以分析。但是,在该案的情况下,仲裁庭认为不应从艾斯科索尔投资的具体情况(例如,合理期待的问题)开始,而应从宏观层面开始,从艾斯科索尔指出

---

〔1〕 艾斯科索尔诉意大利案,裁决书第314~315段。

〔2〕 艾斯科索尔诉意大利案,裁决书第318段。

〔3〕 艾斯科索尔诉意大利案,裁决书第322段。

〔4〕 艾斯科索尔诉意大利案,裁决书第382段。

〔5〕 艾斯科索尔诉意大利案,裁决书第381段。

的关于意大利的任意、不合理、不成比例和不透明行为的论点开始。只有在解决了这些关于一般措施的问题之后,继续讨论涉及监管稳定性、一致性和合理预期的问题才有意义,这些问题涉及艾斯科索尔是否仍然可能有权受到保护,免受税收制度变化的影响,即使《罗姆尼法令》和《第四能源法案》本身在 ECT 下是没有问题的。[1]

在任何情况下,虽然新的监管安排无疑比过去的更具挑战性,但其条款中没有反映出非理性,即与既定的公共利益目标无关的非理性行为。基于这些原因,监管制度的变化是否违反了艾斯科索尔所承担的任何单独的 ECT 法律稳定义务,仲裁庭无法得出结论认定《罗姆尼法令》或《第四能源法案》违反了 ECT 第 10 条第 1 款关于公平公正待遇的规定中关于禁止任意和不合理行为的规定。

仲裁庭原则上承认,评估是否遵守公平公正待遇标准的工作包括确定国家措施是否适当,即对外国投资施加的负担是否远远超出实现善意公共利益目标的合理必要。然而,在该案中,仲裁庭不赞同艾斯科索尔因为自己未能参与理性的决策过程而认定意大利违反了 ECT 义务的说法,认为应考虑到一项措施对外国投资的影响,以及国家利益与此类投资负担之间的平衡。相反,虽然意大利确实通过《罗姆尼法令》和《第四能源法案》对其激励计划进行了修改。[2]

基于上述理由,仲裁庭不认为意大利在 2011 年对其激励计划进行的具体改革本身构成任意和不合理的行为、不成比例的行为或不透明的行为,违反了 ECT 第 10 条第 1 款规定的公平公正待遇义务。[3] 仲裁庭最终驳回了艾斯科索尔的各种索赔要求。[4]

---

[1] 艾斯科索尔诉意大利案,裁决书第 383 段。

[2] 艾斯科索尔诉意大利案,裁决书第 410 段。

[3] 艾斯科索尔诉意大利案,裁决书第 423 段。

[4] 艾斯科索尔诉意大利案,裁决书第 489 段。

通过详细分析该案可以看出,该案仲裁庭并没有完全参考之前仲裁结果选取的构成要素来界定是否违反公平公正待遇义务。首先,在选取滥用、骚扰要素时,仲裁庭加上了“歧视”要求,认为意大利采取的措施是面对全行业的普遍措施,不针对任何投资者或投资,所以它是非歧视性的。其次,仲裁庭选取了“理性”要素,认为《罗姆尼法令》和《第四能源法案》虽然比之前的《第三能源协议》更具有挑战性,但其条款没有显示出非理性。

另外,仲裁庭对这些构成要素的顺序选择和分析方式也影响了裁决的结论。仲裁庭认为,公平公正待遇涉及不同的要素,这些要素在不同的争议中具有不同程度的重要性,这取决于所指控的事实和错误的性质。在本案的情况下,仲裁庭认为不应从合理期待的问题开始,而应从宏观层面开始,从艾斯科索尔所指称的关于意大利任意、不合理、不成比例和不透明行为的论点开始。只有在解决了这些关于一般措施的问题之后,才需要继续讨论涉及监管稳定性、一致性和合理预期的问题。

与艾斯科索尔案不同,同时期 ICSID 处理的 ESPF 案[1]中意大利政府也涉及颁布一系列的政府法令,以削减对一些太阳能发电项目的税收优惠。案件中申请人声称,被申请人实施的被质疑措施侵犯了 ECT 第 10(1)条规定的给予投资者公平公正待遇及其他两项待遇义务。[2]

仲裁庭在该案中只选取了“合理期待”这一要素,认为意大利政府通过其行为和法规作出了具体的承诺,例如使合理期待产生,即优

---

〔1〕 Espf Beteiligungs Gmbh, Espf NR. 2 Austria Beteiligungs Gmbh, and Infraclass Energie 5 Gmbh & CO. KG Claimants v. Italian Republic, ICSID Case No. ARB/16/5.

〔2〕 ESPF 案,裁决书第 431 段。

惠措施将在投资的周期内保持不变(多数仲裁员意见)。仲裁庭认为本案涉及的问题是,意大利决定改变之前在《能源合作法令》中规定的与索赔人投资有关的优惠条件,是否违反了ECT规定的为申请人的投资提供公平公正待遇的义务。在申请人进行投资时,他们是否合理地期待意大利在20年内不会改变这些条件?[1]

仲裁庭认为,毫无疑问,必须有明确和具体的承诺,才能产生可执行的合理期待。然而,多数仲裁员认为,原则上没有理由禁止在法规中作出这种必要的明确和具体的承诺,因为这种承诺是为了诱导投资而作出的,成功地吸引了索赔人的投资,一旦改变,就会给索赔人造成损失。在这种情况下,没有理由否认投资者对政府的期望是合理的。《能源合作法令》中明确且具体的保证满足了立法产生合理期待所需的必要性。因此,在申请人于2009年12月进行初始投资之时有一个合理的期待,即只要他们的项目符合《能源合作法令》的要求,在该法令概述的具体税收税率的适用期限内投入运营,并在整个20年的激励期内继续遵守该要求,他们将获得第2条至第4条中规定的福利。在索赔人根据《能源合作法令》进行每一项投资时,这种期待仍然存在。[2] 在这个案件中,仲裁庭认为政府发布的该法令为申请人创造了一个合理期待,就应当确保该法令不发生变化。

由于各仲裁庭在选取构成要素和论证逻辑上存在区别,仲裁庭在裁决中各行其是,选择自己认为需要的待遇标准构成要素作出裁决。由于各个仲裁庭选择的构成要素没有一定的标准,仲裁结果可能出现碎片化现象或产生冲突。

---

[1] ESPF案,裁决书第511段。
[2] ESPF案,裁决书第832段。

第三节 国际社会为厘清公平公正待遇条款内涵做出的努力

由于公平公正待遇没有确定的标准可循,因而易被投资者用来作为索赔的依据,因此,有必要对公平公正待遇予以限定,或提高其适用门槛。可把公平公正待遇同国际惯例中的最低待遇标准联系起来,提高适用的门槛,但由于最低待遇标准外延不清,而且总在发展变化,因而在实践中国际仲裁庭倾向于对其进行扩大解释,在 ICSID 使用的诸多解释方法中,无论是使用目的解释法,还是对公平公正待遇加入构成要素,都源于仲裁庭行使自由裁量权。这些构成要素的选择和认定,并没有可以遵循的标准。这种做法使得国际仲裁结果出现碎片化现象甚至相互冲突,使公平公正待遇的门槛大大降低,使东道国陷入讼累,而公平公正待遇的内涵依然难以确定。

一、投资条约中的尝试

为了明确公平公正待遇所包含的要素,有的国家开始在国际条约中采用内容清单的模式列出公平公正待遇所包含的要素,例如不得拒绝司法的义务。美国 BIT 范本(2004)和 BIT 范本(2012)BIT 范本均规定:“公平公正待遇义务包括依据世界主要法律体系体现的正当程序原则而不得在刑事、民事或者行政裁判程序中拒绝司法的义务。”2004 年 OECD 研究报告将仲裁实践中认定的公平公正待遇的具体构成要素概括为五项,包括:(1)保护义务;(2)正当程序,包括不拒绝司法和不武断;(3)透明度和保护投资者合理预期;(4)善意,其中包括透明度和不武断;(5)公平因素。[1]（也有学者将之归纳为以下要素:透明度和保护投资者合理预期、免于受到胁迫和骚扰、正当程序、善意,而且认为,对公平公正待遇的认定还处在初期,这些要素还等待仲裁庭进一步的发展。[2])2011 年 UNCTAD 研究报告将仲裁实践中公平公正待遇的具体构成要素也概括为五项,包括:挫败了投资者的合理期待(要与东道国公共利益管制权相平衡);拒绝司法和正当程序;明显任意、武断的决定;歧视;暴虐对待。[3]

USMCA(2018)投资章节第 14 条第 6 款最低待遇标准条款[4]对公平公正待遇的构成要素只规定了不得拒绝司法这一项规定。其中第 1 段(a)规定:公平公正待遇包括按照世界主要法律制度所体现的正当程序原则行事,在刑事、民事或行政审判程序中不拒绝司法的义务。该条款同时明确排除了投资者期待这一构成要素,第 4 款规定:"更明确地说,一方当事人采取或未采取可能与投资者预期不一致的行动这一事实并不构成对本条的违反,即使因此对所涉及的投资造成损失或损害。"USMCA 将公平公正待遇限制在国际惯例和最低待遇标准之下,第 1 款规定:"各缔约方应根据国际惯例给予所涉投资待遇,包括公平公正待遇以及充分保护和安全。"第 2 款规定:"为了更加确定,第 1 款规定的国际惯例对外国人的最低待遇标准作为给

[1] 参见[美]凯瑟琳·扬纳卡-斯莫尔:《国际投资法上的公平与公正待遇标准》,樊林波、卓海译,载陈安主编:《国际经济法学刊》第 13 卷第 3 期,北京大学出版社 2006 年版。

[2] See Christoph Schreuer, *Fair and Equitable Treatment in Arbitral Practice*, 6 The Journal of Investment & Trade 357 (2005).

[3] 参见王彦志:《公平与公正待遇条款改革的困境与出路——RDC v. Guatemala 案裁决引起的反思》,载陈安主编:《国际经济法学刊》第 21 卷第 1 期,北京大学出版社 2014 年版。

[4] *Agreement between the United States of America, the United Mexican States, and Canada*, UNCTAD Investment Policy Hub (Nov. 30, 2018), https://investmentpolicy.unctad.org/international-investment-agreements/treaties/treaties-with-investment-provisions/3841/usmca-2018.

予所涉投资的待遇标准。公平公正待遇和充分保护和安全的概念并不要求在该标准所要求的待遇之外给予待遇,也不产生额外的实质性权利。”值得注意的是,USMCA(2018)最低待遇标准条款明确规定对 USMCA 的另一项规定或另一项国际协定的规定发生违反,并不构成对该条款的违反。该条款清楚地排除了投资者引用投资条约中的其他条款,例如征收条款,主张东道国同时违反公平公正待遇的情况,避免公平公正待遇条款成为无所不包的条款。

一些 BITs 中对公平公正待遇的构成要素也作了明确规定。中国香港特别行政区—墨西哥 BIT(2020)第 5 条(2)款(a)规定:“公平公正待遇包括在刑事、民事或行政审判程序中根据正当程序原则不拒绝司法的义务。”[1] 匈牙利—阿拉伯 BIT(2021)第 2 条投资的促进和保护第 3 款规定:“就投资而言,下列措施或一系列措施构成违反公平公正待遇的义务:a. 在刑事、民事或行政诉讼中不公正。b. 在司法和行政程序中根本违反正当程序,包括根本违反透明度和阻碍有效诉诸司法。c. 明显的任意性。d. 基于明显错误理由的针对性歧视,如性别、种族或宗教信仰。e. 骚扰、胁迫、滥用权力或类似恶意行为。应缔约方要求,缔约方可审查提供公平公正待遇义务的内容。”[2] 匈牙利—阿曼 BIT(2022)第 2 条第 3 款也有相似规定。[3]

尽管生效的投资条约显示出各国为厘清公平公正待遇做出的努力,但仍然存在对其内涵选择不尽一致,公平公正待遇包含的全部构

---

[1] Hong Kong, China SAR-Mexico BIT (2020), https://investmentpolicy.unctad.org/international-investment-agreements/treaty-files/6129/download.

[2] Hungary-United Arab Emirates BIT (2021), https://investmentpolicy.unctad.org/international-investment-agreements/treaty-files/6423/download.

[3] See Hungary-Oman BIT (2022), https://investmentpolicy.unctad.org/international-investment-agreements/treaty-files/6443/download.

成要素并没有达成统一的国际法上的认识,仲裁庭仍然可以在具体案例中扩大该待遇内涵,作出自己的认定的问题。

二、条款设置建议

为解决该待遇条款具有模糊性的问题,首先,有学者建议将公平公正待遇条款排除在投资者与国家间投资争端仲裁的可诉范围之外。认为其作为一个模糊和抽象的标准,不适合作为投资者的可诉事项,因为它缺乏具体的评判依据。[1]

其次,也有建议软化公平公正待遇条款,将之设定为“最佳努力承诺”义务,UNCTAD《可持续发展投资政策框架》建议引入对于欠发达国家的特殊和差别待遇,明确规定公平公正待遇义务对于欠发达国家不具有法律约束力。

最后,有一种做法是彻底将该条款从投资协定中移除。例如新西兰—新加坡 FTA(2001)、澳大利亚—新加坡 FTA(2003)、印度—新加坡全面经济合作协定(2005)、新西兰—泰国紧密经济伙伴关系协定(2005)、阿尔巴尼亚—克罗地亚 BIT(1993)、克罗地亚—乌克兰 BIT(1997)都没有规定公平公正待遇条款。[2] 日本—摩洛哥 BIT(2020)没有规定公平公正待遇条款,毛里求斯—印度 BIT(2021)中也没有规定这个条款。

笔者认为,虽然不能接受含义模糊的公平公正待遇条款,但是在该条款已经广泛存在于 BITs 和 TIPs 缔约实践中的情况下,以上几种思路都存在不合理之处。首先,在争端解决中单独排除某一条款

---

〔1〕 参见余劲松、梁丹妮:《公平公正待遇的最新发展动向及我国的对策》,载《法学家》2007 年第 6 期。

〔2〕 参见余劲松、梁丹妮:《公平公正待遇的最新发展动向及我国的对策》,载《法学家》2007 年第 6 期。

的做法并不符合条约的一般解释规则。由于该待遇标准具有模糊性就排除其可诉性并不具有合理性,因为如前文所述,BITs 条款中规定模糊的并不限于这一个条款。即使某个或某几个国家、地区或组织同意修改该条款使之具有不可诉性,要修改一个国家、地区或组织所有对外签订的条约也是很困难的,这对任何国家、地区或组织都是如此。其次,弱化该条款实行差别对待并没有从根本上解决公平公正待遇内涵不清、外延不明的问题,公平公正待遇标准所包含的法律保护标准和一般法律原则实际上都是法治所要求的最根本核心要素。将欠发达国家从国际法基本义务下解脱出来未必是一件对国际法治建设有益的事。最后,将公平公正待遇从条约中移除这种办法只是几个国家、地区或组织不具有代表性的立法实践,并不能代表绝大多数国家、地区或组织的立场。而且这种实践并不连贯和稳定,例如 2017 年 12 月 1 日生效的澳大利亚—新加坡 FTA 修改议定书又订入了公平公正待遇条款。

第六章 NPM条款和ICSID正当性危机

进入21世纪后，国际仲裁庭处理的多个案件均涉及在国家经济危机期间为保护本国根本安全而采取措施的问题。[1] 这些投资仲裁的裁决逐渐引起学界对根本安全问题的关注，是否应在国家根本安全遭遇危机时要求投资者承担一定风险和损失的问题成为新的研究热点。[2] 外国公司到一国投资必然要求其有法律及制度上的保障，否则投资环境必定会受到不利影响。另外，采取措施规范外资是一国的主权权利，东道国应有权力采取措施保护本国的根本安全，同时排除本国行为的违法性。明确根本安全的内涵和外延、限制仲裁庭的自由裁量权、平衡东道国管理国家的自由权力和对投资者的保护是IIAs和国际投资仲裁庭应当解决的问题。

---

〔1〕 根据IISD的报道，除了在ICSID仲裁中，阿根廷在其他一些案件中也提出过基于国际惯例适用国家紧急情况来免责或是即使BITs中没有国家安全例外条款，一方也可以针对经济危机中的公共秩序采取紧急措施。但这两种观点没有得到仲裁庭的采纳。例如根据UNCITRAL规则裁决的英国国家电网公司诉阿根廷案。See *Past ITN Reporting on Argentine Cases*, IISD(Feb. 20, 2012), http://www.iisd.org/pdf/2007/itn_oct15_2007.pdf.

〔2〕 国内学者已经对此问题开始关注，参见刘京莲：《国际投资条约根本安全例外条款研究》，载陈安主编：《国际经济法学刊》第17卷第1期，北京大学出版社2010年版；林笑霞：《国际投资仲裁中危急情况的适用——以阿根廷所涉国际投资仲裁为例》，载陈安主编：《国际经济法学刊》第16卷第3期，北京大学出版社2009年版；李小霞：《国际投资法中的根本安全利益例外条款研究》，法律出版社2012年版，第314页。

在涉及阿根廷的几个案件中,阿根廷援引国家安全例外作为抗辩理由,试图证明国家有权在发生特定情况例如经济崩溃时采取措施,从而免除自身的国际责任。阿根廷的主要论据一个建立在国际惯例基础上,另一个建立在条约法的基础上。

阿根廷试图引用 BITs 中的安全例外条款[直译为非排除措施条款(non-precluded measures provisions),以下简称 NPM 条款],该条款免除了国家针对特殊情况进行特定的损害投资者利益行为的条约义务。NPM 条款允许东道国损害条约所保护的投资,如果东道国的行为为 NPM 条款所允许,一国从事条约禁止的行为不构成违反条约,也不必因此承担责任。在根据美国—阿根廷 BIT(1991)提起的案件中,阿根廷辩称自己应对 2001—2002 年经济危机的行为是为了保护国家的根本安全和公共利益,因而是合法的。因为这些行为符合 BIT 中 NPM 条款的规定,因此不违反美国—阿根廷 BIT(1991)给予投资者的保护。阿根廷并不存在违法行为,不应当承担国家责任。除了 BIT 条款外,阿根廷还援引国际惯例的紧急情况理论,试图排除阿根廷政府行为的违法性。因为国际惯例认为一个国家不需要为"面对严重的和迫在眉睫的危险时维护其必要利益"的行为承担责任。[1]

在针对安全例外问题的研究方面,ICSID 处理的四个[2]案件具有典型意义,它们涉及相同国籍的争议双方(美国—阿根廷),相同的

---

〔1〕 See *Draft Articles on the Responsibility of States for Internationally Wrongful Acts with Commentaries*, art. 25, U. N. Doc. A/56/10 (2001), International Law Commission, http://untreaty.un.org/ilc/texts/instruments/english/commentaries/9_6_2001.pdf.

〔2〕 除此之外,涉及 NPM 条款的案件有 Camuzzi International S. A. v. Argentine Republic, ICSID Case No. ARB/03/7; Continental Casualty Company v. Argentine Republic, ICSID Case No. ARB/03/9。

BIT[美国—阿根廷 BIT(1991)]和明确的 NPM 条款,相似的案情但不同的裁决结果。这四个案件分别是 CMS 案、安然案、桑普拉能源公司案、LG&E 案。其中,前面三个案件仲裁庭遵循了相同的法理和分析方法,得出相同的结论——NPM 条款不适用,阿根廷应当为违反 BIT 承担责任,而后一个案件则结论相反。这说明东道国在援引国家安全例外作为其在特定时期采取违背国际义务的措施时受到国际仲裁庭裁决的限制,同时引发了对 ICSID 仲裁合法性的质疑。

第一节 国家安全的界定

国家安全的问题是一国在引进外资时普遍担心的问题。国家之间通常通过对国家根本安全的要求,预先免除特定情况下东道国的条约义务,给东道国的管制权预留一定的空间。

然而,国家安全的概念是宽泛且模糊的。牛津英语词典对其作出的定义是"国家及其人民、国家机构的安全,特别是源于间谍、恐怖主义等的威胁"。这个定义既没有穷尽所保护的客体也没有涉及威胁的来源。国家安全是一个动态的和不断发展的概念,其外延从保护边界免受军事攻击到保护公众安全和生命免受威胁。例如,英国国家安全计划指出:在过去,国家将官方的注意力集中在对外的防御和安全政策上,保护国家安全也被理解为保护国家及其根本的、免受他国攻击的利益。现今各界对国家安全的看法已经扩展到涉及对个体的公民和其生活方式的威胁。[1] 因此,随着国家安全概念的发

---

〔1〕 See *Security-Related Terms in International Investment Law and in National Security Strategies*, OECD(Oct. 10,2009), https://www.oecd.org/investment/.

展,可以合理地认为对人民健康和环境造成的威胁,以及对一国的政治、经济和金融体系包括国内基础设施、文化传统造成的威胁也被包括在内。同样地,威胁的原因也可能多种多样,除了军事威胁、间谍和恐怖活动之外,疾病的蔓延、自然灾害、国内的冲突以及经济危机或是试图控制关键的国家工业都有可能对国家安全产生威胁。

一、国际条约中的界定

东道国通常通过投资条约的形式同意为保护外国投资者的利益提供保证,或者至少是在侵害投资者利益后承担代价。但国际投资条约怎样为东道国国家的根本安全利益提供保护?一旦将国家安全问题以例外条款的形式反映在国际条约中,这一条约便成为评价东道国以国家安全为由限制外国投资的措施是否合法的主要标准。如果符合该例外条款,国家责任就被排除,本来应该由国家承担的违反国际条约的代价就转而由投资者承担。因此 NPM 条款实际上是一个风险分担机制。在国际条约中,东道国可用 NPM 条款将风险转移给投资者。当然,是否转移风险要看该条款要求的条件是否满足。所以这一问题往往成为投资者和东道国争议的焦点。

NPM 条款具有如下特质:

(1)排除东道国的国际法责任。NPM 条款是 IIAs 中的一个例外条款,它排除了国家行为违反条约的违法性。其作用在于事先消除了东道国对外国投资者和其母国的主要义务。只要特定的行为符合 NPM 条款规定的条件,东道国就可以免除责任。

(2)具有时效性。NPM 条款被成功地援引需要满足特定的时效要求,当某种情况在将来的某一时刻不复存在时,NPM 条款便不能再适用,国家因而要重新承担责任。违反条约的行为从国家开始采取措施起到措施结束期间都不需要承担法律责任。但是何时结束政府措施,一般而言,由一国政府自行权衡,当其认为危机已经威胁到国家的根本安全时会采取行动,当国家不再处于危险状态时,政府会重新回到保护投资环境的思路上来。仲裁庭也可以通过一些社会迹象来推定政府措施已经是不必要的,不再符合援引NPM条款的条件。但结束政府措施的前提并非认为对公共秩序没有现实的威胁就可以了。就像阿根廷遭遇经济危机时,政府的措施不可能立即见效,所以不能说政府措施的持续就是违反投资条约。

(一)OECD的法律文件

1961年OECD的《资本移动自由化法典》第3条规定本条款"不禁止成员国采取其认为必要的行动来保护其根本安全利益……"[1],1986年,OECD理事会要求成员国尽可能地根据OECD关于国际投资与多国企业的宣言进行通知。在增加透明度的同时,限制根据根本安全利益对外国投资者进行歧视。[2]

《多边投资协定》(草案)中也规定有NPM条款,该条款范围限于在战争、武装冲突、其他紧急情况或大规模杀伤性武器或其他武器生产。该条款不涉及经济利益或相关活动。

(二)区域性条约

NAFTA(1992)第21章"其他条款"包含一个NPM条款(第2102条)。该条款适用于整个条约,包括投资章节。但是,其范围仅限于与武器运输或其他紧急情况以及与不扩散核武器有关的国家政

---

〔1〕 *OECD Codes of Liberalization of Capital Movements and Current Invisible Operations: User's Guide*, OECD(Sept. 30, 2003), www.oecd.org/daf/investment.

〔2〕 See OECD, *Essential Security Interests Under International Investment Law*, *International Investment Perspectives*: 2007 *Edition*-ISBN 978 - 92 - 64 - 03748 - 9 - © OECD, 2007, p. 95.

策或国际条约。

ECT(1994)第24条规定了保护必要的安全利益的例外:“本条款不得解释为阻止任何缔约方采取其认为必要的措施保护(1)与提供能源物资和产品给军事企业有关的;或是(2)战争、武装冲突或国际关系中其他紧急情况有关的根本安全利益。”ECT对必要安全利益的范围没有作出明确的规定。

(三)BITs

NPM条款是从第二次世界大战之后开始采用的FCN中常用的条款。[1] NPM条款由FCN进入现代的国际投资条约最早出现于德国与巴基斯坦在1959年签订的BIT中。(德国签订的BITs通常将NPM条款规定在其议定书中,法律效力与主体条文一致。)后来德国签订的BITs一直沿用这种条款。在美国签订的BITs中,NPM条款也很常见,美国—巴拿马BIT(1982)第10条规定:“本条约不排除任何一方适用任何及一切必要的措施来维持公共秩序,履行职责以维护或恢复国际和平与安全,或者保护本国必要的安全利益。”美国之后签订的BITs也都包括该条款。20世纪90年代后期,加拿大的BITs中也开始包含NPM条款,但其包含的范围极其有限,只限于保护人类、植物、动物的生命。除此之外,比利时、印度等国家的投资条约也包含该条款。[2]

---

〔1〕 例如最早美国与中国签订的《中美友好通商航海条约》。See William W. Burke-White& Andreas Von Staden, *Investment Protection in Extraordinary Times: The Interpretation and Application of Non-Precluded Measures Provisions in Bilateral Investment Treaties*, Virginia Journal of International Law, Vol. 48:2, p. 312(2008).

〔2〕 这些BITs的详细情况,参见William W. Burke-White& Aadreas Von Staden, *Investment Protection in Extraordinary Times: The Interpretation and Application of Non-Precluded Measures Provisions in Bilateral Investment Treaties*, Virginia Journal of International Law, Vol. 48:2, p. 312 (2008)。

在新一代的 BIT 范本中,NPM 条款也非常多见,如加拿大 BIT 范本(2004)、德国 BIT 范本(2005)、印度 BIT 范本(2003)第 12 条和美国 BIT 范本(2012)。但在英国和法国的范本里没有这样的条款。现存的 2000 多个 BITs 中,有 200 个以上包含 NPM 条款。

美国—阿根廷 BIT(1991)中的第 11 条为 NPM 条款,该条款规定:"本条约不排除任何一方运用必要的措施来维持公共秩序,履行职责以维护或恢复国际和平与安全,或者保护本国的根本安全利益。"

根据该条款,国家安全包括三个要件:

(1)联系要件。该条款要求国家采取的不同于背离条约义务的措施应实质上与条款中规定的允许的目的相关联(nexus requirement)。在美国—阿根廷 BIT(1991)中,要求这些措施为达到特定的目的所"必要"的。对"必要"的解释关系到争议双方的风险的分配。如果对其进行狭义的解释会限制东道国的行动自由,因为其要承担违反许多 BITs 义务的成本。而对其进行宽泛解释又会将国家行为的风险转移给投资者承担。

(2)NPM 条款详细说明了其适用范围,其要么适用于整个 BIT,要么适用于条约的具体条款。在美式 BITs 中一般规定"该条约不排除"对特定措施的运用。因此,如果成功援引 NPM 条款,则排除了违反条约以及条约的所有实质条款的法律义务。

(3)NPM 条款规定了允许的目的清单,这些是直接的国家行为引起的享受 NPM 条款的情形。NPM 条款允许的目的包括安全、国际和平和安全、公共秩序、公共健康和公共道德等。在美国—阿根廷 BIT(1991)中规定了三种允许的目的:必要的安全、公共秩序、国际和平和安全。同样地,对 NPM 条款允许的目的的解释也涉及双方风险的分担,对这些目的的解释能够决定可以采取哪些类型的措施而不需要承担责任。

值得注意的是,条约中没有对相应的术语——国家安全、公共秩序等进行界定。不但美国—阿根廷 BIT(1991)如此,纵观所有的投资条约,没有一个包含了明确的定义或是穷尽地列举这些术语的要件。[1] 从字面上看,这些术语的确切含义和组成要件不能确定,条约的上下文也没有提供准确含义。因此,国际社会将这一任务交给了司法实践。例如对“必要的安全利益”,ICJ 作出了宽泛而有限的解释。在尼加拉瓜(Nicaragua)案中,ICJ 认为必要的安全利益当然地延伸到武装袭击的概念之外。[2] 在伊朗诉美国石油平台(Oil Platforms)案中,ICJ 认为必要的安全利益是“许多国家,包括美国的必要经济和安全在海湾的不受干涉的海上商业流动”[3]。

尽管 NPM 条款在国际条约中很盛行,但是直到阿根廷经济危机国际仲裁机构处理的案件涉及这个问题,国家安全例外问题才开始受到重视。

二、国际惯例的界定

一国违反其国际义务的行为是保护其根本利益,对抗某种严重迫切的危险的唯一办法时,紧急情况可以作为解除该行为不法性的合理理由。[4] 援引国际惯例的紧急情况作为排除违法性的抗辩理

---

〔1〕 See *Security-Related Terms in International Investment Law and in National Security Strategies*, OECD(Oct. 10,2009), https://www.oecd.org/investment/.

〔2〕 尼加拉瓜案,实体裁决第 116 页,注释 21。

〔3〕 伊朗诉美国石油平台案,美国反驳的备忘录第 3 页。

〔4〕 参见余民才主编:《国际法专论》,中信出版社 2003 年版,第 137 页。其英文表述为 state necessity,按文义应翻译为“国家需要”。而国内多数学者将其翻译为“紧急情况”,参见王贵国:《国际投资法》(第 2 版),法律出版社 2008 年版,第 122 页。

由在国际争议中被多次提起,最经常被援引的案例是1832年英国和葡萄牙政府之间的争议。葡萄牙政府迫切需要给本国正在打仗的军队提供给养,因此,尽管两国有条约,葡萄牙政府还是没收了属于英国的财产。最终英国政府同意:尽管条约存在,但也可以具有一定灵活性,不应要求无论在任何情况下都严格遵守条约。给予葡萄牙政府使用这些财产的权力是必要的。[1]

国际社会对紧急情况理论的支持最终导致这个与国家责任相关的国际惯例法典化。这个工作由国际法委员会(International Law Commission,ILC)完成,起草了《国家对国际不法行为的责任条款草案》(以下简称《草案》)。《草案》第20条至第25条规定了免除国家违反国际义务的责任的理由。违法行为合法的理由包括:同意(第20条)、自卫(第21条)、反措施(第22条)、不可抗力(第23条)、危难(第24条)和紧急情况(第25条)。《草案》对紧急情况采用了狭窄的定义,第25条规定:

(1)紧急情况不能被一国援引作为排除该国违反国际义务的国际行为违法性的理由,除非该行为:①是该国在面对严重的和迫近的危险时保护其基本利益的唯一方法;②该行为不严重损害所负义务对象的一国或是数国或整个国际社会的基本利益。

(2)在任何情况下,紧急情况不能作为排除一国违法行为的违法性原因,如果有关的国际义务排除援引紧急情况的可能性;或是该国促成了紧急情况的情形。

根据该条款,援引紧急情况作为抗辩理由的条件是非常严格

[1] See Domenico Di Pieto, *State of Necessity in Investment Arbitration*, *The European & Middle Eastern Arbitration Review*, Global Arbitration Review (May 3,2008), http://www.globalarbitrationreview.com/reviews/3/sections/5/chapters/67/state-necessity-investment-arbitration.

的,紧急情况用以排除国家行为违反习惯或传统义务的违法性,其用于保护广泛的利益,包括环境、国家及其人民在国家紧急情况下的生存。考虑到该条款可能被国家滥用,ILC 在其条款中采用了排除性的表述——"Necessity may not be invoked . . . unless",首先强调紧急情况不能作为排除违法性的理由,然后对例外情况进行非常有限的列举,从而强调了紧急情况只能作为例外情况使用的本质。[1]

适用紧急情况必须满足几个条件:①援引紧急情况必须是为保护国家根本利益免受某种严重的和迫近的危险。ILC 的专家委员会对"国家根本利益"作出了界定。它指出,允许国家违背其义务的国家根本利益必须是极重要的利益,例如国家在政治或经济的生存、其必要的政府部门继续发挥作用、内部的和平、人民的生存、领土或一部分领土的环境等。[2] 另外,这一条件还要满足"严重的和迫近的"要求。对此,ICJ 并没有给出明确的判断标准。②所采取的行动必须是"唯一"可用于保护国家根本利益的方法。如果有其他方法,即使是更困难或是成本更高,也应该援引这些替代的方法。③行为不能严重损害对之负有义务的一国或是数国或整个国际社会的根本利益。换句话说,该利益必须在重要性上超过任何其他考虑,并非仅从行为国的角度来看,而是从合理地对其他利益进行衡量的角度来看。④如果国际义务明确或默示地排除了援引紧急情况,则不得将其作为排除行为违法性的理由。⑤如果责任国促成了紧急情况,则不得将其作为排除行为违法性的理由。根据克劳福德教授的报告,这种

---

〔1〕《草案》第 25 条。

〔2〕See *OECD*: *Essential Security Interests under International Investment Law*, *International Investment Perspectives*: 2007 *Edition*-ISBN 978 - 92 - 64 - 03748 - 9 - © OECD, 2007, p. 100.

促成必须是"足够重大并且不仅仅是偶然的或是次要的"[1]。《草案》给紧急情况的援引设定了很高的门槛,防止其被滥用。

然而,由上文得出,无论是国际条约还是国际惯例都没有对国家根本安全利益的概念作出明确界定。其优点在于,概念的界定具有弹性,可以将对一国具有重要作用的任何国家根本利益解释为根本安全利益。但是缺乏清晰内涵的概念赋予了国际投资仲裁庭过大的自由裁量权。

如今外国投资和国家安全的关系已经成为热议的话题,阿根廷肇始于 21 世纪初的经济危机引发了多个投资争端,其中经济危机是否构成对国家安全的威胁,是否足以在由美国—阿根廷 BIT(1991)而引发的案件中成为有效的抗辩理由成为人们关注的问题。

第二节 阿根廷经济危机引发的 ICSID 仲裁中的国家安全问题

一、阿根廷经济危机及涉及 NPM 条款的案件

20 世纪 80 年代,阿根廷经历经济衰退,为获得国际货币基金组织(International Monetary Fund,IMF)的经济支持[2],阿根廷国家不得不实行新自由主义的经济政策。这种政策强调市场化、开放化和非管制化。在这种经济政策下推行了一系列改革,其中包括以下几个方面的内容:(1)大规模推行国有企业私有化,私有化的范围几乎

[1] *OECD:Essential Security Interests under International Investment Law,International Investment Perspectives*:2007 *Edition*-ISBN 978-92-64-03748-9-© OECD,2007,p.101.

[2] IMF 在阿根廷参与了大量的项目,并在经济上支持阿根廷采用固定汇率制度。

覆盖经济生活中的重要领域，其范围之广，在拉美地区是绝无仅有的。(2)建立货币局制度，发行以1:1的汇率兑换美元的新比索，即发行1比索要有1美元的储备作为支撑，中央银行不得弥补政府财政赤字及对经常账户和资本账户实施自由兑换等。(3)推行激进的贸易自由化。降低关税，取消大部分的数量限制。(4)实施税制改革，建立新的税收体系。[1]

这场改革最直接的成果是成功地遏制了通货膨胀[2]，但是由于阿根廷中央和地方财政税收关系难以理顺，再加上储蓄率低下，国家缺乏足够的资本积累，经济增长严重受制于外资的影响，外债总额占GDP的比例很大(2001年占58.3%)。[3] 另外，阿根廷实行特殊的固定汇率制，在防止中央银行通过发行货币来弥补政府财政赤字而导致通货膨胀方面起到积极作用的同时，也使国家无法采取灵活的财政政策来调整失衡的市场。加上20世纪90年代墨西哥、巴西的经济危机导致阿根廷丧失大量市场份额，使阿根廷经济雪上加霜。在2001年至2002年，阿根廷经历了最严重的经济危机，经济急剧衰退，国民收入从7000美元降至3500美元，失业率达到20%，政府的兑换率问题和对外债务问题受到重点关注。[4] 在一天之内，阿根廷

---

〔1〕 参见余振、吴莹：《阿根廷新自由主义改革失败的启示》，载《拉丁美洲研究》2003年第5期。对阿根廷经济危机的分析，参见江时学：《阿根廷危机的教训与启示》，载《国际金融研究》2003年第1期。

〔2〕 根据IMF给出的数据，1991年阿根廷的通货膨胀率是27%，之后直到2001年以前一直保持5%以下的低通货膨胀率。然而通货膨胀率在2002年再次增至40%。See *International Financial Statistics*, IMF, https://www.imf.org/en/Publications/International-Financial-Statistics/Issues/2016/12/31/International-Financial-Statistics-20151.

〔3〕 阿根廷对外资的依赖程度很高，1992年至1999年，该国一共有1000亿美元的外国资金流入，其中600亿为外国直接投资。See *Evaluation Report: The IMF and Argentina*, 1991 – 2001, IMF (Oct. 7, 2004), https://www.imf.org/External/NP/ieo/2004/arg/eng/pdf/report.pdf.

〔4〕 See *Evaluation Report: The IMF and Argentina*, 1991 – 2001, IMF (Oct. 7, 2004), https://www.imf.org/External/NP/ieo/2004/arg/eng/pdf/report.pdf.

比索贬值 40%，发生了严重的银行挤兑。[1] 根据经济学家的统计，到 2002 年，全国有一半的人口生活在贫困线以下。[2] 而且，经济崩溃的影响迅速扩大到政治领域，在 2001 年 12 月发生的骚乱中有 30 个公民死亡，这直接导致了总统辞职及政府的崩溃。在其后的短短 10 天里，更换了 5 任总统。[3]

在这种情况下，阿根廷采取了一系列的措施来稳定经济及重塑政治上的信心。第一，阿根廷通过了 1570 号法令，暂时冻结了银行账户，将提款的权利限制在每星期 250 美元；第二，禁止资金汇出国外和自由兑换成可汇出的货币；第三，通过了紧急法案（2002 年 1 月 6 日，25561 紧急法案和 260/02 法令），其中包含终止可兑换计划的措施；第四，采用了重新安排定期存款和降低利率的措施（2002 年 1 月 9 日正式决议）；第五，将在阿根廷所有以美元命名的债务"比索化"，以比索兑换名义上的美元。[4]

这些措施对提升阿根廷经济以及稳定政治局势起到了关键的作用，但同时在短期内对外国投资者的利益产生了负面的影响。随着阿根廷政府放弃其比索和美元的固定汇率制，比索迅速贬值，强制的比索化使得成千上万的银行账户缩水。这导致了大量外国投资者和阿根廷政府之间的争议，特别是签订合同为阿根廷提供天然气、电或水

---

〔1〕 See Mario Damill, Roberto Frenkel & Martin Rapetti, *The Argentinean Debt: History, Default and Restructuring* (Feb. 18, 2012), http://www.policyinnovations.org/ideas/policy_library/data/01289/_res/id = sa_File1/.

〔2〕 See William W. Burke-White, *The Argentine Financial Crisis: State Liability under Bits and the Legitimacy of the ICSID System*, 3 University of Pennsylvania Law School Scholarship at Penn Law 199(2008).

〔3〕 See Mario Damill, Roberto Frenkel & Martin Rapetti, *The Argentinean Debt: History, Default and Restructuring* (Feb. 18, 2012), http://www.policyinnovations.org/ideas/policy_library/data/01289/_res/id = sa_File1/.

〔4〕 大陆保险公司诉阿根廷案，裁决书第 108、137 ~ 147 段。

的公用事业公司。因为这些合同通常规定通过比索以1∶1的汇率兑换美元的方式确定价格。浮动汇率使比索大规模贬值,汇率从1∶1变为3∶1,其结果是外国投资者收取的使用费只相当于原来的1/3。由于阿根廷政府冻结公用事业领域使用费的价格,外国投资者不能通过涨价来抵消比索贬值所造成的损失。[1]

由于阿根廷在20世纪90年代以后与外国政府签订了一系列的BITs,当自己的投资价值大幅度减少后,外国投资者发现可以凭借表现为BITs的强大的救济措施来寻求保护。这些BITs通常对投资者待遇提供了保证[2],更重要的是,这些BITs通常提供了投资者直接在国际仲裁机构——如ICSID——起诉阿根廷的可能性。其中CMS案、安然案、桑普拉能源公司案、LG&E案是美国投资者在ICSID体制下提起的,均涉及NPM条款。[3] 几个案件均涉及在阿根廷遭遇经济危机期间该国政府采取的措施给美国天然气分销公司带来的经济损失。为便于比较这些案件的裁决推理和结果,本章材料仅涉及这4个案件。这4个案件涉及相似的案件背景,适用相同的BIT,在同一个仲裁机构仲裁,却产生完全不同的裁决结果,引起国际社会对这些案件的广泛关注。

二、阿根廷的抗辩

面对在ICSID受到的猛烈攻击,阿根廷认为其应当享有在紧急

---

〔1〕 参见陈安主编:《国际投资法的新发展与中国双边投资条约的新实践》,复旦大学出版社2007年版,第318页。

〔2〕 BIT中提供的保护,参见M. Sornarajah, *The International Law on Foreign Investment*, 2nd edition, Cambrige University Press, 2004, p. 233 – 258。

〔3〕 还有一个案件是美国投资者提起的大陆保险公司诉阿根廷案,该案涉及保险,与前四个案件背景不同。

情况下实施管理国家的政策的机动性。特别是阿根廷援引了 BITs 中的 NPM 条款和国际惯例中的紧急情况理论,认为可以排除国家行为的违法性。这些论据认为,根据条约法及国际惯例,一国在经历阿根廷 2001 年至 2002 年的经济危机时有权采取损害投资者的行动,这些行动通常违反 BITs 义务,而这些行动不需要承担国际法责任。现今世界上国家经历如经济危机、恐怖主义威胁、公共健康等紧急情况是很平常的,一国政府采取切实可行的政策来回应是很关键的。在这样的背景下,阿根廷被诉到 ICSID 的案件既涉及政府采取政策的自由度,也涉及在例外情况下国际投资条约和国际惯例对投资者的保护。

阿根廷援引了美国—阿根廷 BIT(1991)中的 NPM 条款,该条款正适合解决这样的问题。阿根廷与美国、德国、比利时—卢森堡经济联盟 BLEU 之间的 BITs 都包含有 NPM 条款。该条款在例外情况下限制对投资者的保护,允许国家采取与条约不符的措施,例如为保护必要的安全,维护公共秩序或保护公共健康所采取的措施。阿根廷认为该国 2001 年至 2002 年发生的经济危机触发了 NPM 条款因此可以减轻该国的赔偿责任。

另外,阿根廷认为其使用的各种法律措施是面对经济危机唯一可采取的应对措施,并坚持其已经达到了国际惯例的抗辩标准,可以排除其行为的违法性。

阿根廷还援引之前其他仲裁机构裁决的案件,在这些案件中,仲裁庭对因为国家经济危机而引用紧急情况的情况采用了宽松的标准。

三、仲裁庭的解释和结论

在这些案件中,仲裁庭都考虑到了美国—阿根廷(1991)BIT 是两国商谈的结果。正如CMS案仲裁庭指出的，“双边条约的范围应该被理解为照顾到双方的想法”。如果条约被作出另外的解释，“可能导致对第11条的不平衡的理解”[1]。其他几个仲裁庭也持有类似观点。[2] 但是，仲裁庭的裁决反映出它们对美国—阿根廷BIT（1991）中NPM条款作用的不同理解。有的仲裁庭认为，因为BIT是保护投资者利益的，因此NPM条款至少不应该在发生类似经济危机的情况下限制投资者利益。[3] 而有些仲裁庭则认为条约是为投资者保护和国家的行动自由两个利益之间提供一个平衡。[4] 对NPM条款的不同分析和理解使几个仲裁庭的结论不同，从而产生了冲突的裁决结果。

尽管几个案件中仲裁庭对阿根廷作出的裁决结果不同，但是仲裁庭至少在以下两个方面达成了一致意见。

（一）仲裁庭得出相同结论的问题

1. NPM条款的适用范围是否包括经济危机

在这些案件中，尽管申请人在所有案件中都认为美国—阿根廷BIT（1991）中NPM条款中的根本安全并不包含东道国的经济安全，但仲裁庭对该条款作出了宽泛的解释，认为根本安全包含经济安全。[5]

所有仲裁庭都赞成这样的观点：美国—阿根廷BIT（1991）第11条的适用情形包含了经济危机而不仅是军事、自然灾害或其他危及

---

〔1〕 CMS Gas Transmission Co. v. Argentine Republic, ICSID Case No. ARB/01/8，裁决书第332～355段。CMS案，裁决书第360段。

〔2〕 如LG&E案，裁决书第213段；安然案，裁决书第337段。

〔3〕 如CMS案和桑普拉能源公司案仲裁庭。CMS案，裁决书第354段；桑普拉能源公司案，裁决书第373段。

〔4〕 如LG&E案仲裁庭。LG&E案，裁决书第205段。

〔5〕 LG&E案，裁决书第203段；CMS案，裁决书第340段；安然案，裁决书第332段。

国家生存的情形。例如,CMS案仲裁庭认为,国际惯例或是条约的目的没有在第11条中排除严重的经济危机的情形。如果根本安全利益的概念在涉及国际问题时仅限于对目前的政治和国家根本安全的关注,或者排除涉及其他利益的情形,例如,严重的经济危机,这可能导致对第11条的片面理解。[1]

同样,LG&E案仲裁庭拒绝接受第11条只适用于军事或是战争的情形的观点,其认为,严重的经济危机不构成国家安全问题是低估了经济可能对整个人民和政府的领导能力造成的破坏(havoc),当一国的经济基础危在旦夕,其严重性等同于军事入侵。[2]

因此,虽然几个仲裁庭的解释不尽相同,但是仲裁庭得出的结论是一样的,即涉及根本安全利益的情形包括经济安全。

从以上案例可以看出,仲裁庭都认为美国—阿根廷BIT(1991)中的NPM条款的适用情形包括经济危机,这既确认了BIT的条款又体现了两国缔约的意图,为未来东道国针对经济危机采取必要措施留下了空间。但是,由于BIT中没有明确严重的经济危机是否涉及国家根本安全,使东道国在发生紧急情况时对何种情况属于NPM条款的适用范畴完全不能控制,只能任由仲裁庭自由作出解释。而且,之后的分歧也表明,仲裁庭不能确定什么程度的危机才符合条款中规定的条件。

2. NPM条款是否可以自行判断

由于NPM条款本身所固有的模糊性,如果将对条款的解释权全部交给仲裁庭,将会使其意志超越缔约方缔约时的意愿。而且诸如根本安全、公共秩序等概念属于典型的政策性概念,跟一些法律术语

[1] CMS案,裁决书第359~360段。
[2] LG&E案,裁决书第238段。

相比,让仲裁庭来判断其内涵和外延显然更加困难。国际仲裁庭的仲裁员与东道国有着完全不同的政治、文化和社会背景,他们很难完全理解东道国所实施的政策。这里应该体现一种对东道国的尊重,让其自由决定什么情形构成 NPM 条款中的根本安全等概念。因此在一些国际投资条约中包含了“自行判断”表述的 NPM 条款,例如美国 BIT 范本(2012)和加拿大双边投资协定(FIPA)、美国 BIT 范本(2004)规定,NPM 条款是当事方可以自行判断的。

所谓自行判断条款是指缔约双方在投资协定中设定的,当情势要求采取该条款所设想的措施时,条约的缔约方是唯一有权判断的主体。然而,投资协定的缔约方虽然有权自行决定在何种紧急情况下采取措施保护本国根本安全的权利,但这种权利的行使也不是完全不受限制的。为了防止东道国滥用权利,逃避国际条约义务,自行判断的 NPM 条款必须受到仲裁庭的适当审查。通常情况下,国际仲裁庭的审查以东道国援引该条款是否“善意”为界限,这是自行判断的 NPM 条款唯一的限制。[1] 这种条款的特点是在 BITs 中通过明确规定 NPM 条款,使该条款享有自我判断的性质,其使用的措辞为“其认为必要”,即是否构成可以援引 NPM 条款的情形,由当事方自行判断。自行判断的 NPM 条款的优点在于缔约方可以自主决定哪些情况符合 NPM 条款的适用情形而不需要因为违反条约而承担国际责任。

NPM 条款是否可以由东道国自行判断的问题决定了到底是东道国还是仲裁庭有权决定一国的根本安全利益是否受到危及,东道国能否自行决定采取相应措施而不需要承担国际责任。

---

〔1〕 桑普拉能源公司案,Anne-Marie Slaughter 院长和 William Burke-White 教授的专家意见第 43～46 段。

几个仲裁庭对于美国—阿根廷 BIT(1991)中的 NPM 条款不能自行判断范围作出了一致解释[1],认为其不是自行判断的条款,即东道国无权判断本国的安全情势,它所采取的保护本国安全利益措施的合法性必须经过国际投资仲裁庭的裁定。美国在与阿根廷签订 BIT 时,尚未使用美国 BIT 范本(2004)中所使用的自行判断的措辞,没有明确紧急情况属于自行判断的事项,但阿根廷认为其应该被解释为属于自行判断事项,因为美国长期以来的实践就是如此。[2] 仲裁庭一致否定了这种主张,并对阿根廷引用该条款进行了一种实质上的审查而不是较为宽松的善意原则审查。[3] 无论是支持阿根廷 NPM 条款抗辩的 LG&E 案,还是否定阿根廷上述抗辩的 CMS 案,安然案和桑普拉能源公司案,仲裁庭无一例外,均认定美国—阿根廷 BIT(1991)第 11 条具有非自行判断的性质,认为应当由仲裁庭来认定阿根廷的经济危机是否构成对经济安全的威胁以及认定阿根廷政府所采取的措施是否为保护本国经济安全所必需。

然而,各仲裁庭证明 NPM 条款具有非自行判断性质的方法建立在不同理由之上。CMS 案的仲裁庭将其条约中的 NPM 条款与其他法律文件,例如《关税与贸易总协定》(General Agreement on Tariffs and Trade,GATT)和国际法院(ICJ)进行对比,GATT 明确规定了

---

〔1〕 安然案,裁决书第 373 段;桑普拉能源公司案,裁决书第 388、391 段;LG&E 案,裁决书第 212 段;CMS 案,裁决书第 373 段。

〔2〕 美国在美国 BIT 范本(2004)中增加了"it considers"的用语,以限制国际投资仲裁庭对这一事关美国重大安全利益的自由裁量权。在以该范本为基础的 BITs 如美国—乌拉圭 BIT(2004)和美国—乌干达 BIT(2008)中都将 NPM 条款界定为可"自行判断"的条款。

〔3〕 如果 NPM 条款属于可由东道国自行判断的条款,那么仲裁庭可以审查的范围就很有限,仅限于审查东道国的主观动机是否为善意。见 LG&E 案,裁决书第 208 ~ 218 段。同样的观点还可见于桑普拉能源公司案,裁决书第 388 段,仲裁员认为美国—阿根廷 BIT 年份第 11 条不是自行判断条款,否则"只需根据善意原则进行评审"。

NPM 条款的自行判断的性质,ICJ 在尼加拉瓜案中也有这样的表述。[1] 美国在尼加拉瓜案中的立场是,在 FCN 条约和 BIT 中,NPM 条款应该是由缔约方自行判断的,即只有缔约方自己有权决定何谓根本安全利益。[2]

而 LG&E 案和安然案仲裁庭则考虑了双方在签订条约时达成的协议。LG&E 案仲裁庭认为:"双方将 1991 年签订条约的证据放在仲裁庭面前,仲裁庭认为该条款是非自行判断的。"[3] 在得出这个结论时,LG&E 案仲裁庭认识到"BIT 的语言并没有明确谁应该决定什么构成必要的安全措施——是阿根廷自己,(如果是这样,只应)受到善意标准的审查——还是仲裁庭"。仲裁庭应同时看到 BIT 的背景资料和更广泛的条约协商的背景。[4] 仲裁庭考虑了美国的政策何时发生变化,发现在 1992 年以前都没有明确规定自行判断条款,而美国—阿根廷 BIT(1991)是在此前签订的。[5]

在这几个案件当中,只有桑普拉能源公司案仲裁庭对于美国和阿根廷订立该条款的意图是自行判断的重大证据给予了充分的考虑。但是即使是这个仲裁庭(其中有两个仲裁员与 CMS 案相同),也摒弃了该证据的关联性并裁定该 NPM 条款是非自行判断的。[6]

一国国内法不能自行决定不履行国家义务,而需要国际条约来确定。许多 BITs 给了东道国自行决定免除国家义务的情形的权利,其中"自行判断"的 NPM 条款就是这样。是否能够自行判断决定了

---

〔1〕 CMS 案,裁决书第 371 段,关于 GATT 第 21 条以及 ILC 在尼加拉瓜案的表述。
〔2〕 Nicaragua 案,裁决书第 382 段。
〔3〕 LG&E 案,裁决书第 226、266 段;安然案,裁决书第 337 段。
〔4〕 LG&E 案,裁决书第 212 段。
〔5〕 LG&E 案,裁决书第 213 段。
〔6〕 桑普拉能源公司案,裁决书第 382 ~ 388 段。

仲裁庭是否有必要对东道国的行为进行实质性的审查。美国—阿根廷 BIT(1991)中的 NPM 条款没有明确包含有关自行判断的表述,因此除非证明两国在签订 BIT 时确有这种意图,否则投资者一方也会提出反驳意见。发生争议时,投资者一方直接诉至 ICSID,而当时缔结 BIT 条约的缔约方只有东道国作为当事方参加。作为缔约另一方的投资者母国没有必要和可能向仲裁庭作出解释,因此,只能由仲裁庭根据条约来作出解释。仲裁庭认为自己不能超越两国订约时的主观意图,否则会伤害投资者的合理预期,并导致在不同 BITs 中用相似或相同语言表述的条款被作出相互冲突的解释。反之,如果缔约方有将 NPM 条款界定为自行判断的意图,否定这一事实同样也会违背当事方的合理预期。

问题在于,NPM 条款是否必须明确包含自行判断的意思?笔者认为当案件涉及美国 BITs 时,答案应该是否定的。即除了明确包含或不包含自行判断意图的 NPM 条款,还存在第三种情况——美国在美国 BIT 范本(2004)以前的 NPM 条款应该属于非明示的自行判断条款。即没有明确是否应由缔约方自行判断,但是应该当作自行判断条款来对待。就如阿根廷所提出的那样,在美国与阿根廷订立 BIT 之前,美国一直就有在 NPM 条款中加入自行判断表述的传统。首先,作为 1991 年 11 月 14 日签订的美国—阿根廷 BIT(1991)第 11 条来源的美国 BIT 范本(1983)第 10 条第 1 款有如下规定:"本协定不应阻止任何缔约方为维护公共秩序,履行其在维护或恢复国际和平或安全方面承担的义务,或保护其本国基本安全利益而在其管辖范围内采取必要的措施。"这个条款虽然没有使用"其认为"的表述,但使用了"必要的"的表述,该条款可被认为是自行判断条款。其次,在 1988 年,美国参议院批准了 8 个 BITs,这些协定都是依照当时的范本起草的。美国 BIT 范本(1983)的第 10 条包含着 NPM 条款。在批准过程中,参议院附加了一个谅解备忘录,其中规定"根据条约第 10 条,任何一方可以采取任何必要的措施来应对对国家安全的非正常的和特殊的威胁。"[1] 根据参议院的观点,NPM 条款给予了美国因为安全原因采取总统认为必要的任何措施的权利,无论条约中的其他条款是如何规定的。[2] 这说明当时美国的态度已经非常明确,即如果总统觉得有必要,就可以采取措施。最后,在美国 BIT 范本(1992)中,美国也表明了态度:"一方的根本安全利益包括战时采取的行动及与根本安全利益有直接关系的行动。这种例外是否可用根据各方的自由裁量。"可见,无论是美国—阿根廷 BIT(1991)签订之前还是之后,美国一直以来对待 NPM 条款的态度就是赋予其自行判断的特性。在阿根廷涉及的投资争端中,美国投资者认为该条款具有非自行判断性质的抗辩缺乏合理性,仲裁庭不应该采纳。

当然,除了美国一直以来的缔约实践外,面对没有在条约中明确的情况,仲裁庭还需要仔细地对条约的文本、背景、条件进行分析,以判断条款背后隐藏的当事方的意图。几个仲裁庭仅根据美国—阿根廷 BIT(1991)文本和与其他法律文件相比较而得出的结论是有瑕疵的。

但是,自行判断是否会使一个国家被赋予无限制的权利来逃避履行其国际法义务?[3] 答案是否定的。自行判断型的 NPM 条款只

---

[1] S. EXEC. REP. No. 32,100th Cong.,2d Sess.,Para. 9 - 11(1988).

[2] S. EXEC. REP. No. 32,100th Cong.,2d Sess.,Para. 8(1988).

[3] GATT 专家组曾提出这样的疑问:如果接受 GATT 将第 21 条的解释权完全保留给援引该条的缔约方,缔约方怎么能确保这个对 GATT 所有义务的一般例外不被过分援引或者不是为了非该条阐明的目的援引该条? See Dispute Settlement Reports Within the Framework of GATT 1947,World Trade Organization,https://www.wto.org/english/tratop_e/dispu_e/gt47ds_e.htm.

是给了缔约方更大的自由裁量权,而不是完全排除仲裁庭的审查。缔约方只是拥有了一个较宽松的环境来决定一些政策措施是否必要。按照《维也纳条约法公约》第26条的要求,一般只需要向仲裁庭证明其主观上为善意即可。[1] UNCTAD认为,当国际投资条约缔约方援引国际投资条约中的自行判断国家安全例外并以此限制外国投资时,这一条款并未完全排除缔约方的国际责任。善意要求是给予仲裁庭衡量措施合法性的一个尺度。这使仲裁庭能区分正当的国家安全关切与伪装的保护主义。UNCTAD甚至指出,根据善意原则,缔约方要证明自己根据NPM条款采取的保护具有战略意义产业的措施的正当性也许是更困难的。[2] 反之,非自行判断也不应该自动转变为支持仲裁庭全面审查,从而完全替代了当初缔约方对于它们可能在特定情况下采取的措施的估计。善意方式的审查应使仲裁庭处于监督者的位置,同时又不剥夺东道国政府以其认为适当的措施应对危机的自由裁量权。

当然,最为理想的方式是在BITs中明确规定自行判断的NPM条款,使东道国获得更大的自由空间来排除特殊情况下国家行为的违法性。例如,美国在美国BIT范本(2004)和美国BIT范本(2012)中增加了"it considers"的表述,限制国际投资仲裁庭对重大安全利益的自由裁量权。

虽然在经济危机的情形下是否可以适用NPM条款和是否具有自我判断的属性这两个问题上仲裁庭的意见一致,但在几个重要的

---

[1] 《维也纳条约法公约》第26条规定:"凡有效之条约对其各当事方有拘束力,必须由各该国善意履行。"

[2] See United Nations Conference on Trade and Development, *The Protection of National Security in IIAs*, *UNCTAD Series on International Investment Policies for Development*, UNCTAD, (Sept. 4, 2020), https://unctad.org/system/files/official-document/diaeia20085_en.pdf.

问题上几个裁决却表达了不同意见,得出了相互冲突的结论。这表明在国际投资法领域,东道国采取针对紧急情况的应对措施的权利仍然要受制于仲裁庭实质性的司法审查。这样做将妨碍东道国采取必要的危机应对措施。而东道国政府常常会面临一些意想不到的威胁和危难,如果要其承担因实施必要措施给投资者造成的所有损害责任,将使东道国无法通过恰当的途径应对危机。因为担心引发严重的国际责任,东道国可能不能实施正当的主权权利。[1]

(二)仲裁庭得出不同结论的问题

1. 阿根廷的情况是否严重到可以援引 NPM 条款

虽然仲裁庭认可在发生严重的经济危机时可以适用美国—阿根廷 BIT(1991)中的 NPM 条款,但是仲裁庭在评定阿根廷经济危机严重程度时产生了不同意见,多数仲裁庭认为阿根廷的经济危机并没有达到足够严重以至于可以援引 NPM 条款的程度。CMS 案的仲裁庭认为:"阿根廷经济危机是很严重,但是并没有导致完全的经济和社会的崩溃。"[2]仲裁庭认为危及国家存在的经济危机才能够满足美国—阿根廷 BIT(1991)第 11 条的条件,而其认为没有这种情况存在。安然案的仲裁庭认为阿根廷的危机很严重,但是其也认为有关"危及国家存在和独立的情形并没有说服力"[3]。

相反,LG&E 案仲裁庭认为经济危机已经严重到足以使阿根廷政府和国家崩溃,同时指出:"从 2001 年至 2003 年,阿根廷处在一个危险时期,这个时期内阿根廷可以采取措施维护公共秩序及保护其

---

〔1〕 参见梁丹妮:《论双边投资条约中的不排除措施条款——以 ICSID 专门委员会撤销 Sempra 案与 Enron 案裁决为视角》,载《西北大学学报(哲学社会科学版)》2011 年第 5 期。

〔2〕 CMS 案,裁决书第 355 段。

〔3〕 安然案,裁决书第 306 段。

必要的安全利益。"[1]

LG&E 案仲裁庭分析了主要的经济指标并得出结论:所有的破坏性的条件——经济的、政治的和社会的——集中在一起,使条约第 11 条规定的因为保持秩序和控制国内动乱而援引例外条款得以适用。仲裁庭发现"极度严重的经济、政治和社会危机在 2001 年 12 月达到顶峰,这可能会导致政府和阿根廷国家的整个崩溃"。

2. 阿根廷的措施是否是其唯一可以采取的措施

虽然几个仲裁庭对于美国—阿根廷 BIT(1991)中的 NPM 条款是不得自行判断的这一问题达成了共识,但是 CMS 案、安然案和桑普拉能源公司案仲裁庭对于"联系"要求适用了一个更严厉的标准,引进了国际惯例,要求阿根廷证实该国政府采取的行动是其唯一可以采取的方法。各个仲裁庭都考虑到《草案》的第 25 条第 1 款,根据该条文,只有在国家采取的行动是"该国保护基本利益,对抗某项严重迫切危险的唯一办法"时可以援引紧急情况进行抗辩。[2] 在 ILC 条款的评论中也有类似的观点:"如果有其他(合法的)方法可用,即使该方法更昂贵或是不便,请求也要被排除。"[3]

CMS 案、安然案和桑普拉能源公司案仲裁庭对此作出了狭义解释,认为因为有其他的方法可以使用,紧急情况的抗辩在法律上不可用。例如 CMS 案的仲裁庭认为,ILC"如果有其他(合法的)方法可用,即使该方法更昂贵或是不便,请求也要被排除"。的评论在促使仲裁庭得出"阿根廷政府采取的措施不是其可以采用的唯一方法"这一结论时是具有说服力的,因而认定阿根廷采取的措施不是唯一可

[1] LG&E 案,裁决书第 231 段。
[2] ILC《草案》第 25 条第 1 款。
[3] ILC Commentaries,第 25 条第 16 段。

以采取的措施。[1] 同样地,安然案的仲裁庭认为:"依对付经济危机的世界上其他可比的经验看来,通常有许多方法来纠正这种危急的事件,很难说在其中没有阿根廷可用的例子",因此也认定阿根廷还有其他方法可选。桑普拉能源公司案仲裁庭使用了与安然案仲裁庭同样的措辞。[2]

但是 CMS 案、安然案和桑普拉能源公司案仲裁庭均没有指出阿根廷可以使用的其他措施。仲裁庭仅指出,"用仲裁庭的观点代替一国政府的选择不是仲裁庭的责任。相反仲裁庭有义务决定该选择是不是唯一可用的方法"。[3] 桑普拉能源公司案仲裁庭排除了所有 NPM 条款可以作出的政策回应,只是简单地得出结论说应对经济危机可以有不止一种方法。[4] 几个仲裁庭只是坚称如果有其他政策选择——不论其是否有效——就不能引用紧急情况作为抗辩。仲裁庭并没有对阿根廷可以采取的其他措施提出建议,也没有考察其他措施的可行性,就得出结论认为阿根廷还有其他措施可选,阿根廷采取的措施不是其唯一选择。

与此相反,LG&E 案仲裁庭对阿根廷的政策选择给予了足够的尊重,它意识到一个特设仲裁庭并不适合对一国政府的政策作出自己的猜测。仲裁庭认为:"在这种情况下,一个恢复经济的一揽子计划是应对危机的唯一方法。虽然有很多方法来草拟经济恢复计划,但在仲裁庭面前的证据显示一个全面(across-the-board)反应是必需的,公用事业的收费(tariff)也是应该强调的。"[5]

---

〔1〕 CMS 案,裁决书第 324 段。

〔2〕 安然案,裁决书第 308 段;桑普拉能源公司案,裁决书第 350 段。

〔3〕 CMS 案,裁决书第 323 段,安然案,裁决书第 309 段。

〔4〕 桑普拉能源公司案,裁决书第 350 ~ 351 段。

〔5〕 LG&E 案,裁决书第 257 段。

仲裁庭没有询问是否能使用其他略微不同的恢复经济的"一揽子"计划,而仅仅决定一些全面的恢复计划是必要的。这个结论体现了仲裁庭对阿根廷政府制定的特定政策的尊重,认为该政策在当时的情况下是最合适的,同时认为其援引紧急情况作为抗辩符合要求。这是一个更合理的结论,因为虽然可能有其他更少损害投资者利益、明确可得而且更少进行限制的政策选择存在,但这个结论意味着危机的存在使阿根廷的措施都具有了合法性。然而这种选择没有明确是否在应对危机时紧急情况的抗辩就可以适用。仲裁庭实质上将阿根廷援引NPM条款的审查标准降低,从实质审查变为类似于善意审查的审查,让阿根廷有根据自己的判断作出最合适的回应的机会。

仲裁庭面对的关键问题是怎样解释没有其他方法可用这个要求。达不到这个要求是否会使紧急情况的请求无效。其核心问题是在多大程度上给予阿根廷政府对其政策选择的决定权,政府应该选择最好的还是唯一的应对危机的方法。

依照多数仲裁庭的解释,当一个国家面临一系列政策选择的时候,不论其选择哪一个政策,都不是应对危机唯一的选择。其结论否定了政府政策上的机动性,也未能认识到有些政策性的应对方法可以或多或少地应对危机。

3. 阿根廷是否促成了紧急情况

根据国际惯例,如果一国促成了危机,则不得援引紧急情况的理由来免除国家责任。ICSID的几个仲裁庭都考虑到,究竟一个国家对危机达到了何种促成的程度会使紧急情况的抗辩不能适用。根据ILC的评论,对紧急情况的促成必须足够重大而不是偶然的。[1] 在CMS案、安然案和桑普拉能源公司案中,几个仲裁庭都认为阿根廷

---

〔1〕 ILC Commentaries,第25条第20段。

对经济危机有促成作用,包括长久的一系列的经济计划,这些足以使紧急情况的抗辩无效。

CMS 案的仲裁庭认为:“危机并不是特定的政府造成的,其发源于20 世纪 80 年代,发展于 90 年代,在 2001 年 12 月及之后达到顶峰。仲裁庭认为,政府的政策及其弱点实质上促成了危机,当然,外部原因也激起了更多的困难。”[1]同样地,安然案仲裁庭认为:“虽然当事方均声称促成危机是源自内在或外在的原因,但是事实在某种程度上,是介于两种原因之间……这意味着在某种程度上该国对紧急情况有实质上的促成,因此不能认为这种情况完全应由外在原因负责。这不是某一届政府造成的,这是十年经济恶化的综合效果,只是该国情况的整体反应罢了。”[2]这 2 个仲裁庭认为紧急情况的抗辩理由没有得到满足。[3]

LG&E 案仲裁庭在确定促成紧急情况的程度这一问题上同样得出了不同的结论,认为即使阿根廷促成了潜在的经济危机,该促成既不是重大的也不是故意的。仲裁庭认为:“首先,原告未能证明阿根廷使国家面临严重的危机;其次,阿根廷政府的态度显示其使用了所有的方法来削弱危机的严重性。”[4]因此该案仲裁庭接受了阿根廷援引紧急情况的抗辩。

绝大多数的仲裁庭采用的方法是存在问题的,因为这几个仲裁庭毫无例外地认为,至少在某种间接的方式上阿根廷促成了其面临的危机,而且在每一种情况下阿根廷有不止一种可能的政策应对。如果今后的案例遵循这种法理,一个国家在面对任何危机,例如无

[1] CMS 案,裁决书第 329 段。
[2] 安然案,裁决书第 312 段。
[3] CMS 案,裁决书第 331 段;安然案,裁决书第 313 段。
[4] LG&E 案,裁决书第 256 段。

法预见的自然灾害时，撇开其技术上的困难，至少在法律上不可能成功援引紧急情况进行抗辩。因为不管一国选择哪一种政策来应对危机，该政策都不是“唯一”可选的措施，因此要承担法律上的责任。

LG&E 案实行不同的解释原则，仲裁庭建议：“如果裁决该条款是自行判断的，那么阿根廷的行为就要受到善意原则的审查，这和实质审查并没有本质上的不同。”[1] 实际上，LG&E 案仲裁庭将对阿根廷援引美国—阿根廷 BIT 第 11 条的审查标准降低到接近善意审查，同时向阿根廷提供判断其行为是否适合于应对经济危机的权利。例如，仲裁庭发现，阿根廷在 2001 年发生的情况要求立刻和果断的行动来恢复国内秩序，制止经济衰退。美国—阿根廷 BIT 第 11 条提到了一个国家没有其他选择只能采取行动的情况。一个国家在维持公共秩序或保护其根本的安全利益时可能有若干种反应。仲裁庭认为，一个国家对于应对危机时应该采取什么政策措施比 ICSID 仲裁庭更有发言权。[2]

4. 是否达到援引国际惯例的标准

在判断阿根廷发生的经济危机是否足够严重到可以引用国际惯例的紧急情况标准的问题上，4 个案件的仲裁庭也产生了分歧。CMS 案、安然案和桑普拉能源公司案仲裁庭都对紧急情况作出了狭义的解释，使阿根廷无法运用该原则进行抗辩。这 3 个仲裁庭认为阿根廷经历的经济危机是一个内部事务，没有严重到威胁阿根廷的国家利益以至于可以援引紧急情况。CMS 案仲裁庭提出：“仲裁庭相信危机确实严重……但是，在这种情况下并不能排除该事件的违

〔1〕 LG&E 案，裁决书第 214 段。
〔2〕 LG&E 案，裁决书第 238 ~239 段。

法性。很多情况下国际事务和国际法中的案件不是黑或白的问题，而是一个灰色地带。因此促成危机的合理的效果不允许排除违法性。”[1]同样地，虽然承认阿根廷面临严重的经济危机，但安然案仲裁庭认为，“为了将其描述成国家的根本利益，而认为这种情况危及国家的存在及其独立性不具有说服力”。[2]

与此不同，LG&E 案仲裁庭认为阿根廷发生的经济危机足以危及其根本利益，因此同意援引紧急情况抗辩，仲裁庭认为：“有证据表明，经济的、金融的或那些使得国家受严重危及其内部和外部形势危险的因素，也被看作根本利益。”[3]

在紧急情况抗辩的可适用性问题上，各个仲裁庭适用的法理之间有着显著的区别。CMS 案、安然案和桑普拉能源公司案仲裁庭有意限制了紧急情况抗辩的可适用性，裁定阿根廷不得援引紧急情况进行抗辩。LG&E 案仲裁庭认为紧急情况可以在阿根廷经济危机的案例中适用。

5. NPM 条款和国际惯例谁更优先

在 NPM 条款和国际惯例这两个依据的使用问题上各个仲裁庭得出了不同的结论。CMS 案、安然案和桑普拉能源公司案的仲裁庭把国际惯例作为判断的主要依据，只在理解国际惯例的紧急情况的抗辩要求时加入条约中的 NPM 条款。[4] 虽然仲裁庭也分析了 BIT 第 11 条，但是很明显仲裁庭将《草案》的第 25 条作为法律的主要来源。安然案仲裁庭认为：“因为没有特别的对 NPM 条款解释的指引，

---

〔1〕 CMS 案，裁决书第 320 段。
〔2〕 安然案，裁决书第 306 段。
〔3〕 LG&E 案，裁决书第 251 段。
〔4〕 CMS 案，裁决书第 357 段；桑普拉能源公司案，裁决书第 376 段。

有必要依赖国际惯例对紧急情况的要求。"[1] 同样地,CMS 案仲裁庭在分析美国—阿根廷 BIT(1991)第 11 条时参考了 ILC《草案》第 25 条。[2] 而且,CMS 案、安然案和桑普拉能源公司案的仲裁庭认为 NPM 条款只是一个对已经存在的国际惯例的文本上的简单重述,该条款并没有独立的法律影响力。这种观点导致仲裁庭在考察国际惯例并认定阿根廷不能引用紧急情况进行抗辩之后认为没有必要再考虑 BIT 中的 NPM 条款,不会以此为依据判断阿根廷的行为能否得以免责。

与此不同,LG&E 案仲裁庭将 NPM 条款作为判断的主要依据,国际惯例中的紧急情况作为 BIT 中的 NPM 条款的补充。仲裁庭认为,国际惯例只在根据 BIT 第 11 条得出的结论的基础上得以介入。仲裁庭适用 BIT 中的 NPM 条款作为分析的基础,在适用 NPM 条款时并没有强迫其满足国际惯例的要求。虽然仲裁庭认为本案引发了美国—阿根廷 BIT 第 11 条提供的保护,但满足国际惯例中的紧急情况的标准(ILC《草案》第 25 条)支持了仲裁庭的结论。对于该案仲裁庭来说,美国—阿根廷 BIT(1991)中的 NPM 条款应该是一个单独的风险分配机制,是美国和阿根廷明确议价的结果,该条款提供了比国际惯例对投资者提供的更多的保护。[3]

几个仲裁庭对 NPM 条款和国际惯例的关系的分析反映了它们对 NPM 条款的不同理解。无论是从法律还是政策的角度讲,LG&E 案仲裁庭的结论都更恰当,其余几个仲裁庭都没有区分条约和习惯。NPM 条款的目的就是保证国家在面对特殊情况时有一定的自由度

---

〔1〕 安然案,裁决书第 333 段。

〔2〕 CMS 案,裁决书第 353、358 段。CMS 案的仲裁庭是独立分析该 BIT 第 11 条的,但是在对该条款进行分析时引用了国际惯例。

〔3〕 LG&E 案,裁决书第 245 段。

来采取行动,因此 LG&E 案仲裁庭的结论显然更能反映 NPM 条款在协商时双方的议价情况。如果 NPM 条款不能阻止东道国承担责任,那么这样的条款也就没有存在的必要。

首先,从法理上讲,NPM 条款是两国之间特别商定的,只适用于这两个国家。NPM 条款在表述和适用的范围上可能有很大的不同,这完全取决于两国之间的协商,是在这两国之间形成的特别规定。而国际惯例是一致的,广泛地适用于所有的国家,因而构成一般法。特别法优于一般法原则被广泛地接受,所以国际条约中包含的条款应该优先于一般性的条款(如国际惯例)而得到适用。[1]

其次,这不是一个形式上谁更优先的问题,而是各国在签订国际条约时的政策考虑。国际惯例从定义上讲是一种经过很长时间形成的、为社会绝大多数人所认可的并上升为法律,具有约束力的规则,只提供最低限度的保护,起到的效果是在实际违反条约义务后免除国家责任。这种规则与 BITs 规则有本质的不同。BITs 从一开始就只规范很狭窄的范围,并持续相对较短的时间。BITs 是两个主体签订的,只对某些事项和某些区域有效,适用于特定种类的主体——投资者,对他们提供有限事项的保护——对投资提供保护。正因为 BITs 的这一特性,一个主权国家更愿意用一个与国际惯例规则完全不同的方法来规范安全例外问题,否则就没有必要在 BITs 中加入 NPM 条款。BITs 永远不可能成为国际惯例,否则就不需要不同国家之间反复针对类似事项进行谈判了。[2] 事实上,仲裁庭以紧急情况的国际惯例原则的标准来衡量阿根廷是否可以免责,违背了美国和

---

〔1〕 See Domenico Di Pieto, *State of Necessity in Investment Arbitration*, The European & Middle Eastern Arbitration Review(2008).

〔2〕 See M. Sornarajah, *International Law on Foreign Investment*, 2nd edition, Cambridge University Press, 2004, p. 206.

阿根廷的真实意图。如同该BIT起草的历史指出的，美国和阿根廷在BIT中明确地包含NPM条款，是因为它们寻求在遇到特殊情况时比通常在国际惯例中所能提供的更多的政策灵活性上的保护。[1]在该BIT签订过程中，两国正是通过加入NPM条款来平衡投资者保护和东道国政策自由之间的利益的。在给投资者提供比国际惯例更多的保护时，作为交换，各国也会在其中加入NPM条款，以便必要时适用NPM条款而不是国际惯例来保证自己采取行动的自由。因为NPM条款可以事先开列清单，向东道国提供更大的政策空间。而与此相对应，东道国会在条约中的其他方面提供更优惠的措施来抵消NPM条款可能对投资者造成的损害。因此从这个角度讲，国际惯例不可能成为一个详尽的条约例外的等价代换品。[2]

由于在上述案件中仲裁庭超越了双方在BIT中规定NPM条款的目的，排除了美国和阿根廷在特殊情况下寻求保护自己的政策选择，提供给投资者多于当初两国想提供给他们的保护。该结果对于两个当事方是一个直接的挑战，会冷却各国签订新的BITs以及诉至ICSID的热情。

最后，仲裁庭的裁决还违背了条约有效性原则（*ut res magis valeat quam pereat*）。将NPM条款看作对国际惯例中的紧急情况的抗辩的简单重复将使该BIT条款变得毫无意义。因为这样做会导致即使不考虑NPM条款，只单独适用国际惯例中的紧急情况的抗辩就

---

〔1〕 美国BIT和NPM条款的起草历史，参见Burke-White & von Staden, *Investment Protection in Extraordinary Times: The Interpretation and Application of Non-Precluded Measures Provisions in Bilateral Investment Treaties*, Virginia Journal of International Law, Vol. 48:2, p. 239(2008)。

〔2〕 See UNCTAD, *The Protection of National Security in IIAs, UNCTAD Series on International Investment Policies for Development*, United Nations New York and Geneva, 2009.

可以解决问题。为满足条约有效性原则,NPM 条款必须作为截然不同的条约规则来理解,其独立于国际惯例的紧急情况,是一种单独的排除国家责任的理由。就像世界贸易组织上诉机构在美国汽油案中指出的:《维也纳条约法公约》中的一般解释原则认为解释必须给予条约的所有条款以意义和效果。不能自由采纳一个会导致整个条款或是段落多余或无效的理解。[1] 认为 NPM 条款只是对国际惯例中的紧急情况的简单重复会使前者变得没有意义,因为如果是这样,那意味着可以不必在 BITs 中规定 NPM 条款,直接适用国际惯例即可。将这种理论推而广之,BITs 体系的存在都无必要了。因此,为了满足条约有效性原则,必须将 NPM 条款理解为独立的条款。NPM 条款和国际惯例应该单独地理解和独立地适用。

6. 赔偿问题

CMS 案仲裁庭认为阿根廷的情况既没有满足国际惯例的紧急情况的要求,也没有满足 NPM 条款的条件,因此认为这两个条款都不能作为该国援引用以免除赔偿的依据。仲裁庭认为:"紧急情况的理由可以排除行为的违法性,但是不排除对利益受损者赔偿的责任。"因此,"在双方没有协议的情况下,仲裁庭的职责就是确定应该赔偿的数额"[2]。

相反,LG&E 案仲裁庭的意见是,美国—阿根廷 BIT(1991)第 11 条证实紧急情况是排除违法性的基础,因此,阿根廷被免除了责任。仲裁庭同时认为,责任仅在紧急情况下免除,一旦这种情况不复存在,则不能免除国际责任。[3] 结果是,仲裁庭认定阿根廷不需要对

[1] United States—Standards for Reformulated and Conventional Gasoline 案上诉机构报告,WT/DS2/AB/R (Apr. 29,1996)。

[2] CMS 案,裁决书第 388、394 段。

[3] LG&E 案,裁决书第 261、266 段。

经济危机期间发生的损害负责,但之前和之后的违反条约的行为都要估计其损害。[1]

有学者认为,ILC《草案》没有明确提及是否应该给予受害者赔偿,虽然根据美国—阿根廷 BIT(1991)第 11 条,可以允许缔约一方在紧急情况下不履行 BIT 下的相关义务,但是并不免除该方采取的行动产生的法律后果,即赔偿责任。而且,如果无须赔偿,会纵容行为方擅用此条款。[2]

然而,笔者认为,在国际法环境下,无论是要援引 NPM 条款还是国际惯例中的紧急情况进行抗辩,都要符合严格的标准,否则就会有东道国动辄使用免责条款的情况发生。然而,这两个条款从本质上都应该是用以免除行为违法性的条款,一旦东道国行为的违法性被免除,那么国际法律责任也自然被免除了。根据美国—阿根廷 BIT(1991)的措辞("本条约不排除……"),这是一个免除条约义务的条款。而 ILC《草案》第 25 条第 1 款中提到了"解除不遵守该国事项的行为的不法性"也意味着东道国的行为如果没有违法性,也就没有法律责任,没有责任当然就没有赔偿,无论是对外国投资者还是对其母国。根据 ILC《草案》第 31 条第 1 款,赔偿只对"国际不法行为所造成的损害"提供[3]。免责条款有效地将国家行为的风险转移给投资者,因此国家不需要对其行为进行赔偿,这是东道国抗辩的动力所在,否则只免除东道国的履行义务而不是赔偿责任,东道国的抗辩将变得毫无意义。

总之,首先,由于美国—阿根廷 BIT(1991)没有明确 NPM 条款

---

〔1〕 LG&E 案,裁决书第 229、263 段。

〔2〕 参见林笑霞:《国际投资仲裁中危急情况的适用——以阿根廷所涉国际投资仲裁为例》,载陈安主编:《国际经济法学刊》第 16 卷第 3 期,北京大学出版社 2009 年版。

〔3〕 《草案》第 31 条。

自行判断的性质以及国家安全概念的缺失，仲裁庭拥有广泛的审查权。虽然部分仲裁庭认为BITs中的NPM条款的适用情形包含像阿根廷经济危机这样的情况，但是它们并不接受阿根廷对NPM条款的援引，因为它们不能肯定东道国的危机要严重到什么程度才符合条款的条件。

其次，对于阿根廷想要援引国际惯例中的紧急情况来免责的要求，部分仲裁庭对紧急情况进行了较为苛刻的解释，首先要求国家所采取的行动是该国唯一可以使用的方法，此外，由于多数仲裁庭认为阿根廷政府的行为促成了经济危机，因此认为该国政府不能将紧急情况作为抗辩理由来免除国家的国际责任。

再次，对于NPM条款和国际惯例的关系的理解，部分仲裁庭认为在认定国家安全问题时，应该以国际惯例为主，而BIT中的NPM条款只不过是对国际惯例的简单重复。这样的理解漠视缔约方通过BIT来平衡外国投资者和东道国之间权益的真实意图，使NPM条款形同虚设。

最后，部分仲裁庭认为即使排除了行为的违法性，也不能排除东道国的赔偿责任。

仲裁庭的这些结论不能得到广泛的认同，多数仲裁庭在拥有对条约的绝对解释权的同时忽视NPM条款所要体现的保护投资者与东道国行动之间的平衡的理念，强化对外国投资者单方面的保护。

尽管认为BIT对境内投资的增长有利，但许多国家仍不希望允许国际仲裁庭来审查国家的核心政策，或者要求国家对在危机情形下所采取措施给投资者造成的重大损害进行赔偿。对于寻求加入包含NPM条款的条约的国家而言，仲裁庭对NPM条款采取连贯性的解释方法，将有助于确保国家起草它们所喜欢的风险分配条款。

另外,这些案件仲裁庭结论的相互冲突也引发了争议,整个国际社会对 ICSID 裁决的正当性提出了质疑。针对这个问题,本书认为"自由判断余地"学说可以平衡国家行使权力和其承担的条约义务并解决 BIT 条款模糊不清时仲裁庭应该怎样解释条约条款的问题。为了应对这种质疑,ICSID 从其内部做了努力,CMS 案的撤销程序表现了这一努力。另外,ICSID 曾试图通过合并案件以及建立上诉机制来减少冲突裁决。下文还探讨了通过建立仲裁员责任制来解决正当性问题。

第三节 阿根廷案件引发的 ICSID 仲裁正当性危机及应对

一、几个案件引发的危机

上文提及的几个投资仲裁案件的裁决,暴露出 ICSID 仲裁庭在法理和法律推理上的正当性危机。[1]

首先,否认美国—阿根廷 BIT(1991)的自行判断的属性使得仲裁庭拥有对 NPM 条款进行实质审查的权利。由于该 BIT 没有明确的"自行判断"的表述,仲裁庭就将其作为非自行判断的 NPM 条款来对待,而无视美国一贯的姿态和条约之下缔约双方所真正想表达的意愿。对条款自行判断性质的否定,使仲裁庭拥有了过度的权利,导致裁决结果在一定程度上不够合理。

其次,有些仲裁庭不但忽视了条约中的 NPM 条款,限制紧急情

〔1〕 正当性危机的含义是指国际投资仲裁由于在解决国际投资争端方面不胜任而引发的信任危机,参见陈安主编:《国际投资法的新发展与中国双边投资条约的新实践》,复旦大学出版社 2007 年版,第 165 页。

况的抗辩,至少有3个仲裁庭的裁决忽视了投资者保护与东道国行动自主之间的基本平衡,因此限制国家对危及国家安全的情况——如经济危机——作出回应的能力。由于NPM条款和国际惯例中的紧急情况都是实质上排除东道国行为违法性,将法律成本转由投资者承担的条款,仲裁庭这种对援引的不认可或者认为达不到要求实际上强化了对投资者单方面的保护。毕竟BITs要实现的是一种利益的均衡——通过法律保护投资者,使其增加投资,同时让东道国保留其政策上的机动性。如果仲裁庭没有意识到BITs的这种特质,偏向或是扩大保护投资者,东道国将不愿意接受直接的投资者—国家的国际仲裁形式。从长远看,这会抑制国家作为当事方参加国际仲裁的欲望,并且损害ICSID体系的合法性。[1] 多数仲裁庭通过狭义解释NPM条款以及狭义理解紧急情况的方式严格地限制一国应对经济危机的自由。通过这种限制性的做法,实质上排除了东道国免于承担责任的可能性。仲裁庭不顾双方在BIT中加入NPM条款和适用紧急情况的国际惯例的明显意图,将美国—阿根廷BIT(1991)变成一个更加强大的投资者保护的工具。

再次,仲裁庭行使裁量权时,对相关问题没有写明多少推理过程,而是直接得出结论,对关键的概念也没有作出明确界定。更重要的是,仲裁庭对条约的解释方法是存在问题的,它们将国际惯例和国际条约的要求混为一谈,只因为两个文本中都有“必要的”(necessary)的表述。甚至觉得NPM条款是对国际惯例的简单重复。

最后,几个案件的仲裁庭针对事实相同的案件得出相互冲突的

---

〔1〕 See William W. Burke-White, *The Argentine Financial Crisis: State Liability under Bits and the Legitimacy of the ICSID System*, 3 University of Pennsylvania Law School Scholarship at Penn Law 199(2008).

裁决而导致的对其正当性的质疑。几个案例中阿根廷提出了同样的论据——国家为应对经济危机而采取的行动对保护国家的根本利益和维持公共秩序是必需的,因而符合 NPM 条款和紧急情况的援引条件。同样地,在每一个案例中,阿根廷提出了相似的证据以及专家证言。但是,仲裁庭在对 NPM 条款作出不同解释及对紧急情况的国际惯例标准作出不同理解的基础上,得出了不同的结论。即面对相同或相似事实、证据和辩论时各个仲裁庭进行了不同的法律解释并得出了相互冲突的结论。国际投资仲裁实践不存在先例制度,这使投资争端的结果不可预测。

这几个案件引起对条约适用的连贯性和国际投资法的解释的关注,并且从长远看,引起了整个国际社会对投资条约仲裁的正当性问题的思考。学者认为,仲裁裁决的不一致不仅损害了投资条约作为一种成熟的国际法规则所应有的严肃性,还损害了投资者对投资条约所提供保护的预期,在一定程度上使投资条约在降低或消除政治风险方面的功能减弱。[1] 它不仅使未来的仲裁庭缺乏稳健的先例指引,还会使主权国家对自己的行政、立法和司法行为是否具备国际法上的合法性缺乏准确判断。[2]

---

〔1〕 See Susan D. Franck, *The Legitimacy Crisis in Investment Treaty Arbitration: Privatizing Public International Law through Inconsistent Decisions*, 73 Ford. L. Rev. 1521(2005).

〔2〕 不一致裁决的案例还有很多,如 2016 年 ICSID 处理的伊克卡乐公司案仲裁庭就同一投资条约中的同一个条款作出了与先前的基里克案仲裁庭不一致的解释和裁定。基里克案仲裁庭裁决驳回申请人的请求,其理由是当事人依据的土耳其—土库曼斯坦 BIT 规定的争端解决条款要求当事人首先利用东道国的国内法院救济程序,这是申请人提起仲裁诉求的先决条件。而在同样由土耳其申请人根据同一个投资条约提起的伊克卡乐公司案中仲裁庭多数仲裁员作出了与基里克案不同的裁决,即申请人没有到东道国国内法院提起诉讼并不能阻止其直接提起仲裁诉求。参见黄世席:《欧盟国际投资仲裁法庭制度的缘起与因应》,载《法商研究》2016 年第 4 期。再如本书前面提到的最惠国待遇条款是否适用于程序性条款的问题,仲裁庭也可能得出相互冲突的结论。

二、引入“自由判断余地”概念平衡投资者利益与国家利益

虽然对投资者—国家间仲裁和ICSID裁决的正当性和可持续性的争论由来已久,但是阿根廷的相关案件对整个体系提出了新的挑战。仲裁庭的方法破坏了东道国一方应对国家特殊情况的灵活性,破坏了投资者保护和国家行动的自由之间在签订BITs时达成的平衡。一方面,BITs的规定使各个东道国对ICSID处于一种完全开放的状态,但另一方面,仲裁庭迄今未能按照《维也纳条约法公约》的要求对NPM条款进行严密解释,只是得出简单的结论,从而威胁到整个投资仲裁裁决的正当性。[1] 同样地,狭义解释紧急情况使其在法律上变得无效。仲裁庭进一步削弱了国家唯一可以用来避免自己在应对严重的危机而损害到投资者时承担违法责任的能力。投资者—国家间仲裁体系正面临真正的信任危机。如果国家不相信国际仲裁庭能尊重它们的权利,对整个体制不认同,可能导致该体制走向消亡。在这种情况发生以前,对投资者—国家间仲裁体制的结构、目的和法理的重新思考是迫切需要的。

根据前文所述,国际条约中规定的NPM条款无论是不是由东道国自行判断,在实践中其实并没有太大的区别,最终都要由仲裁庭来判断。其中的区别只在自行判断的NPM条款给予东道国的政策范围相对较宽,仲裁庭只对其进行善意审查。只是相对而言,这种审查方式给予了东道国一定的自行处置本国特殊情况的权利。

其实,对于何种情况属于国家根本安全,东道国应该比仲裁庭更有发言权。国际仲裁庭对诸如国家根本安全之类的政策性概念远没

---

〔1〕 CMS案,撤销裁决第96~100段。

有解释法律概念那么得心应手,而且放任仲裁庭对自己完全不能理解或认同的法律文化背景之下的政府作出的政策决定进行判断显然也不合适。BITs毕竟是国家之间的条约,对其所作的解释更应该体现两个当事国缔约时的愿望。对NPM条款的解释确认了两国通过条约愿意给予个人的权利的本质及其范围。因此,应该把决定国家处于特殊时期时应该采取何种政策措施的权力交给东道国政府。

因此,有学者提出采用自由判断余地概念(也被称为剩余裁量权)。[1] 自由判断余地原则(The margin of appreciation doctrine)来自ECHR,是平衡国家行使管理权力的自由与其承担的条约义务的一个理论。根据ECHR第一议定书第1条的规定,除为公共利益外不得剥夺个人的财产。[2] 在解释这个条款时,ECHR认为,应该在社会对一般利益的要求和对个人的基本权利的保障要求之间有一个平衡,如果要求个人承担不合理的负担的话平衡就不存在了。[3] 然而,对于自由判断余地的确切含义,欧洲人权法院从来未进行界定,学者们也都认为无法精确地加以定义。有学者尝试对此作出界定,认为:自由判断余地可以被理解为在公约的语境之内,欧洲人权法院允许缔约方享有的、在一定范围内采取措施界定和限制某些权利的自由。[4] 该概念强调一种缔约方的自由判断余地与法院监督权的伴行,最早是由欧洲人权委员会在1958年希腊诉英国的塞浦路斯案

[1] 参见徐崇利:《公平与公正待遇:真义之解读》,载《法商研究》2010年第3期。

[2] See B. Choudhury, *Recapturing Public Power: Is Investment Arbitration's Engagement of the Public Interest Contributing to the Democratic Deficit*, 41Vanderbil Tjournal of Transna Tional Law 775 (2008).

[3] 1982年欧洲人权法院在52号案件斯波龙诉瑞典案中作出的判决,载于《欧洲人权法院判例集》A系列第26页,Sporrong v. Sweden, 52 Eur. Ct. H. R. (ser. A) at 26 (1982)。

[4] 参见孙世彦:《欧洲人权制度中的"自由判断余地原则"述评》,载《环球法律评论》2005年第3期。

中提出来的。该委员会认为,(有关国家的)政府应该能够行使某种自由裁量的措施,以判定事态的紧急程度。

具体到ICSID国际投资仲裁实践,自由判断余地强调的是一种东道国在仲裁庭适度监督之下的自由行动余地。国际人权法重视这个问题,但是该概念却很少在投资条约仲裁中被讨论。迄今为止,只有很少几个仲裁庭在审查是否违反投资条约时明确提到"尊重"及与其关联的话题。[1]

LG&E案仲裁庭采用了该概念,在美国—阿根廷BIT(1991)没有明确NPM条款是否为自行判断的条款时给予阿根廷较大的自由度,仲裁庭只是在较低标准上对其进行了审查。该原则给了仲裁庭审查东道国在应对危机时拥有的自由行动的权利,仅仅在东道国的政策超越了条约赋予其权力的边界时要求东道国承担国际责任。

这个方法可以解决ICSID裁决正当性不足的问题。东道国和母国可以通过谈判,在相互妥协的基础上对国家安全例外问题达成一致,对于其中没有达成一致的部分,仲裁员可以接受这些相对模糊的NPM条款和有分歧的其他条款,将发展政策余地的权力交给东道国。当BIT中对于NPM条款是否可以自行判断没有规定时,为防止仲裁庭过度审查,可以引入自由判断余地,提供给东道国采取措施的自由,同时在善意原则之下进行监督,在一定程度上保证投资者一方的利益。

这个方法的好处在于可以让所有参与方有一个合理的预期。对

[1] 在根据NAFTA第11章的投资仲裁案迈尔斯案中,仲裁庭在分析第1105条时认为,当一国政府管理其本国事务时,国际法应该对一国当局表现出"高度尊重",这被至少一个学者解释为当一国政府决定其如何遵守条约义务时给予"边缘判断"。See Yuval Shany, *Toward a General Margin of Appreciation Doctrine in International Law*, 16 European Journal of International Law 907(2005).

东道国而言,有权选择一个较为主观的和较宽泛的 NPM 条款,使仲裁庭享有相对较窄的自由判断余地。对于投资者而言,这会提请投资者在投资时注意这个条款,使其事先考虑将来可能要承担的风险。这给了双方一个对冲突的利益进行预判和处理的方法。同样地,仲裁员有了对 NPM 条款的不同理解进行调和的方法,可以让东道国在仲裁庭监督范围内行事,同时保证仲裁庭不对 BIT 中规定的措施作出自己的猜测。

采用自由判断余地的方法可以从根本上解决发展中东道国对国际仲裁庭裁量余地过大的疑虑。国际仲裁庭应该给予东道国一定的判断余地,自己只保留一定程度的审查权。对于 BITs 中所有含义模糊或是有分歧的条款,这个方法都适用,包括本书涉及的 ICSID 管辖权问题涉及的条款、征收条款、公平公正待遇条款等。

三、ICSID 应对正当性质疑的努力

(一)专门委员会的努力

这些案例中仲裁庭的观点引发了对 ICSID 仲裁正当性所存在的问题的讨论。[1] 尤其是这些争议涉及国家政策的根本问题——对经济危机的应对。

在仲裁庭对 CMS 案作出裁决后,阿根廷根据《华盛顿公约》第 52 条提起了撤销的请求。[2] 2007 年专门委员会作出了令人惊讶的裁决。该裁决较为异常,因此只能将其解释为从 ICSID 体系内部对之前

[1] See William W. Burke-White, *The Argentine Financial Crisis: State Liability under Bits and the Legitimacy of the ICSID System*, 3 University of Pennsylvania Law School Scholarship at Penn Law 199(2008).

[2] CMS Gas Transmission Co. v. Argentine Republic, Annulment Proceeding Decision, ICSID Case No. ARB/01/8.

仲裁庭所作裁决的攻击。[1] 这个撤销裁决具有特殊的影响力，因为专门委员会由三位最受尊敬的国际大律师组成：作为ICJ主席的吉尔伯特·纪尧姆（Gilbert Guillaume），作为ICJ法官的纳比勒·阿拉比（Nabil Elaraby），身为剑桥大学国际法教授以及ILC《草案》的报告起草人（the Rapporteur）的詹姆斯·克劳福德（James Crawford）。[2]

根据《华盛顿公约》第52条第1款的规定，只有在几种原因下才能申请撤销裁决结果——仲裁庭组成不当；仲裁庭明显越权；仲裁庭成员有受贿行为；有严重背离基本程序规则的情况；裁决未陈述理由。《华盛顿公约》并未规定对仲裁庭裁决的复查，即使该裁决犯了最严重的错误，也不允许撤销专门委员会推翻裁决。

阿根廷向专门委员会主张说CMS案的仲裁庭未能陈述理由，其结论是建立在错误适用NPM条款[美国—阿根廷BIT（1991）第11条]的基础上，因此构成明显越权。[3] 专门委员会考虑了阿根廷的诉求，认为仲裁庭在作出CMS案的裁决时未陈述理由："最终仲裁庭怎样得出CMS可以要求阿根廷对TGN（CMS在阿根廷的子公司）承担责任的裁决是不清楚的……在这种情况下裁决中有重大的漏洞，该漏洞使得读者在这一点上根据（仲裁庭的）推理得出结论变得不可能。"[4] 该委员会撤销了仲裁庭这一部分的裁决。但是，因为裁

---

〔1〕 See William W. Burke-White, *The Argentine Financial Crisis: State Liability under Bits and the Legitimacy of the ICSID System*, 3 University of Pennsylvania Law School Scholarship at Penn Law 199(2008).

〔2〕 See William W. Burke-White, *The Argentine Financial Crisis: State Liability under Bits and the Legitimacy of the ICSID System*, 3 University of Pennsylvania Law School Scholarship at Penn Law 199(2008).

〔3〕 CMS案，撤销裁决报告第36段。

〔4〕 CMS案，撤销裁决报告第97段。

决的各个部分是相互割裂的，因此该委员会的决定对裁决的其他部分没有影响。

专门委员会强调的第二个问题是，仲裁庭未能使美国—阿根廷 BIT 的第 11 条产生效力，而且其把国际惯例中的紧急情况和 NPM 条款相结合的考虑到底涉及未能陈述理由还是构成明显越权？专门委员会认为，虽然仲裁庭的逻辑是混乱的，但是其对自己的裁决陈述了理由：根据专门委员会的观点，虽然仲裁庭对其裁决的动机还可以陈述得更清楚些，但是一个仔细的读者还是能从仲裁庭的含蓄的推理中得出结论。[1]

专门委员会之后将问题转化为未能适用第 11 条是否构成明显越权。第一，委员会注意到，BIT 第 11 条和国际惯例中的紧急情况是两个完全不同的法律标准。专门委员会认为：“这两个文本有着完全不同的操作方式和含义，仲裁庭很有必要认清它们的关系并决定它们是否同时运用到这个案件中。仲裁庭未能进行如下分析，而只是简单地假定这两者含义一致。仲裁庭这样做犯了一个法律上的错误。”[2]第二，专门委员会发现未能适用第 11 条构成了另一个法律错误：“就像 CMS 承认的那样，仲裁庭对第 11 条作出了错误的解释。实际上，其并没有审查是否达到了第 11 条规定的条件，阿根廷采取的措施在结果上——即使是善意的——是否构成违反 BIT。”[3]专门委员会批评了仲裁庭的裁决，认为“仲裁庭的这两个错误可能对裁决的生效部分产生决定性的影响”[4]。

尽管在 CMS 案的裁决中发现了明显的可能会影响最终结果的

〔1〕 CMS 案，撤销裁决报告第 127 段。
〔2〕 CMS 案，撤销裁决报告第 131～132 段。
〔3〕 CMS 案，撤销裁决报告第 135 段。
〔4〕 CMS 案，撤销裁决报告第 135 段。

法律错误,但是由于专门委员会的权力有限,其认为自己根据《华盛顿公约》第52条第1款只拥有有限的管辖权:“双方都认识到专门委员会不是一个上诉法院,其权利仅及于《华盛顿公约》第52条规定的撤销理由。”因此专门委员会认为自己没有推翻裁决的权利,不能简单地用自己的观点和自己对事实的理解代替仲裁庭的。尽管在裁决中有明显的错误和漏洞,最后的事实是仲裁庭适用了BIT第11条。尽管这种适用是隐秘的和有瑕疵的,但还是适用了。[1]

专门委员会的报告之所以不同寻常是因为专门委员会没有原因也没有必要认定CMS案的裁决在结果上是有瑕疵的。在这个案件中,专门委员会只需裁定自己只能对超越职权项目行使管辖权,只需认定本案仲裁庭没有明显越权,而不用进一步地考虑CMS案仲裁庭的法律上的结论。(另一个选择是专门委员会裁定CMS案的裁决在事实上构成明显越权,因此构成推翻裁决的理由。)但是,专门委员会对仲裁庭的裁定作出宽泛的实质性考虑,认为即使在特定的条件下裁决也不能有瑕疵,并认为这些瑕疵可能对结果起决定性的作用。

专门委员会的异常行为可以解释为阻止CMS案裁决产生先例效应。专门委员会或许已经发现类似CMS案的这种分析和裁决已经变成了ICSID仲裁裁决的绝大多数意见,因此专门委员会寻求破坏CMS案裁决作为先例的价值,防止后面的仲裁庭在针对相似问题进行分析时遵循CMS案仲裁庭的分析。[2] 另外,专门委员会公然地反对仲裁庭裁决,对CMS案仲裁庭的正当性提出质问,同时提到

---

〔1〕 CMS案,撤销裁决报告第136段。

〔2〕 See William W. Burke-White, *The Argentine Financial Crisis: State Liability under Bits and the Legitimacy of the ICSID System*, 3 University of Pennsylvania Law School Scholarship at Penn Law 199(2008).

"如果委员可以像一个上诉法院一样行事,它将重新考虑裁决"[1]。

然而专门委员会的努力究竟产生多少作用还很有疑问,因为在投资者与国家间国际仲裁中,之前的仲裁裁决对之后的裁决没有约束力,只对后面的程序有说服性的效力[2],因此仲裁庭没有义务根据先例判案。在《华盛顿公约》下,也没有遵循先例的说法。《华盛顿公约》第53条第1款排除了之前的先例约束后面ICSID发生的案件[3],因此很难说是CMS案等案件还是LG&E案等案件的法律推理和裁决会产生先例效力。专门委员会虽然作出了一种姿态,明确说明CMS案的推理是有问题的,裁决结果是错误的,但是专门委员会的决定一样没有先例效力。就在CMS案专门委员会作出裁决仅3天之后,桑普拉能源公司案仲裁庭就得出了与CMS案仲裁庭一样的结果,认为阿根廷不能援引BIT条款或国际惯例进行抗辩。[4]

另外,从ICSID的制度设计来看,其最显著的特征就是"内部性",其裁决排除任何外部审查,即使允许对裁决进行的内部审查,也是十分有限的,《华盛顿公约》第52条第1款只允许专门委员会对裁决进行撤销形式的复查。但是,这种复查不能被看作上诉复查,根据其有限复查的特点,专门委员会只关注程序问题而不关注实体问题,如果属于《华盛顿公约》规定的5种撤销的情形,专门委员会可以全部或部分撤销仲裁庭的裁决,但是这是上诉复查和撤销内部复查之间的显著区别。专门委员会缺乏上诉复查权,对CMS案的结果没有

---

[1] CMS案,撤销裁决报告第136段。

[2] 在安然案管辖权决定第25段中仲裁庭同意被告方的观点,其认为之前的ICSID裁决不构成有约束力的先例,每个案件应该根据其事实来考察,但是当当事方提起的问题实质上是相同时可以遵循之前裁决的推理。

[3] See Christoph H. Schreuer, *The ICSID Convention: A Commentary* 2001, p. 1082.

[4] 桑普拉能源公司案,裁决书第376段。

能力进行其希望的改变。专门委员会起到的作用是非常有限的,如果最终 ICSID 裁决中的法律错误未被改正,就会产生错误的裁决。

当然,专门委员会的裁决也显示了一定的效果。在其裁决作出后几周,阿根廷政府的高级官员表达了重新与美国签订条约的愿望,公开澄清美国—阿根廷 BIT(1991)中的 NPM 条款的自行判断的特性,并明确指出,要阿根廷从国家财政中支付建立在错误的法律基础上的1亿3000万美元的赔偿对其来说是一个政治上的挑战。[1] 另外,阿根廷表示可能寻求一种"从 ICSID 仲裁中的外交退出"[2],阿根廷会像玻利维亚、乌拉圭和委内瑞拉一样,重新考虑其对投资者—国家仲裁和 ICSID 体系的承诺。

阿根廷的反应刺激 ICSID 作出更加积极的回应。在桑普拉能源公司案和安然案中,专门委员会在 CMS 案撤销的基础上有了更大胆的尝试。按照通常的理解,"未适用本应适用的准据法"与"错误适用法律"是有区别的。在 ICSID 实践中,只有未适用本应适用的准据法通常被认为构成仲裁庭越权,而错误适用法律并不会导致裁决被撤销。专门委员会认为桑普拉能源公司案仲裁庭完全未适用本应适用的准据法——美国—阿根廷 BIT(1991)第 11 条,只适用了国际惯例,导致阿根廷在程序上被剥夺了援引 BIT 第 11 条 NPM 条款的权利。仲裁庭在确定和适用法律方面犯了根本性错误,且其程度已然构成明显越权,本案裁决应当被撤销。[3]

---

〔1〕 See William W. Burke-White, *The Argentine Financial Crisis: State Liability under Bits and the Legitimacy of the ICSID System*, 3 University of Pennsylvania Law School Scholarship at Penn Law 199(2008).

〔2〕 Shane Romig, *Argentina Seeks Diplomatic Exit from ICSID Suits*, Dow Jones Newswires 15 (2007).

〔3〕 桑普拉能源公司案,关于撤销的决定第 197~219 段。

2010年7月30日，安然案裁决也被专门委员会推翻。专门委员会认定，尽管紧急情况这一国际惯例与美国—阿根廷BIT(1991)第11条存在某些共性[1]，但仲裁庭对其中任何一项法律的适用都是不充分的，构成了明显越权。至少，仲裁庭未能说明裁决所依据的理由。例如紧急情况这一国际惯例是否一定要求国家应对紧急情况的措施的"唯一性"[2]，以及由于危机的成因复杂，国家自身的原因在何种程度上构成其无法免责的过错[3]，仲裁庭在驳回阿根廷紧急情况之抗辩的裁决中均未能说明理由。相反，仲裁庭仅根据某经济学家的专家意见，就裁决阿根廷的政策失误促成国内危机，以及政府措施并非唯一有效的。[4] 专门委员会认定仲裁庭的上述错误构成了撤销裁决的理由——仲裁庭未能适用本应适用的依据法。[5]

(二)指定相同的仲裁员

针对同一问题作出相互冲突的裁决对于投资仲裁实践来说已不是新问题，这引起了广泛的争论以及国际投资仲裁体系改革的建议。[6] 在面对冲突裁决问题时，ICSID体系作出了自己的调整。ICSID秘书长曾尝试重复选择阿根廷争议的仲裁庭的部分成员以避免冲突裁决。[7] 这虽然不能保证得出完全一致的裁决[8]，但是相同

---

[1] 安然案，关于撤销的决定第403、405段。

[2] 安然案，关于撤销的决定第369~372段。

[3] 安然案，关于撤销的决定第387~389段。

[4] 安然案，关于撤销的决定第384、393段。

[5] 安然案，关于撤销的决定第393段。

[6] 参见石慧：《投资条约仲裁机制的批判与重构》，法律出版社2008年版，第86~108页。

[7] See David Schneiderman, *Judicial Politics and International Investment Arbitration: Seeking an Explanation for Conflicting Outcomes*, 30 Northwestern Journal of International Law & Business 383 (2010).

[8] 例如同样涉及阿根廷案件，Albert Jan Van den Berg教授在LG&E案和安然案的裁决中"随意地和突然地改变主意，而却没有对此作出解释"。See David Schneiderman, *Judicial Politics and International Investment Arbitration: Seeking an Explanation for Conflicting Outcomes*, 30 Northwestern Journal of International Law & Business 383(2010).

的仲裁庭成员至少在相似案件的分析使用的方法上是一致的。2004年3月,桑普拉能源公司[1]和卡姆兹公司[2]同意建立一个仲裁庭来听取它们在3个月中登记的案件,虽然这些案件是根据不同的BITs提起的。[前者根据美国—阿根廷BIT(1991),后者根据比利时—阿根廷BIT,这些案件由同一个仲裁庭审理,这样做的优势在于可以避免冲突裁决,增加案件结果的可预见性和ICSID的合法性。]在CMS案、安然案和桑普拉能源公司案中,仲裁员也有重合。在这些案件中,弗朗西斯科·奥雷戈·维库纳教授都担任仲裁庭主席,马克·莱拢迪同时在桑普拉能源公司案和CMS案中担任仲裁员。因此这些案件在各个问题的法律分析上几乎完全相同并不令人意外,而仲裁员桑德拉·莫瑞丽·瑞高(Sandra Morelli Rico)代表少数派的观点,只出现在桑普拉能源公司案中而没有出现在CMS案中,他针对另外两个仲裁员的许多结论给出了一份反对意见(a dissenting opinion)[3]。

指派相同的仲裁员最大限度地降低了相似案件得出不同结果的可能性。得出统一结论的愿望促使ICSID选用重复的仲裁庭成员。但是笔者认为为防止冲突裁决而指定相同仲裁员的做法带来了新的问题,即ICSID过度依赖相同的案件中特定仲裁员的意见。由于ICSID缺乏上诉机制,特定仲裁员的重复可能使其关键裁决具有合法性并被相同的裁决结果反复强化,尤其是当仲裁庭的主席相同(仲裁庭主席的角色非常重要,他的观点会被其他仲裁员高度重视),或

---

〔1〕 桑普拉能源公司案,关于管辖权异议的决定。

〔2〕 Camuzzi International S. A. v. Argentina, ICSID Case No. ARB/03/7.

〔3〕 See William W. Burke-White, *The Argentine Financial Crisis: State Liability under Bits and the Legitimacy of the ICSID System*, 3 University of Pennsylvania Law School Scholarship at Penn Law 199(2008).

是多数仲裁员相同,对相同事实作出不同法律分析的可能性极低。他们会对基于相同法律和事实分析的案件反复作出相同的结论,即使这些结论是错误的。而这种错误结论很可能作为先例供其他仲裁庭遵循。

按照迄今为止 ICSID 处理的案件来看,对 NPM 条款和紧急情况这一国际惯例的适用采用限制的态度是多数仲裁庭的意见,很可能被其他仲裁庭作为先例引用。指定相同仲裁员防止冲突裁决的问题不应该被过度地强调,就像约翰 · 波尔森(Jan Paulsson)教授指出的那样:“我们处在投资仲裁戏剧性扩张的早期阶段,许多仲裁员都是最顶级的国际律师……没有必要敲响警钟。国际社会中学者和从业者的高度关注会带来良好的效果。好的裁决会驱逐坏的,并促成更高级的一致性的裁决。”[1]

---

〔1〕 Jan Paulsson, *International Arbitration and the Generation of Legal Norms: Treaty Arbitration and International Law*, Transnational Dispute Management, Vol. 3:5, p. 13(2006).

第七章　中国投资条约的完善及对 ICSID 仲裁的因应

中国是当前国际投资最活跃的国家之一，2019—2020 年，尽管全球经济面临 COVID－19 的重大冲击，但中国凭借其相对稳定的经济体制和市场规模，成功吸引了外资流入。之后的两年，COVID－19 中国经济复苏迅速，尤其是 2021 年外资流入显著回升，吸引外资突破了 1800 亿美元。受到 COVID－19 和局部战争的影响，全球外国直接投资面临巨大的下行压力，加上中国生产要素成本提高等原因，中国吸收外资额近几年预计不会有大幅增长，但中国巨大的经济体量和庞大的市场对外国投资者仍具有较大吸引力。根据 UNCTAD 的统计，2023 年中国的外国直接投资流入量已经达到世界第二，仅次于美国。[1] 作为外资流入大国，应做好应对外国投资者针对中国政府提起国际投资仲裁的准备。马来西亚伊佳兰公司诉中国案、安城公司诉中国案、海乐·西亚泽有限公司诉中国案、宏贸有限公司诉中国案及吴某顺诉中国案这 5 个案件开启了中国作为被申请方的国际投资仲裁，今后中国作为投资仲裁案件的被申请方可能会成为中国政府不得不面临的新常态。虽然中国政府缔结的第一代条约中对

〔1〕 参见 UNCTAD《世界投资报告 2022》，第 4 页。

国际投资仲裁采取谨慎使用的态度，仅允许将涉及征收补偿款额的问题诉诸国际仲裁，但基于国际投资法制的发展和中国经济形势的变化，中国近年签订的投资条约已经取消了这种限制，并且对国际仲裁采取积极态度。

根据 UNCTAD《世界投资报告 2024》显示，2023 年中国对外直接投资 1480 亿美元。列全球国家(地区)排名的第三位(前两位为美国和日本，分别为 4040 亿美元和 1840 美元)。[1] 由此可见，中国已经成为实际意义上的对外投资大国。中国企业和个人在海外的投资能否得到东道国的适当保护也是中国投资者和政府必须直面和重视的问题。利用投资条约中的国际仲裁机制解决争议是保护投资者权益不受东道国不法侵害的利器。

与欧美投资者相比，中国投资者迄今为止提起的投资仲裁的案件数量较少，随着企业和个人维权意识的提升和能力的提高，今后可能会更愿意使用包括国际投资仲裁等方式寻求救济，维护自身权益。中国平安人寿保险股份有限公司、中国平安保险(集团)股份有限公司诉比利时案、北京城建集团有限公司诉也门案、渣打银行(香港)有限公司诉坦桑尼亚案、闵某珍诉韩国案以及华为技术有限公司诉瑞典案等一系列案件表明，中国的个人、企业开始采用国际仲裁方式维护自身权益。

自从 1982 年与瑞典签订第一个 BIT 以来，截至 2024 年 12 月，中国一共对外签订 BITs 的有 147 个，其中生效的有 111 个(终止的有 16 个，签订但未生效的有 20 个)。TIPs 共签订了 31 个，其中生效

[1] 参见《商务部、国家统计局和国家外汇管理局联合发布〈2021 年度中国对外直接投资统计公报〉》，载商务部网 2022 年 11 月 7 日，http://m. mofcom. gov. cn/article/syxwfb/202211/20221103365310. shtml。

的有28个。[1] 数量居发展中国家之首。我国投资协定大部分签订于20世纪八九十年代或21世纪初,当时我国是以资本输入为主的发展中国家,签订投资协定时主要站在资本输入国的角度。而当前,中国已经兼具资本输入和输出大国的双重身份,多数的投资条约已经不能满足投资实践的需要。另外,之前中国签订的一些投资条约也存在语义模糊、规定不明确的情况,例如中国平安人寿保险股份有限公司、中国平安保险(集团)股份有限公司诉比利时案引发的有关征收的补偿款额争议是否同时包括征收责任判断和损害补偿金额计算的问题,由于条款含义不甚明确,导致仲裁庭作出扩大解释。又如,安城房地产有限公司诉中国案的投资仲裁实践涉及最惠国待遇条款可否适用于争议解决条款问题,虽经仲裁庭分析认为最惠国待遇条款不适用争端解决条款,但归根结底由于老一代条约对此语焉不详而带来的出现不同解释的可能性,造成了双方的争议。面对新形势,中国政府可以着手对老一代条约进行修改和完善,在签订新条约时要充分考虑中国在国际投资中的地位,找准定位,既保护我国企业、个人的投资利益,也为我国政府保留经济管理的空间。

第一节 现实问题总述

一、ICSID 投资仲裁实践中暴露的现实问题及评价

ICSID 机制产生的初衷是为外国投资者和东道国提供一个法制

〔1〕 数据来自 UNCTAD 网,https://investmentpolicy.unctad.org/international-investment-agreements/countries/42/china。

的、公平的争端解决场所。ICSID机制的出现,排除了外交保护的可能,但其本质上也是对东道国司法管辖权的挑战,是不信任东道国争端解决机制的产物。国际投资仲裁机制一旦使用,即排除了适用国内法院及其他司法救济程序。由于现有规则体系是由发达国家为代表的世界银行构建的,发展中国家普遍认为该体系对发达国家有利,偏向保护外国投资者,而不能平衡保护东道国利益。

出于本能的扩大自身管辖权的需求,在仲裁实践中,仲裁庭利用国际投资条约含义不明或规则缺失,对其作出任意解释。一些裁决结果使发展中国家面临巨额赔偿,给其经济带来极大的不利影响,也使发展中国家在行使国家管制权的时候缩手缩脚。

在管辖权的确认问题上,多数仲裁庭认为自己对案件有管辖权。在合格投资者这一重要概念的认定中,仲裁庭通常考虑与东道国签订投资协议的本国公司,只要其有外国股份,无论股份比例大小,均构成合格投资者而受仲裁庭管辖;仲裁庭不考虑该外国投资者对本国子公司的控制是否直接,均认为符合《华盛顿公约》第25条第2款第2项规定的控制标准,从而行使自身管辖权。对于什么构成合格投资,虽然有广为接受的萨里尼标准,但仲裁庭对标准的要件选择不一,多数仲裁庭仍对此作出宽泛解释,使用以财产为基础的开放式的投资定义,从而增加受《华盛顿公约》保护的资产类型。在对同意进行界定的问题上,仲裁庭同样存在扩大解释的倾向。在涉及阿根廷的案件中,对于阿根廷反对将自己没有同意过的集团仲裁争议提交ICSID仲裁时,仲裁庭认为自己可以弥补这个空白,从而对案件行使管辖权。在中国—秘鲁BIT(1994)第8条第3款规定只将涉及征收补偿款额的争议提交ICSID仲裁的情况下,仲裁庭忽略条约中的文义,也不顾争议双方的反对,认定该争议应包括"涉及征收补偿款额的争议",从而认定自己有管辖权。

有的仲裁庭认为根据《华盛顿公约》的规定,一旦选择 ICSID 仲裁就意味着排除了国内司法解决方法的适用;在是否坚持用尽当地救济之后再诉至 ICSID 仲裁的问题上,有仲裁庭认为当地救济增加了当事人的负担,对争端解决的进程造成阻碍。在岔路口条款的运用上,仲裁庭通常对该条款的启动适用严格的条件,只有在国内程序和国际仲裁处理的争议是同一的,才能启动该条款。只要两个程序解决的争议的诉因不同、当事方不同,岔路口条款就没有启动的可能,ICSID 仲裁庭仍然拥有争议的管辖权。有的仲裁庭还将"保护伞条款"扩大适用,认为违反了与投资相关的合同即违反了条约所保护的权利,这使单纯的商业权利也受到条约保护从而使 ICSID 享有管辖权。在涉及是否可以利用最惠国待遇条款适用更有利的争端解决机制(通常是国际仲裁机制)的问题上,虽然有部分 ICSID 仲裁庭对此采取否定的态度,但另一些仲裁庭则得出不同的结论,认为外国投资者可以根据该条款适用更优惠的争端解决方式,而 ICSID 仲裁就是那种更优惠的方式,最终 ICSID 获得案件管辖权。

在与管辖权相关的问题中,集团仲裁是一个新问题。在诸如阿布克莱特案这种一方当事人多达数万人的案件中,阿根廷表示自己当初的同意并没有包括集团仲裁。ICSID 仲裁庭无视阿根廷的反对及案件程序上的瑕疵,认定自己对案件拥有管辖权。

在间接征收问题上,仲裁庭常常在国家的经济管理权和间接征收的界限上产生不同意见。虽然绝大多数仲裁庭认同东道国的经济管理权,但有些仲裁庭认为即使是出于保护环境的目的或是为满足公共利益的需要而采取的措施仍然改变不了征收的本质而需要补偿。在仲裁实践中,对认定是否构成间接征收,各仲裁庭适用了不同的标准,有的采用效果标准,认为只要东道国的行为对外国投资者的财产造成了严重影响即构成征收。而且,各仲裁庭在认定因素的选择上取舍不一,也使仲裁庭难以形成一致的标准。另外一些仲裁庭考虑到了平衡保护投资者和东道国利益,采纳了兼采标准的做法。这种标准考虑了东道国措施的不利影响,但同时也考虑了东道国实施管理措施的目的,认为外国投资者应当在一定程度内承担管制措施的负面代价。虽然采纳这种标准的仲裁实践在增加,但并没有形成有约束力或指导性的先例,对间接征收的认定仍然靠仲裁庭的自由裁量。

在公平公正待遇问题上,由于各投资条约规定模糊和不统一,对其内涵和外延的界定只能依靠仲裁庭。仲裁庭在实践中倾向于对该条款作出扩大解释,适用目的解释的方法,从投资条约的序言中寻求答案。另外,仲裁庭在对公平公正待遇的界定上,考虑到了一系列构成要素,然而对于哪个或者哪些要素应该被考虑、各个构成要素的选择顺序和分析方式,各仲裁庭并没有达成一致的意见,由于仲裁庭拥有宽泛的自由裁量权,在将来的案件中仲裁庭还可能加入其他的构成要素,这都是不可预测的。

在东道国针对国家特殊情况是否可以援引 NPM 条款免除损害外国投资者利益的责任的问题上,涉及阿根廷案件的几个仲裁庭虽然认可经济危机属于安全例外的范畴,但认为 NPM 条款不属于东道国阿根廷可以自行判断的条款。仲裁庭还认为阿根廷的情况并没有严重到可以引用 NPM 条款及国际惯例,相关措施也不是其唯一可以采取的,而且阿根廷对经济危机的产生还有促成作用。对于这些问题的认定仲裁庭的说法并没有得到国际社会和阿根廷的认可。例如,仲裁庭认为应对经济危机的方法不止有一种,却没有一个仲裁庭明确指出还有什么方法。根据这些仲裁庭的逻辑,任何国家在面临任何危机时都不可能成功援引 NPM 条款,事实上排除了东道国免责的可能性。同时,由于几个案件的仲裁庭对相同背景、相似事实的案件进行不同的论证得出完全相反的结论,使 ICSID 仲裁爆发了前所未有的正当性危机。

以上问题反映出仲裁庭尽可能扩大自身管辖权的倾向,由于国际仲裁裁决对之后的裁决并无约束性效力,仲裁庭的解释方法各异,裁决显现出一种无规律和不可预测性。仲裁庭在说理时也会引用之前仲裁庭的说理和结论,但确有可能是对之前错误结论的重复。

二、国际投资条约中暴露的问题及评价

仲裁庭之所以能够行使宽泛的自由裁量权,本质上还是作为法律依据的国际投资条约自身存在问题。根据本书所述,国际投资条约存在的问题要么是因为各种条款规定不明确、含义不清晰,要么是发展中国家基于各种原因同意签订“高标准”的投资条约,将自身的经济管理权和司法管辖权“拱手让人”。具体而言,现存多数国际投资条约存在两个方面的问题。

(一)国际投资条约条款规定不明确、含义不清晰

很多国际投资条约中对具体条款,哪怕是重要待遇条款的含义界定不明确,如中国—西班牙 BIT(2005)第 3 条是投资待遇条款,其前 3 款分别规定了给予投资者的公平公正待遇、国民待遇和最惠国待遇[1],但没有对这三种待遇的具体内容作出解释。NPM 条款中,条款也没有对公共秩序或国家安全等基本概念作出界定,造成这些

---

〔1〕 数据来自 UNCTAD 网,https://investmentpolicy.unctad.org/international-investment-agreements/treaty-files/4856/download。

重要概念的确切含义和构成要件不明确，从而只能将解释条约的权利交由国际仲裁庭。投资条约中的实体义务条款也缺乏明确的内涵、外延的界定，例如现存的投资协定中几乎都有规定征收条款，但大部分投资条约却没有对什么行为构成征收，哪些是"等同于征收"的措施作出明确说明。在早期的投资条约中，这种情况非常常见。

另外，投资条约在规定一些基本概念时，并没有考虑到将来可能发生的情形，从而造成立法上的空白，只能交由仲裁庭自由裁量。例如拥有双重国籍的自然人是否为合格投资者的问题，又如东道国对 ICSID 管辖权的同意是否包括集团仲裁的问题等。通过改革条约中的实体法规则，澄清某些模糊概念，缩小投资保护的范围，减少政府在国际法上的责任和风险，可以从根源上减少许多投资争端。[1]

（二）国际投资条约的"过度放权"

美国—阿根廷 BIT（1991）第 1 条中规定，投资指由另一方国民或公司直接或间接控制的每一种投资。这个条款不但将投资的外延扩大到"每一种"，如普通股、债务、服务和投资合同，涵盖了具有经济价值的一切资产类型，还将外国投资者的控制扩大到间接投资领域，并且没有对间接控制作出明确的界定，使外国投资者可以不顾投资的遥远联系而任意地起诉东道国。

美国—阿根廷 BIT（1991）第 7 条第 2 款规定："在发生争议时，各方应该首先寻求通过磋商和谈判解决争议。如果争议未能得到友好解决，有关国民或公司可以通过作为争议一方的缔约方的法院或行政法庭；或根据任何可适用的，此前已经达成一致的争端解决程序；或有约束力的仲裁方式解决争议。"第 3 款第 1 项规定："如果有

[1] 参见刘笋：《国际投资仲裁引发的若干危机及应对之策述评》，载《法学研究》2008 年第 6 期。

关国民或公司没有根据第2款(1)或(2)项的规定通过缔约方法院或行政法庭或其他争端解决程序请求解决争议,且争议发生已历时6个月,该有关国民或公司可以选择以书面方式同意通过。"根据该规定,美国—阿根廷BIT(1991)并没有坚持用尽当地救济的原则,外国投资者只需要等待6个月,就可以直接诉至ICSID等国际仲裁机构或使用其仲裁程序。这种完全放权给国际仲裁的条款直接导致了阿根廷在大量案件中成为国际仲裁庭的被告。

西班牙—智利BIT(1991)第10条则走得更远,规定双方如果发生争议,协商不成即可直接提起国际仲裁,完全没有当地救济的限制以及等待期的要求。

由于发展中国家渴求外国投资、议价能力不对等及人才缺乏等方面的原因,在对外签订投资条约时它们往往会接受一些将来明显会不利于自己行使经济管理权的条款,或是接受一些国家轻易可以被诉至国际仲裁庭,使本国司法、行政机关丧失管辖权的条款。

三、中国投资条约条款述评

由于世界各国引进外资数量的增长,从20世纪80年代末至21世纪初,世界范围内的投资条约数量出现激增的情况。由于发展中国家笃信签订投资条约会为自己带来大量的投资,因此引发了世界范围内的投资条约数量增长大潮。尽管中国并非投资条约计划的发起者或是先行者,但肇始于20世纪70年代末的改革开放却为中国的投资条约数量的增长提供了条件,使其成为国际投资条约领域的一支重要力量。[1] 自从1982年与瑞典签订第一个BIT以来,截至

〔1〕 参见季烨:《中国双边投资条约政策与定位的实证分析》,载陈安主编:《国际经济法学刊》第16卷第3期,北京大学出版社2009年版。

2024 年年底，中国一共对外签订 BITs 的有 148 个，其中生效的有 111 个。共签订 TIPs 的有 31 个，其中生效的有 28 个。数量居发展中国家之首。[1]

从中国对外签订投资条约 40 余年的历史看，中国投资条约的发展表现出概念界定逐渐清晰、对国际仲裁的态度逐渐积极的变化。以是否全面接受国际仲裁为划分标准，中国签订投资条约的经历可以被分为两个阶段。

第一个阶段(1982—1999 年)：

从中国与瑞典签订第一个 BIT 以来，中国在多数情况下与发达国家签订 BITs，这些国家包括德国、法国、芬兰、挪威、丹麦、澳大利亚、日本、新西兰、西班牙、希腊等。另外也包括罗马尼亚这样的社会主义国家和波兰、保加利亚等转型经济体国家。

由于从 20 世纪 70 年代末开始实行的改革开放的政策以及外资导入型投资政策，中国开始逐渐接受使用国际仲裁的方式解决国际投资争端。但与许多发展中国家一样，这个阶段中国的投资条约未完全接受将争议提交国际仲裁机构，多数 BITs 将可以诉至国际仲裁机构的事项限制在一定范围之内，例如明确根据《华盛顿公约》第 25 条第 4 款，中国政府只考虑将涉及征收赔偿额的问题诉至国际仲裁庭，而其他争议都应该在本国法院解决。

第二个阶段(2000 年至今)：

为了进一步吸引外资，同时为了配合中国政府“走出去”的投资战略，2000 年后的中国投资条约逐渐全面接受了国际投资仲裁管

〔1〕 数据来自 UNCTAD 网，https://investmentpolicy.unctad.org/international-investment-agreements/countries/42/china。

辖,与此同时,这一代投资条约在一些实质条款上表现出自由化的变化[1],中国投资条约越来越多地接受国际仲裁管辖。2000 年后 BITs 及 TIPs 开始对国际仲裁全面开放[2],在第二个阶段的投资条约中,所使用的措辞通常为"关于投资的争议"或是"关于投资的任何争议"可以提交国际仲裁。

(一)序言条款

前文所论及的案例显示,条约序言在仲裁实践中并非毫无用处。ICSID 仲裁庭曾放弃对实体条款的文义解释,转而寻求目的解释的方法。当然这种做法也是符合《维也纳条约法公约》精神的,在条约条款文本含义不清时,仲裁庭可以善意地根据条约的背景、目的和作用来解释条约,序言可能对案件结果起到实质性作用。就本书的分析发现,中国投资条约条文较少,存在核心条款含义(如公平公正待遇的含义、征收的含义及认定标准)模糊和一些核心条款(如 NPM 条款及间接征收条款)未明确约定的情形,因此,投资条约序言部分的重要性更加凸显。

早期中国 BITs 序言语言表述比较简略,仅仅强调保护投资的目的,表达了一种偏向保护投资者利益的价值取向。中国—瑞典 BIT(1982)中只有一个句子:双方政府希望对缔约方一方投资者在缔约方另一方领土内的投资保持公平和平等的待遇。中国—挪威 BIT(1984)有类似的表述:在平等互利的基础上发展两国间的经济合作,鼓励缔约一方的国民和公司在缔约另一方领土内投资,并为之创造

---

〔1〕 根据 UNCTAD 的观点,投资自由化体现为几个方面的内容:(1)减轻市场扭曲程度;(2)提高投资者待遇;(3)加强对市场的监督以保障市场机制正常运转。由于 BITs 的局限性,其并不调整本国国民和外国投资者的关系,也不涉及政府对市场的行政监管,因此这里的自由化只体现为提高投资者待遇。

〔2〕 如中国—伊朗 BIT(2000)、中国—塞浦路斯 BIT(2001)。

良好的条件。之后的若干年中国投资条约的序言条款并无明显变化,中国—墨西哥 BIT(2008)中使用的是“相互鼓励、促进和保护此类投资将有助于激励投资者投资的积极性和增进两国的繁荣”这样的措辞。中国—马耳他 BIT(2009)同样只提及相互鼓励、促进和保护投资将有助于激励投资者经营的积极性和增进两国繁荣。

(二)涉及管辖权的条款

1. 争端解决条款

(1)部分接受国际仲裁

早期一些中国国际投资条约的投资者诉东道国争端解决条款显示出中国对诉诸国际仲裁的谨慎态度,规定投资者和东道国的一切争议应当寻求东道国当地救济,仅同意将有关征收补偿款额的争议提交国际仲裁。如中国—日本 BIT(1988)第 11 条第 2 款规定:有关补偿价款的争端如果自缔约一方请求协商之日起 6 个月内不能解决,应上述国民或公司的请求,争议应提交调解委员会或仲裁委员会,该委员会将参照《华盛顿公约》设立。缔约一方的国民或公司与缔约另一方之间关于其他事项的争端,经双方同意,当事人可提交仲裁。如果该国民或公司在该国家领土内诉诸行政或司法解决,则该争议不应提交仲裁。

中国—智利 BIT(1994)第 9 条规定:(1)缔约一方投资者与缔约另一方投资者之间就该协定所调整的任何投资争端,应由争议双方通过友好解决的方式尽力协助解决。(2)如争议在 6 个月内不能通过谈判解决,争议任何一方均有权将争议提交接受投资缔约方的主管法院。(3)如果涉及征收补偿金数额的争议在按本条第一款规定进行谈判后 6 个月内不能解决,可应任何一方的请求,提交 ICSID 仲裁。中国—沙特阿拉伯 BIT(1996)第 8 条第 1 款、第 2 款、中国—卡塔尔 BIT(1999)第 9 条第 1 款、第 2 款、第 3 款也有类似规定。

(2)全面接受国际仲裁

除早期签订的部分投资条约外,其余争端解决条款几乎全面接受了国际仲裁管辖,但是,根据国际仲裁和当地救济的关系,又可以分为以下几种类型。

①当地行政救济前置,之后可以诉诸国际仲裁

中国签订并生效的 BITs 中,只有少数要求双方在发生争议时先诉诸东道国行政救济,如不能解决纠纷,可在本国法院、ICSID 或其他国际仲裁机构间进行选择解决争端。如中国—哥伦比亚 BIT(2008)第 9 条、中国—土耳其 BIT(2015)第 9 条中均有规定,本国行政程序和友好协商不能解决纠纷的,可以选择本国法院、ICSID 或其他仲裁机构/仲裁规则建立的仲裁庭解决。

②直接诉诸国际仲裁

中国对外签订的生效投资条约中,绝大多数允许投资者在友好协商或是外交途径之后直接使用国际仲裁方式解决争议。从最早的中国—瑞典 BIT(1982)开始,到近年签订的国际投资条约,几乎都采取这种方式。如中国—英国 BIT(1984)第 8 条、中国—捷克 BIT(1991)第 9 条、中国—希腊 BIT(1992)第 9 条、中国—菲律宾 BIT(1992)第 9 条、中国—土库曼斯坦 BIT(1992)第 7 条、中国—斯洛文尼亚 BIT(1993)第 7 条、中国—南美 BIT(1997)第 8 条、中国—伊朗 BIT(2000)第 13 条、中国—缅甸 BIT(2001)第 8 条、中国—圭亚那 BIT(2003)第 8 条、中国—德国 BIT(2003)第 8 条、中国—韩国 BIT(2007)第 8 条、中国—马耳他 BIT(2009)第 8 条、中国—乌兹别克斯坦 BIT(2011)第 11 条、中国—坦桑尼亚 BIT(2013)第 12 条、中国—

尼加拉瓜 FTA(2023)第 18 条第 4 款等。[1] 这些投资条约对国际仲裁的使用保持完全开放的态度,没有对当地救济有任何的坚持。

③自由选择当地法院或国际仲裁庭

中国—拉脱维亚 BIT(2004)第 9 条第 2 款规定,如自争议任何一方提出协商解决之日起 6 个月内仍不能通过协商解决,应由投资者选择将争议提交争议一方缔约方有管辖权的法院或根据 1965 年 3 月 18 日在华盛顿签订的《华盛顿公约》,向 ICSID 提出仲裁伸请。如果投资者在作出判决之前已根据该缔约方的程序法从国内法院撤回其案件,则已将争议提交国内法院的投资者仍可求助于国际仲裁庭。类似的规定还出现在前文提及的中国—哥伦比亚 BIT(2008)和中国—土耳其 BIT(2015)中。在这种条款中,国内法院与国际仲裁(可能是 ICSID 仲裁,也可能是其他特设仲裁庭或根据 UNCITRAL 规则作出的仲裁)作为争议解决方式的选项,不存在哪一个更优先适用的问题。这种条款没有给外国投资者创设任何有约束力的义务,让其选择国内救济方式。

在自由选择东道国或国际仲裁这种模式下一些投资条约中包含岔路口条款,规定国内救济和国际仲裁之间只能选择其一。其中个别 BIT 还强调了国内救济的优先地位。在中国—墨西哥 BIT(2008)第 13 条第 4 款岔路口条款中提到了当地救济的优先性,该款规定,争议投资者可将诉求提交仲裁,仅当:投资者同意根据本节规定的程序进行仲裁;且投资者和企业放弃根据缔约一方法律在行政法庭或法院,或者依其他争端解决程序启动或继续与争议缔约方被指控违反第 2 章的措施有关的任何程序。中国—拉脱维亚 BIT(2004)第 9 条第 2 款也规定,一旦投资者将争议提交给有关

---

[1] 根据 UNCTAD 官网中国签订的部分生效 BITs 条款整理。

缔约方的有管辖权的法院或ICSID,选择任意一种程序即为最终程序。该条款强化了当地救济的优先适用,但是由于存在ICSID仲裁庭对岔路口条款从严界定的问题,这个条款是否会得到合理使用并不确定。

2. 投资定义条款

中国投资条约最初采用的是以“财产”为基础的开放式的投资定义,财产的外延很宽泛,一般采取非穷尽列举式,有的还将间接投资也包含在内。如中国—荷兰BIT(2001)第1条规定,(1)“投资”一词系指缔约一方投资者在缔约另一方领土内所投入的各种财产,特别是,包括但不限于:①动产、不动产以及其他财产权利如抵押权、质押权;②公司股份、债券、股票和任何其他形式的参股;③金钱请求权或其他具有经济价值的与投资有关的行为请求权;④知识产权,特别是著作权、专利权、商标权、商名、工艺流程、专有技术和商誉;⑤法律或法律允许依合同授予的商业特许权,包括勘探、耕作、提炼或开发自然资源的特许权。

中国国际投资条约实践将“间接投资”也包括到投资中,例如中国—德国BIT(2003)提到的“直接或间接投资”。该中国—德国BIT议定书(2003)还对间接投资作了解释:间接投资意味着由一个缔约方的投资者通过一家其全部或部分拥有的并在另一缔约方境内拥有住所的公司进行的投资。投资的收益和再投资的收益一样受到保护。[1] 该规定不但包含了证券等投机型投资,还将外资在东道国的再投资也纳入保护范围。其后的中国—葡萄牙BIT(2005)第1条、中国—塞舌尔BIT(2007)第1条、中国—毛里求斯FTA(2019)等规定中都包含了间接投资。

---

〔1〕 中国—德国BIT议定书(2003)第1条。

中国投资条约对投资采取广义定义模式并使用列举式的界定方式,缺陷在于列举的非穷尽性以及缺乏客观标准,有可能被外国投资者用以保护本不属于投资范围的财产,国际仲裁庭可以在任何时候将其认为属于投资的财产包括进来,从而扩大了国际投资条约的适用范围及国际仲裁庭的管辖权。

一些中国投资条约对"投资"进行客观界定做出了努力,在中国—德国 BIT 议定书(2003)中规定:"为了避免歧义,缔约双方议定第一条所指的'投资',系指为了与企业建立持续的经济关系,尤其是那些能够对企业的管理产生有效影响的投资。"这是中国在这方面做出的一个全新的突破,其意图是排除对投机行为的保护。另外,以企业为基础的投资定义,排除了证券等类型的投资,缩小了投资的范围,维护了东道国的利益。中国—土耳其 BIT(2015)第 1 条则明确排除了"非长期经济联系而购买低于 10% 的股份或投票权"[1]。这样的条款有助于防止外国投资者利用短期投机行为对国家的经济或政治体系造成不利影响,鼓励外国投资者进行长期、稳定的投资,有助于经济的可持续发展,保护国家的核心利益和安全。

3. 合格投资者

中国缔结的投资条约通常以国籍、永久居民等界定标准自然人投资者,其中多数条款采用国籍标准。最早的中国—瑞典 BIT(1982)规定个人投资者对于瑞典而言,是根据瑞典法律属于瑞典公民的任何个人,就中国而言,是指经中国政府核准进行投资的中国公民。中国—乌兹别克斯坦 BIT(2011)第 1 条规定,"国民"一词是指

---

[1] 参见《土耳其共和国政府和中华人民共和国政府关于相互促进和保护投资协定》,载 UNCTAD Investment Poilcy Hub 网 2021 年 1 月 11 日,https://investmentpolicy.unctad.org/international-investment-agreements/treaty-files/6588/download。

根据缔约任何一方可适用的法律具有其国籍的自然人。中国—加拿大 BIT(2012)第 1 条规定,就缔约方任何一方而言,“投资者”包含:根据缔约一方法律具有该缔约方公民身份或永久居民身份且不具有缔约方另一方公民身份的任何自然人。

中国投资条约对自然人投资者规定了国籍等标准,但多数未对具体概念进行解释说明,因此跟国籍相关的其他问题无法从条约中寻找到答案,只能由仲裁庭作出解释。

对于公司投资者,中国签订的投资条约一般采取三个标准来界定:一是住所,二是设立,三是控制。没有形式要求(无论是不是法人,承担有限或无限责任),也没有目的要求(无论其是否以营利为目的)。

早期的中国—瑞典 BIT(1982)没有对投资者的界定规定任何标准,其规定:投资者对于瑞典而言,是在瑞典设有办事处或在瑞典拥有主要利益的任何法人;就中国而言,是指经中国政府核准进行投资的任何公司、其他法人或中国公民。该条款没有对“法人”“公司”等核心概念作出任何解释。此后签订的 BITs 进一步对这些概念作出解释说明。如中国—挪威 BIT(1984)第 1 条中对“公司”这个重要概念进行规定,就中国而言,是指依照中国法律在中国领土内设立并有住所的经济组织。对于挪威而言,是指在挪威领土内有住所的法人和独资企业或者公司、社团,无论其合伙人、委托人是否负有限责任,也不论其活动是不是营利性的。由于这些 BITs 签订时中国 1993 年《公司法》还未生效,因此,投资条约中对何为“公司”作出了明确的说明。

以住所标准确定公司是否属于 BITs 中规定的投资者,反映了该公司与一个国家之间存在的真实联系,但是,公司的住所地没有成立地点那么容易确定。BITs 中如果将这两个标准结合,就可以更明确投资者和其东道国的真实联系。中国—墨西哥 BIT(2008)第 1 条规定:本协定内,“缔约一方投资者”一词系指在缔约另一方领土内已拥有投资的根据缔约一方可适用的法律,具有其国籍的自然人;或根据缔约一方的法律设立或组建并在该缔约一方领土内开展实质性经营活动的企业。

虽然注意到对核心概念进行定义的重要性,但一些投资条约对实践中可能引发争议的概念仍然缺乏进一步的清晰化解释,例如“控制”。中国绝大多数 BITs 都没有在条款中规定有关“控制”的条款,少数中国 BITs 规定的“控制”采用不同的表述方式。有的表述为“利益”,如中国—科威特 BIT(1985)第 1 条规定,缔约方一方的自然人或法人对在第三国领土内设立的法人享有利益,该法人在缔约方另一方进行投资的,应被承认为前述缔约方的法人;有的则表述为“实际控制”,如中国—哥伦比亚 BIT(2008)第 1 条规定,不是根据缔约方法律设立,但是为其国民或法律实体实际控制的法律实体;有的则直接表述为“控制”,如中国—乌兹别克斯坦 BIT(2011)第 1 条规定,(投资者)包括根据非缔约方法律组成但由(a)款国民或(b)款企业直接所有或控制的法律实体。然而,这些 BITs 均没有对何为控制作出明确解释,更没有涉及“间接控制”的问题。因此涉及这个问题时,只能由国际仲裁庭来进行判断,由于《华盛顿公约》也没有规定外国控制的标准,东道国对何种主体将被仲裁庭认定为合格投资者并无把握。从前文涉及的案例可以发现,ICSID 仲裁庭一般对合格投资者作出宽泛的认定,从而达到扩大自身管辖权的目的。

中国—塞舌尔 BIT(2007)对界定“间接控制”问题作出了有益的尝试,在其第 1 条第 3 款中对间接控制作出了解释:间接控制是指由拥有缔约一方国籍的自然人或者依缔约一方生效法律成立或组建且总部设在该缔约方的法人所拥有或控制的第三国公司、合伙和社团。这个解释有助于阻止对投资者定义的扩大理解,防止那些跟缔约方只有遥远关联的公司被当作合格投资者。但是,该条款仍然缺乏对“拥有或控制”内涵的明确解释,这些概念仍待明确。而且,这种对“控制”概念的解释并没有形成中国缔约的惯例,因此这些条款仍然可能成为仲裁实践中的隐患。

值得注意的是,中国—俄罗斯BIT议定书(2006)第1部分规定:除非双方另行商定,本协定不适用于中国香港特别行政区和中国澳门特别行政区。该条款明确了中央政府缔结的国际条约并不当然适用于香港特别行政区和澳门特别行政区。在该条款下,如果中国香港特别行政区和澳门特别行政区的投资者在国际仲裁中要具备中国投资者的身份,需要双方明确约定。这种做法将减少谢某深诉秘鲁政府案那样的由仲裁庭任意解释的可能性。

4. 合并仲裁条款

多个投资仲裁涉及的合同条款一致,发生争议的性质相同,这在涉及阿根廷的一些案件中引发了集团仲裁的问题。然而由于缺乏明确的法律依据,对于案件是否可以合并处理,仲裁实务中的争议各方和仲裁庭存在不同的意见。赞成一方认为如果独立地开启不同的仲裁程序,会造成仲裁资源的极大浪费,增加当事方的负担,还可能产生相互冲突的裁决结果。反对一方则认为在缺乏条约条款明确规定的情况下,将案件合并处理违背了其中一方的意愿,也会产生一些程序上的瑕疵。因此在投资条约中明确规定合并仲裁条款对这一问题的解决将产生重要的意义。

中国缔约实践中,无论是第一阶段签订的投资条约还是后签订的投资条约多数没有规定合并仲裁条款,除中国—加拿大 BIT(2012)外,即使如中国—马耳他 BIT(2009)、中国—乌兹别克斯坦 BIT(2011)、中国—刚果(布)BIT(2000)、中国—坦桑尼亚 BIT(2013)和中国—土耳其 BIT(2015)都没有合并仲裁条款。

(三)投资待遇条款

1. 最惠国待遇条款

自从中国与瑞典签订第一个 BIT 以来,最惠国待遇条款出现在大多数的中国 BITs 中。这些条款赋予外国投资者不低于任何第三国投资者的待遇,最惠国待遇条款有时作为一个独立条款出现。中国—瑞典 BIT(1982)第 2 条第 2 款规定,缔约一方投资者在缔约另一方境内的投资所享受的待遇,不应低于第三国投资者投资所享受的待遇。中国—挪威 BIT(1984)第 4 条第 2 款规定,一个缔约方的国民或公司,在另一缔约方领土内之投资因战争、其他武装冲突、国家紧急情况或其他类似事件而遭受损失的,受到缔约另一方所采取的有关措施的,应享受不低于任何第三国国民或公司的待遇。中国—澳大利亚 BIT(1988)、中国—巴布亚新几内亚 BIT(1991)、中国—阿曼 BIT(1995)、中国—毛里求斯 BIT(1996)、中国—缅甸 BIT(2001)、中国—韩国 BIT(2007)、中国—俄罗斯 BIT(2006)等都有类似的条款规定。

有的投资条约没有将最惠国待遇设置成独立条款,而是放在公平公正待遇条款之下,如中国—卡塔尔 BIT(1999)第 3 条第 2 款:本条第 1 款所述的待遇和保护不应低于其给予第三国投资者的投资和与投资有关的活动的待遇和保护。(缔约一方投资者的投资和与投资有关的活动应被给予公平公正待遇,并在缔约另一方领土内享有保护)同年签订的中国—巴林 BIT(1999)也是这样规定的。

另外一些条款则将最惠国待遇与国民待遇并列供投资者选择，如中国—塞浦路斯 BIT(2001)第 3 条第 3 款：缔约一方应给予缔约另一方投资者的投资和与此投资有关的活动不低于给予其本国投资者或任何第三国投资者的投资和有关活动的待遇，以对有关投资者更有利者为准。

这三种类型的条款对最惠国待遇设置的待遇标准普遍比较宽泛，并未对包含的内容进行明确。投资者如果援引条约中的最惠国待遇条款适用于另一个条约中的争端解决程序，由于仲裁庭拥有自由裁量权，可能使东道国面临不能预知的国际投资仲裁风险。

2. "保护伞条款"

根据 UNCTAD 的统计，大约有一半的老式投资条约包含"保护伞条款"。[1] 不少投资条约中有条款规定，缔约方应当遵守其对另一方投资者承诺的任何义务。由于该条款可能使将东道国的合同义务纳入投资条约加以保护的情形出现，UNCTAD 的《可持续发展投资政策框架》提出了若干面向改革的政策选择，包括"无保护伞条款"的选择。[2] 之后几乎所有缔结的国际贸易协定都选择在投资协定中取消了"保护伞条款"。[3]

中国签订的投资条约中，部分规定了"保护伞条款"。如中国—塞尔维亚 BIT(1995)第 10 条规定："除缔约一方、其投资者与缔约另一方投资者就投资所签订的协定中规定的承诺外，缔约一方应按照

---

〔1〕 See *Trade and Development Report*, UNCTAD (2015), https://unctad.org/publication/trade-and-development-report-2015.

〔2〕 See *Trade and Development Report*, UNCTAD (2015), https://unctad.org/publication/trade-and-development-report-2015.

〔3〕 See *UNCTAD Annual Report* 2019: *Beyond Uncertainty*, UNCTAD(2019c), UNCTAD Annual Report 2019.

其法律遵守任何承诺。”中国—伊朗 BIT（2000）第 10 条规定：“缔约任何一方应保证遵守其就缔约另一方的投资者的投资所作的承诺。”“保护伞条款”可能带来投资者规避东道国司法管辖权的问题或是投资者对自身利益谋求双重保护的问题。

3. 公平公正待遇条款

公平公正待遇是国际投资条约中最重要也是最广泛适用的待遇标准，尤其是在后来的投资仲裁实践中更是最为经常使用的条款。因为对该待遇标准的内涵和构成要件缺乏明确的界定，外国投资者常引用该条款向仲裁庭提起国际投资仲裁。在东道国对外资管理手段越来越细致的今天，在难以认定存在征收的情况下，该待遇标准常被外国投资者作为索赔的依据。

在公平公正待遇内涵相对模糊的情况下，国际社会采用将其等同于国际惯例中的最低待遇标准的方式来界定公平公正待遇。这种方式的优点在于相对清晰，容易界定，但是存在的问题是对于何为国际惯例中的最低待遇标准，国际社会并没有达成共识。除了尼尔案确定的恶意标准外，国际社会认为，最低待遇标准的内涵应该有所发展，但是，对于应该包含的内容并没有达成统一的认识。在国际仲裁实践中，存在恶意、缺乏透明度、违背投资者的合理期待等都可能被看作违反公平公正待遇。

各国投资条约对公平公正待遇的规定存在较大差异。有些径行规定外国投资应享有公平公正待遇，而对该待遇的含义不作任何解释，有些则将公平公正待遇界定为国际惯例下外国人的最低待遇，有些则在最低待遇标准之下或是之外以要素清单的模式厘清该待遇条款。

中国投资条约也存在普遍缺乏明确界定的情况，如中国—罗马尼亚 BIT(1994)第 3 条第 1 款规定:缔约一方投资者在缔约另一方领土内的投资和与投资有关的活动应被给予公平公正待遇和保护。该条款对公平公正待遇的含义没有作出解释。之后的一些 BITs 尝试在条款中进行界定。如中国—荷兰 BIT(2001)第 3 条投资待遇条款第 1 款、第 2 款:(1)缔约一方的投资者在缔约另一方的领土内的投资应始终享受公正公平待遇。缔约一方投资者在缔约另一方领土内的投资应享受持续的保护和保障。(2)缔约任何一方均不得采取任何不合理的或歧视性的措施损害缔约另一方投资者对其投资的管理、维持、使用、享有和处置的权利。然而这些规定没有明确公平公正待遇的含义,造成了理解上的混乱,如条款中提到的"不合理的或歧视性的措施"是否是违反公平公正待遇的两个必要因素?第 1 款和第 2 款之间是什么逻辑关系?这些疑问都无法从条款中得到解释。

2000 年以后,中国部分 BITs 也采纳了国际上比较流行的将公平公正待遇等同于最低待遇标准的方法。中国—德国 BIT(2003)第 4 条是最低待遇标准条款,其规定:(1)每一缔约方应按照国际法给予所涵盖投资公平公正待遇以及充分的保护。(2)第 4 条第 1 款中公平公正待遇以及充分的保护与安全的概念并不要求给予除国际法所规定的外国人最低待遇标准之外或以外的待遇,而国际法所规定的待遇标准是为法律所接受的被一般国际惯例证明的。(3)认定违反了本协定的另一项规定或另一项国际协定的规定,并不确定违反了本条。在中国—墨西哥 BIT(2008)第 5 条第 2 款中也有类似规定。该条款规定将给予外国人的国际法最低待遇标准作为给予缔约另一方投资者投资的最低待遇标准。"公正公平待遇"和"完全的保护"这两个概念并不要求给予由国家实践和法律确信所确立之国际法要求给予外国人的最低待遇标准之外或额外的待遇。违反本协定的其他条款或其他国际协定的条款,不构成对本条的违反。中国—加拿大 BIT(2012)第 4 条最低待遇标准条款规定:(1)每一缔约方应按照国际法给予所涵盖投资公平公正待遇以及充分的保护与安全。(2)第 4 条第 1 款中"公平公正待遇"和"充分的保护与安全"的概念并不要求给予除由被接受为法律的一般国家实践所确立之国际法所规定的外国人最低待遇标准之外的待遇。(3)认定违反了本协定的另一项规定或另一项国际协定的规定,并不确定违反了本条。

将公平公正待遇等同于最低待遇标准有两个方面的优势,一是防止对公平公正待遇作出低于最低待遇标准的解释,二是防止对公平公正待遇作出高于最低待遇标准的解释。[1] 但其劣势在于最低待遇标准的含义仍然需要进一步确定。笔者认为,无论是采用通常的文义解释还是将其等同于最低待遇标准,都必须在投资条约中进一步明确其内涵。

(四)征收条款

中国的投资条约多数都规定了征收条款,这些征收条款多采纳几个要件,如"公共利益""非歧视""补偿"等。在补偿原则上,一些条约明确规定按照发达国家倡导的"充分、及时、有效"的原则进行补偿,另外一些则采用了"适当""公平合理"等表述。另外从征收补偿款额的计算方法来看,BITs 多数引进了按照市场价值计算的方法,中国—马耳他 BIT(2009)第 4 条第 1 款规定,缔约任何一方不得对缔约另一方投资者在其领土内的投资征收、国有化或采取其他类似措施,除非采取此类措施:为了公共利益、根据国内法律程序、不歧视

〔1〕 See Norah Gallagher & Wenhua Shan, *Chinese Investment Treaties-Policies and Practice*, Oxford University Press, 2009, p. 112.

并且给予充分补偿。但是,这类条款并没有涉及间接征收的规定。

另外的一些中国 BITs 对间接征收有涉及,但是没有对其内涵进行明确界定。中国—墨西哥 BIT(2008)第 7 条第 1 款中规定,任一缔约方不得直接地或通过相当于征收或国有化的措施间接地对投资实施征收或国有化。该条款不仅包括了直接征收,还包括了间接征收,有助于防止政府通过非传统手段进行征收或国有化。条款使用了"相当于征收或国有化"的措辞,这在法律上提供了一定的灵活性,但也可能造成解释上的争议。明确界定什么行为构成"相当于征收或国有化"对于实践非常重要。否则这样的条款对国际仲裁庭没有指导价值,其仍有权利来解释间接征收的含义。

(五)NPM 条款

国家在发生危及其生存的特定情况时有权采取相应措施来规范外资,对外国投资者的利益造成损害也可以不必承担条约义务,这类条款是东道国进行外资保护的底线,是维护自身主权的"安全阀",因此对于东道国而言意义重大。阿根廷 BITs 中虽然有 NPM 条款,但是规定都较为简略,核心要素规定模糊,导致各个仲裁庭依自己的理解对该条款作出完全不同的解释,使阿根廷处于非常不利的境地。

GATT 第 21 条、美国 BIT 范本(2004)、美国 BIT 范本(2012)第 18 条、加拿大促进和保护投资协定(PIPA)范本(2004)第 10 条第 4 款、NAFTA(1992)第 2102 条以及 ECT(1994)第 24 条等均规定了 NPM 条款。

NPM 条款中的"根本安全利益"的含义,是争议双方和国际仲裁庭争论的焦点,然而,多数投资条约并没有对根本安全利益进行界定,而是将此权利交给了国际仲裁庭,使其根据实践确定根本安全利益的内涵。这种界定方式的不足在于赋予国际仲裁庭过大的自由裁量权,将对东道国有重要影响的安全利益排除在外。

中国早期的 BITs 均未设定 NPM 条款,2000 年之后该内容才逐渐出现在条约条款中。中国—芬兰 BIT(2005)是第一个规定有例外条款的投资条约。第 3 条第 5 款规定:本协定的任何规定不得解释为阻止缔约一方在战争或武装冲突或国际关系中的其他紧急情况下为保护其基本安全利益而采取任何必要行动。第 3 条第 6 款规定:如果此类措施的实施方式不构成一缔约方任意或不合理歧视的手段,或变相的投资限制,则本协定的任何规定均不得解释为阻止缔约各方为维持公共秩序而采取任何必要措施。该条款免除了东道国遇到如战争、武装冲突或其他危及国家安全利益的紧急情况下不遵守条约义务的违法性,同时对采取的措施附加了限制性的规定,要求不构成歧视性措施或变相的投资限制。然而,该条款规定的国家安全例外范围有限,也没有明确东道国是否有权自行判断哪些属于国家安全。中国—印度 BIT(2006)第 14 条例外条款规定:"本协定不妨碍东道国缔约方根据其正常、合理和非歧视地适用的法律,采取保护其基本安全利益的措施或极端紧急状况下的措施。"该条款为东道国保留了维护国家安全利益时采取措施的权利,虽然并没有明确使用"其认为"这样的措辞,然而笔者认为根据该条款中"东道国……根据其……法律",应无异议地将该条理解为自行判断性质的 NPM 条款。这赋予东道国自行判断本国是否处于国家紧急状态,是否需要采取措施维护国家安全利益,可以将国际仲裁庭的审查权限缩至最小,为东道国保留足够的政策空间。然而,该条款只规定了东道国采取措施的权利,没有对国家安全利益等概念的基本内涵以及采取措施的条件等关键问题作出规定,具体解释权仍归国际仲裁庭所有。

第二节 中国投资条约的完善

一、中国投资条约路径选择

投资条约谈判并非一个微观层面的技术性问题,而是一个宏观战略问题。中国的投资条约政策,应该是其国内投资乃至经济社会政策的合理延伸,理应以自身利益为依据,以自身实践为路径,并坚持对国际法的贡献。[1]

由于将自己定位在资本输出母国的位置,长期以来,美国等发达国家推行高度自由化的投资政策,在投资条约谈判中过分偏袒投资者。这些过高的国际法标准正在被国际仲裁员滥用,以致完全忽略了涉及主权问题的投资仲裁与纯粹商事仲裁的区别,使美国深陷被动。[2] 经历根据 NAFTA 第 11 章频繁被诉后,美国和加拿大也深受投资者提起的国际仲裁所造成的对国家主权和社会公共利益严重挑战之苦,它们开始转变立场,重新强调东道国利益和东道国国内法的地位和作用。NAFTA 各成员方政府试图通过寻求缩小责任的范围来应对公众压力和减少它们自身在诉讼中的损失。[3] NAFTA 自由贸易委员会对第 1105 条对公平公正待遇作出解释就是其中的一个例子。为了防止出现 NAFTA 下类似的案件,美国和加拿大等发达

---

〔1〕 参见季烨:《中国双边投资条约政策与定位的实证分析》,载陈安主编:《国际经济法学刊》第 16 卷第 3 期,北京大学出版社 2009 年版。

〔2〕 See Guillermo Aguilar Alvarez & William W. Park, *The New Face of Investment Arbitration: NAFTA Chapter* 11, 28 The Yale Journal of Int1 L. 388 (2003).

〔3〕 参见魏卿、魏逊:《美国双边投资协定的最新发展——对 2004 年范本(草案)的内容分析》,载《河南司法警官职业学院学报》2005 年第 1 期。

国家的做法是及时颁布新的 BIT 范本,在新范本中对实践中暴露出来的问题予以纠正,从而推动这种仲裁机制的改革。[1]

通过对中国 IIAs 历史发展的概览及条文梳理,本书发现,在过去的 20 年间,中国投资条约正朝着自由化的道路迈进。但是,对于这种趋势是否仍将继续,国内有不同的观点,学界则多对此持谨慎和保守的态度。[2] 中国政府现在所面临的困境在于是继续坚持保守的 IIAs 政策符合我国传统的角色定位却无法为本国已经存在并高速发展的对外投资提供必要的保护,还是一味推行投资自由化,无论多么自由的外资政策都只能是允许甚至鼓励投资,并不能保证投资一定会发生。激进地推行完全自由化投资政策对作为东道国的中国而言不是最好的选择。全面接受国际仲裁管辖的方式赋予外国投资者单方面对东道国提起国际仲裁的决定权,过分低估了外国投资者直接提起国际仲裁的危险性。而投资条约中一系列对投资者极为有利的实体规则一旦与上述直通车性质的程序规则相结合,就能对国家主权构成严峻挑战。[3] 现今生效的国际投资条约中的一些条款可能使中国政府承担某些将来被证明是代价很大的义务,可能对将来修改某些经济政策或制定新的经济政策构成障碍。[4] 因此,中国政府的投资条约应该综合考量保护公共利益、维护国家安全及国内经济的可持续发展。

---

[1] 参见石慧:《中国对外签订新式双边投资条约需要注意的问题》,载《湖南文理学院学报(社会科学版)》2008 年第 2 期。

[2] 如陈安主编的《国际投资法的新发展与中国双边投资条约的新实践》一书中始终强调中国不能选择发达国家倡导的自由化投资政策。

[3] 参见刘笋:《国际投资仲裁引发的若干危机及应对之策述评》,载《法学研究》2008 年第 6 期。

[4] 参见韩亮:《20 世纪九十年代双边投资保护协定的发展及评价》,载《法学评论》2001 年第 2 期。

对于将来可能签订的国际投资条约,中国政府持相对审慎的态度,这在中国签订的国际投资条约中有所体现,其中有的条款对国际仲裁庭的管辖权作出了一定限制,有的对重要的实体法条款作出明确的界定。

对于已经签订的一些可能对中国不利的国际投资条约,中国应该争取修订和完善的机会。对于一些已经与现实发展严重脱节的投资条约,中国应该终止其效力并谋求签订新的投资条约。

二、中国投资条约具体条款的发展和完善

目前中国签订的国际投资条约中,部分属于UNCTAD界定的老一代的投资条约。对这部分条约,中国应该谋求整理修订,修改条约条款,用新条款替换“过时的”条款。对于已经严重不符合国际法发展方向和中国国情的条约,应当及时予以废止。

新一代投资条约既包括新签订的条约,也包括未来可能签订的条约。由于国际投资仲裁案件数量的增加和学术研究的进步,中国已经签订的投资条约在价值取向和条款设置上已经有了全新的发展。然而这种发展有时显得并不足够。在未来国际投资条约条款的设置上,中国还应该进一步关注以下问题。

(一)在条约序言中加入投资者和东道国利益平衡条款

投资协定的序言有助于解释条约的目的和宗旨。在条约序言中加入利益平衡条款可以为整个条约的其他条款提供指引,也为仲裁庭作出平衡投资者和东道国利益的裁定提供法律支持。美国BIT范本(2012)的条约序言分为六段,除强调条约是为促进更广泛的经济合作外,条约序言还提到了条约对东道国的作用为“促进资本流动及经济发展”,并专门提到了东道国具有因管理“国民健康、安全、环境

和国际承认的劳动者权利”而采取措施的权力。这样的条约序言体现了美国对序言的重视，同时体现出美国 BITs 从偏向保护投资者到平衡国家经济主权和外国投资者利益的转变。另外，应该看到的是，美国 BIT 范本(2012)序言中同时强调了国内法和国际仲裁的适用，体现出美国对平衡保护东道国和投资者利益的回归。

一些中国投资条约表现出一种平衡外国投资者的利益和东道国的利益的愿望，如中国—荷兰 BIT(2001)中提到，“促进资本和技术的流动以及增进缔约双方的经济发展，并认识到希望给予投资公平和公正待遇”。最近签订的中国—土耳其 BIT(2015)的序言规定：“……愿加强双方经济合作，特别是缔约一方投资者在缔约另一方领土内的投资；认识到关于投资待遇的协定将激励资本和技术的流动，以及缔约双方的经济发展；决定达成一项关于鼓励和相互保护投资的协定……”。

部分 BITs 序言体现了投资者必须受东道国主权和法律约束的精神，例如中国与特立尼达和多巴哥(2002)、与圭亚那(2003)签订的 BITs，这两个 BITs 序言中规定了“例外条款”，该序言承认 BITs 的目的是促进和保护投资，但是这个目的不能影响普遍适用的健康、安全和环境措施。

尤其是 2010 年后签订的 BITs 大多关注到了平衡保护投资者和东道国的利益的需求。中国—刚果(布)BIT(2011)的序言提到促进经济健康稳定和可持续发展及尊重双方经济主权的要求，中国—加拿大 BIT(2012)要求依据可持续发展的原则促进投资，中国—坦桑尼亚 BIT(2013)提及尊重国家经济主权，尊重企业社会责任的要求。

从中国 BITs 的文字表述中可以看出，序言条款内容逐渐充实，对投资者和东道国双方利益保护的平衡有所涉及，一些序言中强调对“健康、安全和环境”的保护，出现“企业社会责任”和“可持续发展”这样的涉及外国投资者义务的条款，表现出中国逐渐开始重视政府的经济主权的行使及对外国投资者行使管制权的态度，是符合东道国利益的。不但如此，有的 BITs 还将例外条款等在序言中作了规定。

一些 FTAs 序言条款也明显变得更完整和复杂，中国—柬埔寨 FTA(2020)序言规定：受激励于两国自 1958 年建立外交关系以来的长期友好关系和不断发展的双边经济关系；期待加强两国经济伙伴关系，进一步开放双边贸易、促进投资，并带来经济和社会效益；决心建立缔约双方之间透明、可预测的贸易和投资规则；致力于在“一带一路”倡议下开展全面务实合作，并共同构建命运共同体；基于两国在《马拉喀什建立世界贸易组织协定》下的权利和义务；维护各自政府为实现国家政策目标进行管理，以及为保护公共利益保留灵活性的权利；认识到通过自由贸易协定加强两国经济伙伴关系，将给缔约双方带来互利结果。[1] 在这个序言条款中双方表达了建立透明、可预测的贸易和投资规则的决心。反映了双方愿意在各个领域进行全面务实合作，并将 FTA 作为推动两国关系更深入发展战略的一部分。表明了 FTA 是建立在国际法律框架之上的，遵守国际贸易规则。强调了各自政府享有为实现国家政策目标进行管理的权利，并为政府保留灵活性的权利。这体现了双方在 FTA 框架下，保护国家利益和政策自主性的意愿。中国—毛里求斯 FTA(2019)的序言中也有类似的规定。

(二)设置清晰的、有限接受国际仲裁的管辖权条款

对于在司法不独立、法制不健全的国家投资的外国人而言，如果

---

〔1〕 参见《中华人民共和国政府和柬埔寨王国政府自由贸易协定》，载 UNCTAD Investment Policy Hub 网 2021 年 11 月 18 日，https://investmentpolicy.unctad.org/international-investment-agreements/treaty-files/8447/download。

限制其将与东道国政府发生的投资争端诉至当地法院，很难想象不会出现不利于投资者的情形，更不能奢望该国法院能根据国际条约而非本国法律判案，从而给予外国投资者公平与公正的司法救济。[1] 因此，中国没有必要继续坚持全面用尽当地救济的要求。当然，中国应考虑在国际投资仲裁机制下设定一些限制措施。鉴于中国的现实情况，可以在条约中设置在金融、外汇管理、环保、劳工权利等方面的限制性的规定，以避免国际仲裁的风险。

另外，中国投资条约应明晰“投资”“投资者”等基础概念。美国 BIT 范本(2012)第 1 条将投资界定为投资者直接或间接拥有或控制的具有投资特征的每一项资产，包括资本或其他资源的承诺、收益或利润的预期或风险的承担等特征。该范本采用把投资限定为有投资特性的资产的做法。该条款列举了投资可以采取的形式，包括企业；企业的股份、股票和其他形式的参股；债券、债权、其他债务工具和贷款；期货、期权和其他衍生品；施工、管理、生产、特许、收益分成及其他类似合同；知识产权；根据国内法授予的许可证、授权、许可和类似权利以及其他有形或无形、动产或不动产及相关产权，如租赁、抵押、留置权和质押权。这种列举不是穷尽式的，主要是为了排除不具有投资特性的合同。

中国签订的大多数双边或多边投资协议都对投资采取了广泛定义，采用以资产为基础的定义法。采用这种方式所带来的风险较为明显，即如果产生投资纠纷，外国投资者便能够轻而易举地向国际仲裁庭对主权国家提起诉求。中国如今作为对外投资和对内引资的“双料大国”，必须细化投资条约中的投资定义，一方面避免中国政府

---

〔1〕 参见温先涛：《〈中国投资保护协定范本〉(草案)论稿(三)》，载陈安主编《国际经济法学刊》第 19 卷第 2 期，北京大学出版社 2012 年版。

因条约中宽泛的投资定义频繁被诉至国际仲裁庭，另一方面也确保为中国外国投资者提供充分保护。

中国政府开始重视在国际投资条约中对投资进行清晰界定。中国—乌兹别克斯坦 BIT(2011)第 1 条明确了投资特征：投入资本或其他资源，期望获得利润，并承担风险。投资财产形式的任何变化不影响其作为投资的性质，但这种变化必须符合在其境内进行投资的缔约方的法律法规。缔约方一方的投资者通过其全部或部分拥有的，住所在缔约方另一方境内的企业进行的投资，也视为本款所述的投资。同时该条款明确排除了该协定不包括的投资：(1)仅因缔约方另一方领土内的缔约一方的国民或企业销售货物或提供服务的商业合同而产生的金钱请求权；(2)因婚姻或继承而产生的、不具有投资性质的金钱请求权。原始到期期限为 3 年以下的债券、信用债券和贷款不视为该协议项下的投资。中国—加拿大 BIT(2012)中有类似规定，第 1 条明确排除了将以下情况视为投资：仅因销售货物或服务的商业合同而产生的金钱请求权或者仅因与商业交易(如贸易融资)有关的授信而产生的金钱请求权，但前述款项所涵盖的贷款除外；任何其他金钱请求权。中国—坦桑尼亚 BIT(2013)第 1 条在同样明确界定了投资特征：投入资本或其他资源，期望获得收益或利润，或承担风险。投资财产形式的任何变化不影响其作为投资的性质，但这种变化必须符合在其境内进行投资的缔约方的法律法规。缔约方一方的投资者通过其全部或部分拥有的，住所在缔约方另一方领土内的企业进行的投资，也视为该款所指的投资。为免生疑问，第 1 条第 1 款第 3 项中的金钱请求权不包括仅源于缔约一国领土内国民或企业向缔约另一国领土内的企业销售货物或提供服务的商业合同而产生的金钱请求权；或因婚姻或继承而产生的、不具有投资性质的金钱请求权。原始期限为 3 年以下的债券、信用债券和贷款也不视为该协议项下的投资。中国—土耳其 BIT(2015)第 1 条则明确排除了“为了建立非长期经济联系而购买低于 10% 的股份或投票权”。中国—尼加拉瓜 FTA(2023)在条约注释中明确排除了几种不属于投资的类型。(1)源于销售货物或服务而产生的立即到期的支付请求权较不可能具有投资的特征。因为这些请求权的性质和特征与投资不同,更多地被归入商业贸易范畴。(2)一个特定类型的执照、授权、许可或类似文件(包括特许,但限于具有此类文件性质的特许)是否具有投资的特征,也取决于这些文件的持有者根据该方法律所拥有的权利的性质和范围等因素。那些不创设任何受国内法保护的权利的执照、授权、许可和类似文件,应属于不具有投资特征的执照、授权、许可或类似文件。该规定明确了特定类型的执照、授权、许可或类似文件是否具有投资特征,取决于这些文件持有者依据相关法律所拥有的权利的性质和范围。如果这些文件不创设任何受国内法保护的权利,则不被视为具有投资特征的文件。这意味着仅仅拥有某些形式的授权或许可,并不会自动变成投资。(3)投资不包括在司法或者行政诉讼中作出的命令或判决。[1] 在司法或者行政诉讼中作出的命令或判决不被视为投资。因为这类命令或判决通常是国家行使司法或行政权力的结果,而非个人或实体对经济资源的投入。通过这些明确的排除条款,中国—尼加拉瓜 FTA(2023)对“投资”一词的定义作出了更为精确的界定,避免在实际操作中产生争议。这种明确性使双方在处理投资相关事务时有更清晰的法律依据,也有助于保护投资者和国家的合法权益。此类条款明确了投资的特性和范围,体现了中国缔结投资条约的一种发展方向和趋势。

---

〔1〕 中国—尼加拉瓜 FTA(2023)注释 44。

美国 BIT 范本(2012)中将缔约一方的投资者界定为:"试图、正在或已经在另一方领土内进行投资的一方或其国有企业,或一方的国民或企业;但是,具有双重国籍的自然人应被视为其主要和有效国籍所属国的国民。"这个定义明确了几个问题:第一,它首先明确把缔约方及其国家企业包含在缔约一方的投资者范围内。这一定义进一步表明缔约方本身,而不仅其拥有或控制的实体才可以成为投资者。第二,它明确了寻求从事投资的人可以成为投资者,即使最终投资并未成功实施。第三,它关注到双重国籍问题,采取了有效国籍标准。[1]

在中国签订的投资条约中,同样出现了清晰界定投资者概念的趋势。中国—毛里求斯 FTA(2019)第 8 章第 1 节第 1 条中将"国民"界定为:就中国而言,根据《国籍法》规定的具有中国国籍的自然人;就毛里求斯而言,作为其国内法律意义下毛里求斯公民的自然人。值得注意的是,该 FTA 第 8 章第 1 节第 1 条还关注到了双重国籍问题:"就本定义而言,具有双重国籍的自然人应只被视作其通常或永久居住的国家的国民……"这种规定将具有双重国籍的自然人仅视为其通常或永久居住的国家的国民,有助于简化法律关系和明确个人在国际法中的地位。将具有双重国籍的自然人仅视为其通常或永久居住的国家的国民有助于避免可能出现的权利冲突和法律纠纷,从而保护其个人权利。中国—尼加拉瓜 FTA(2023)中也有类似规定,第 28 条定义条款中规定的"国民"是指:对中国而言,根据《国籍法》规定的具有中国国籍的自然人;对尼加拉瓜而言,根据《尼加拉瓜共和国政治宪法》第 15 条所定义的尼加拉瓜人。就本章而言,具有

[1] 参见[美]肯尼斯·J. 范德威尔德:《美国国际投资协定》,蔡从燕、朱明新等译,法律出版社 2017 年版,第 168 页。

双重国籍的自然人应只被视作其主要和有效国籍国的国民。

从中国—德国 BIT(2003)起,中国接受了以“企业”为基础的实质经营者的提法,并在投资条约中对企业的概念进行明确细化。中国—加拿大 BIT(2012)第 1 条对投资者的概念进行了界定,就缔约方任何一方而言,“投资者”系指寻求从事,正在从事或者已经从事一项涵盖投资的:(1)根据缔约方法律具有该缔约方公民身份或永久居民身份且不具有缔约方另一方公民身份的任何自然人。(2)该条第 10 款第 1 项所界定的任何企业;寻求、正在进行或已经进行投资的。除投资者定义外,该条款还包含了 22 个定义,其余 21 项清楚界定了“投资”“涵盖投资”“收益”“企业”“知识产权”“领土”等重要概念。其中,“企业”的概念为根据缔约方法律组成或组织的任何实体,如公共机构、公司、基金会、代理、合作社、信托、社团、协会和类似实体,以及私人公司、企业、合伙、机构、合资企业和组织,无论其是否具有营利性,也无论其责任是否有限或其他;任何该等实体的分支机构。

中国—尼加拉瓜 FTA(2023)第 11 章第 28 条定义条款对企业的含义进行了清晰界定,企业是“根据适用的法律设立或组建的任何实体,无论其是否以营利为目的,无论其是由私人或政府拥有或控制,包括公司、信托、合伙企业、个人独资企业、合资企业、社团或类似组织,以及企业的分支机构”[1]。同时,它还在定义条款中明确了双重国籍问题。它规定,就该章而言,具有双重国籍的自然人应只被视作其主要和有效国籍国的国民。

美国 BIT 范本(2012)对合并仲裁问题进行了规定。第 33 条规

---

〔1〕《中华人民共和国政府和尼加拉瓜共和国政府自由贸易协定(中文本)》,载 UNCTAD Investment Policy Hub 网 2023 年 12 月 27 日,https://investmentpolicy. unctad. org/international-investment-agreements/treaty-files/8466/download。

定,如果两项或两项以上的索赔已根据第 24 条第 1 款分别提交仲裁,并且这些索赔存在共同的法律或事实问题,并且是由相同的事件或情况引起的,则任何争议方均可根据所有争议方达成的协议寻求合并或根据第 2 款至第 10 款的条件寻求合并。该条款强调以申请人的合意为合并仲裁的条件。

中国—加拿大 BIT(2012)是少数专设合并条款的投资条约,其在第 26 条第 1 款规定,如果两项或两项以上的诉请已分别提交仲裁,并且这些诉请基于共同的法律或事实,且源于相同事件或情况,则依据所有争端方对寻求仲裁令并受仲裁令约束的同意,或依据该条第 2 款至第 9 款的规定,任一争端方均可寻求合并仲裁令。该条第 2 款要求寻求合并令的一方以书面形式向 ICSID 秘书长和所有争端各方提出申请,其中包括被请求为该合并令涵盖的所有争端方的名称与地址、所寻求合并令的性质以及寻求合并令的理由。第 3 款规定,除非 ICSID 秘书长在收到根据第 2 款提出的申请后 30 天内发现该申请明显没有根据,否则应根据该条设立一个仲裁庭。[1]

根据这几个条款的规定,合并仲裁的达成有两种可能性:要么基于争议各方达成的合意要么基于一方的申请,由 ICSID 秘书长决定是否组成一个合并审理的仲裁庭。条款允许合并仲裁基于争议各方的共同同意,它尊重争议各方的自主权,如果他们能达成共识,可以选择合并仲裁,这反映了仲裁程序的协商性和合作性。同时,它提供了另一种途径,即通过一方申请,由 ICSID 秘书长作出是否合并仲裁的决定,保护了单方的权利,允许他们在必要时提出合并仲裁的申

〔1〕 参见《中华人民共和国政府和坦桑尼亚联合共和国政府关于促进和相互保护投资协定》,载 UNCTAD Investment Policy Hub 网 2023 年 6 月 20 日,https://investmentpolicy.unctad.org/international-investment-agreements/treaty-files/7998/download。

请,从而确保程序的公正和效率。

第 26 条第 6 款规定,如果根据本条设立的仲裁庭同意两项或多项的请求的法律或事实问题属共同的,且源于相同事件或情况,则为了公平和有效率地处理诉请,在听取争议方意见后,仲裁庭可作出仲裁命令:取得所有或部分诉请的管辖权,并且对之作出一并审理和裁定;如对一个或多个诉请作出裁定将有利于其他诉请的解决,取得一个或多个诉请的管辖权,并且对之作出审理和裁定。[1]

合并仲裁可以促进仲裁程序的效率和结果一致性。当多个仲裁请求涉及相同的法律或事实问题,并且源自相同事件或情况时,合并仲裁可以避免重复诉讼,并确保相似的问题得到一致处理。

总的来说,该 BIT 显示出双方对案件合并采取认可的态度,起到了填补法律空白的作用。第 26 条合并条款为解决集团仲裁请求提供了一个灵活且具有法律约束力的机制,有助于确保仲裁程序的公正、高效和结果的一致性。

中国—尼加拉瓜 FTA(2023)第 11 章第 18 条第 2 款也规定了合并审理:如果被申请人同意该诉请继续进行,或者该方的投资者与非缔约方的企业同意在一个根据该节组建的仲裁庭中合并审理在各自协定下提出的诉请,则该诉请可以继续进行。这个条款规定了在两种情形下案件可以合并审理:一是如果被申请人(即东道国)同意诉请继续进行,那么可以合并审理。二是如果提起诉请的投资者和相关的非缔约方企业同意在同一个仲裁庭中合并审理,那么诉请也可以继续进行。这两个条件只要满足任意一个,就能使合并审理的诉

[1] 参见《中华人民共和国政府和坦桑尼亚联合共和国政府关于促进和相互保护投资协定》,载 UNCTAD Investment Policy Hub 网 2023 年 6 月 20 日,https://investmentpolicy.unctad.org/international-investment-agreements/treaty-files/7998/download。

请得以继续进行。

(三)改进投资待遇条款

1. 对最惠国待遇条款设置排除性规定

最惠国待遇要求一国无论是过去、现在或将来给予任何第三国的特权、优惠和豁免同样地给予另一个国家。东道国承诺奉行最惠国待遇原则,旨在为外国投资者创造平等的投资环境,即无论投资者的国籍,将所有外国投资者置于平等的竞争条件之下。[1] 该待遇条款表明投资者可以选择东道国给予第三国的更好的待遇。但是,如果不对其加以限制,可能给东道国带来不利的后果。

中国一些 BITs 中将争端解决机制明确排除在最惠国待遇条款的适用范围之外,这可以防止中国政府面临预料之外的投资仲裁结果。

中国—马耳他 BIT(2009)首次表现出要对最惠国待遇条款适用领域和范围进行规范。BIT 第 3 条第 3 款第 1 项规定:缔约任何一方不应给予缔约另一方投资者在其领土内的投资和与该投资有关的活动在其投资的管理、使用、享受或处分方面低于给予任何第三国投资者的投资和与该投资有关的活动的待遇。

中国—哥伦比亚 BIT(2008)第 3 条第 3 款对最惠国待遇不涉及投资争端解决机制的问题有了明确的表述。之后的中国—乌兹别克斯坦 BIT(2011)第 4 条第 3 款也有规定,其他条约规定的争端解决机制得被援引用来处理本协定框架内的争端。中国—加拿大 BIT(2012)第 5 条第 3 款规定:为进一步明确,本条第 1 款和第 2 款所指的“待遇”不包括其他国际投资条约和其他贸易协定中的争端解决机

〔1〕 参见温先涛:《〈中国投资保护协定范本〉(草案)论稿(一)》,载陈安主编:《国际经济法学刊》第 18 卷第 4 期,北京大学出版社 2012 年版。

制。中国—坦桑尼亚 BIT(2013)第 4 条第 3 款、中国—土耳其 BIT(2015)第 3 条第 5 款第 4 项、中国—尼加拉瓜 FTA(2023)第 11 章“投资”第 3 条第 4 款都有同样的规定。[1]

从前文述及的仲裁实践来说,关于最惠国待遇的争论主要集中在其是否对争端解决机制适用,然而中国签订的投资条约中,不同时期文本在开放程度、制度安排尤其是争端解决机制等方面存在差异,其中包括向外资提供国民待遇的承诺、征收的补偿标准、投资及其收益转移限制、是否赋予国际仲裁庭管辖权、提交国际仲裁前的冷静期和形式要件、仲裁机构和仲裁规则的选定等。[2]

然而,将这些可能被排除适用的范围完全放在最惠国待遇条款是不现实的。美国 BIT 范本(2012)第 14 条是不符措施条款,该条款包括国民待遇(第 3 条)、最惠国待遇(第 4 条)、业绩要求(第 8 条)、高级管理层和董事会(第 9 条)。范本的做法是创设了两个相互独立的附件,将背离国民待遇义务或最惠国待遇义务的现行措施在那些未来可以设置例外的部门或活动中分别予以规定。[3] 中国投资条约中同样可以结合中国的具体情况,在不符措施条款中规定背离或将来可能背离最惠国待遇的措施,其中可包括明确最惠国待遇在争端解决程序方面是否适用或声明最惠国待遇不具有追溯效力。

中国的缔约实践使用了这种方法。中国—尼加拉瓜 FTA(2023)第 11 章第 10 条是不符措施条款,第 1 款规定,第 11 章第 2 条(国民待遇)、第 3 条(最惠国待遇)、第 8 条(业绩要求)和第 9 条

---

〔1〕 以上均根据 UNCTAD 官网中国签订的生效 BITs 条款原文整理。

〔2〕 参见温先涛:《〈中国投资保护协定范本〉(草案)论稿(一)》,载陈安主编:《国际经济法学刊》第 18 卷第 4 期,北京大学出版社 2012 年版。

〔3〕 参见[美]肯尼斯·J. 范德威尔德:《美国国际投资协定》,蔡从燕、朱明新等译,法律出版社 2017 年版,第 273 页。

(高级管理人员和董事会)不适用于一缔约方在其附件一或附件三承诺表中列明的现行不符措施。RCEP 第 10 章"投资"第 10 条第 8 款也有类似规定。

2. 限制使用"保护伞条款"

"保护伞条款"要求东道国遵守其对外国投资的所有承诺,包括条约义务和商事交易合同义务。

许多发达国家在其签订的投资条约中已经逐渐舍弃"保护伞条款",如美国 BIT 范本(2012)中就没有"保护伞条款"。在当前情势下,中国应该考虑"保护伞条款"的适用是不是能更好地保护中国的国家利益。事实上,目前的"保护伞条款"不仅会限制中国行使外资监管权,还可能导致中国政府在 ICSID 频繁坐上被申请人的席位。中国当前已经成功转型,根据实际的投资情况,中国需要对"保护伞条款"加以限制。对于新签订的国际投资条约尽可能不规定"保护伞条款",对于现在已经生效的国际投资条约中的"保护伞条款",可以争取在具体投资合同中增加关于排他性争端解决条款的规定,从而限制"保护伞条款"的适用,尽可能地降低潜在的仲裁风险。

中国签订的 BITs 如中国—加拿大 BIT(2012)、中国—坦桑尼亚 BIT(2013)和中国—土耳其 BIT(2015)均没有规定"保护伞条款"。近几年的 TIPs 如中国—柬埔寨 FTA(2020)、RCEP、中国—尼加拉瓜 FTA(2023)也没有规定"保护伞条款"。[1] 而对于现存的"保护伞条款",一些 BITs 也对其适用范围作出了明确限制。如中国—乌兹别克斯坦 BIT(2011)第 13 条第 2 款、第 3 款对承诺的范围作出限定:首先,东道国所应遵守的是以协议、合约或合同形式作出的书面承诺;其次,东道国对商事合同项下义务的违反不构成对 BIT 的违反。

---

〔1〕 根据 UNCTAD 官网中国签订的生效 BITs 条款原文整理。

中国—乌兹别克斯坦BIT(2011)的这种表述清楚地将商事合同义务和条约义务区分开来,避免了中国政府因为“保护伞条款”而在国际仲裁机构遭遇合同项下的纠纷。

3. 改岔路口条款为禁止掉头条款

岔路口条款作为东道国的一种妥协手段,允许外国投资者作出选择,要么诉至东道国法院,要么诉至国际仲裁庭,一旦选择即为终局性选择,以防出现国内、国际两个平行的裁判程序和不同的裁判结果。中国—土耳其BIT(2015)中规定了岔路口条款,其第9条第3款规定:“如投资者将争端提交本条第二款所述争端解决程序之一,则该选择是终局的。”然而ICSID仲裁庭认为,只有在当事人、争议、诉讼理由以及请求完全一致的情况下,才可以适用岔路口条款,这使得外国投资者可以根据当事人或诉讼原因存在出入而轻松避免该条款的适用。

美国BIT范本(2012)规定的“书面放弃”模式可以有效避免因无法适用岔路口条款而产生的投资者滥诉风险。依据该条款的规定,外国投资者只能在通过书面形式放弃东道国国内救济途径的基础之上,寻求国际投资仲裁机构的救济。美国BIT范本(2012)第26条第2款规定:除非索赔人书面同意按照本条约规定的程序进行仲裁并附上仲裁通知,否则不得根据本条将任何索赔提交仲裁;或仲裁通知附有申请人的书面放弃,以申请人和企业书面放弃根据任何一方的法律或其他争端解决程序在任何(国内)行政法庭或法院提起或继续诉讼的任何权利。

这被形象地称为“禁止掉头条款”,从美国实施这一模式的经验看来,该条款可防止投资者从双重程序中获得不当利益,对平衡保护东道国和外国投资者的利益有一定作用。在缔结新的投资条约或修订原有的BITs,中国可修改岔路口条款为禁止掉头条款,尽量规避条约背后的风险,以防备国外仲裁庭随意适用传统的既判力准则来干扰主权国家经济救济措施的使用。

(四)明确公平公正待遇的内涵和要素

对于公平公正待遇条款的模糊性带来的问题有必要在国际条约中予以进一步澄清。NAFTA自由贸易委员会对公平公正待遇作出过解释,将该待遇标准等同于国际惯例最低待遇标准,该委员会的解释还明确公平公正待遇是一个独立的待遇标准,不能因为违反其他国际义务而认定其违反公平公正待遇。NAFTA自由贸易委员会的解释更多地从保护东道国的立场出发,对公平公正待遇标准的适用进行了较为严格的限定。这个解释影响了之后投资条约的发展趋势。

美国BIT范本(2004)和美国BIT范本(2012)在此基础上对其进行了更加清晰的界定,以避免投资者和仲裁庭对该概念的扩大理解:美国BIT范本(2012)第5条最低待遇标准条款规定:(1)缔约一方应当根据国际惯例标准给予缔约另一方的投资以公平公正待遇和完全的保护和安全。(2)为了进一步明确,第1款中所提供给外国人的国际惯例最低待遇标准是指提供给投资的最低待遇。公平公正待遇和完全的保护和安全不要求东道国承担高于最低待遇标准的义务,也不创设其他的实体义务。第1款所指待遇标准为:公平公正待遇包括不在刑事、民事或行政程序中拒绝司法而违背体现在世界法律体系中的正当程序的义务;完全的保护和安全要求缔约方提供国际惯例所要求的警察保护。(3)对该协议其他义务的违反或对其他条约的违反不构成对该条款的违反。

美国BIT范本(2012)明确了几个方面的问题:(1)最低待遇标

准所指的国际法是国际惯例;(2)这个国际惯例包含公平公正待遇和完全的保护和安全;(3)最低待遇标准是提供给外国投资者的最低待遇,不得低于这个待遇水平;(4)公平公正待遇是一个独立的待遇标准,对于投资条约中最低待遇条款以外其他条款的违反,或对其他条约的违反,不能直接构成违反最低待遇标准的理由。

USMCA(2018)大体上保留了范本与最低待遇标准相结合的公平公正待遇模式,但仍然辅之以清单模式对义务内容进行明确。

中国—坦桑尼亚 BIT(2013)第 5 条规定:(1)缔约一方应确保给予缔约另一方的投资者和在其领土内的相关投资以公平公正待遇以及全面的保护和安全。(2)"公平公正待遇"是指缔约一方的投资者不得被缔约另一方拒绝接受公平的司法程序,或受到明显的歧视或任意措施的对待。(3)"全面的保护和安全"要求缔约方在履行确保投资保护和安全的义务时采取合理和必要的警察措施。但是,这并不意味着在任何情况下,投资者应享有比在其境内进行投资的缔约方国民更优惠的待遇。(4)认定存在违反本协议另一条款或另一协议的另一条款的行为,不构成违反该条。该条款的规定将公平公正待遇标准界定为不拒绝公平的司法程序要求,将全面的保护和安全界定为东道国给予外国投资者合理和必要的警察措施标准的保护。明确限制了投资仲裁庭对此概念作出任意和宽泛的解释。中国—土耳其 BIT(2015)第 2 条第 2 款、第 3 款、第 4 款、第 5 款有相似规定。

在近期签订的 TIPs 条款中也反映出相似的趋势,中国—毛里求斯 FTA(2019)第 8 章第 5 条最低待遇标准条款规定:(1)各缔约方应根据国际惯例给予所涉投资公平公正待遇和全面保护和安全。(2)为了更有把握,第 1 款规定国际惯例对外国人的最低待遇标准作为给予所涉投资的最低待遇标准。"公平公正待遇"和"充分保护和安全”的概念并不要求在该标准所要求的待遇之外给予待遇,也不产生额外的实质性权利。第1款规定的义务“公平公正待遇”包括按照正当法律程序在刑事、民事或行政审判程序中不拒绝司法的义务。[1] 另一个中国参加的区域化经济合作协定 RCEP 第10章第5条第1款、第2款投资待遇条款规定:各缔约方应根据国际惯例对外国人的最低待遇标准,给予所涉投资公平公正待遇和充分保护和安全。公平公正待遇要求每一缔约方不得在任何司法或行政程序中拒绝司法;充分保护和安全要求各缔约方采取合理必要的措施,以确保所涵盖投资的有形保护与安全:和公平公正待遇以及充分保护和安全的概念并不要求给予所涉投资的待遇超出国际惯例规定的外国人最低待遇标准,也不产生额外的实质性权利。

这些投资条约显示出中国对公平公正待遇的基本态度:要素选择上,这些投资条约都只选择了“不拒绝司法”这一基本要素,并没有扩大到之前国际仲裁庭和投资条约选取的合理期待、透明度、正当程序等其他要素。这显示了中国对公平公正待遇适用的谨慎态度。在条款的设置上,条约中的公平公正待遇并没有被设置为一个独立的条款。中国—毛里求斯 FTA(2019)是将公平公正待遇设置在最低待遇标准条款中,同时规定将公平公正待遇局限在国际惯例和最低待遇标准的范围以内,不是一个独立的待遇条款。RCEP 的规定与此相似,将公平公正待遇限在国际惯例和最低待遇标准范围之内。

综上,中国投资协定中的公平公正待遇应包括至少三个方面的要求:

---

〔1〕 See *China-Mouritius FTA* (2019), UNCTAD Investment Policy Hub (Oct. 17, 2019), https://investmentpolicy. unctad. org/international-investment-agreements/treaties/treaties-with-investment-provisions/4918/china---mauritius-fta-2019.

首先,应该为这个待遇确定一个较高的门槛,例如为最低待遇划定一个标准,从条文表述上明确国家承担国际义务的最低待遇标准。例如政府行为不能"明显地、严重地、任意武断地、故意地或恶意地不符合国际标准"。据此,政府行为的不明显的、轻微的、非故意的或非恶意的瑕疵将被排除在违反公平公正待遇义务的情形之外。[1]

其次,可以对公平公正待遇义务的具体要素作出更明确的列举。在前述几个投资条约中,不得拒绝司法就是其明确的公平公正待遇的要素。

最后,应对违反公平公正待遇义务的国家行为作出例外规定。与国家安全例外和征收条款一样,公平公正待遇也并非东道国在任何情况下都必须承担的国际义务。如果是这样,国家将失去在特定情况下行使政府管理权的可能性。因此,公平公正待遇在为东道国划定义务范围的同时,还应有例外规定,如将国家在涉及健康、环保、劳工和根本经济安全等情况时的非歧视的国家措施排除在公平公正待遇条款的保护范围之外。

(五)对间接征收的认定采用新标准

在吸取一系列因采取环境保护措施而导致间接征收案件的经验和教训后,美国投资条约体现出一种对间接征收清晰界定的态度。美国 BIT 范本(2012)使用的是"等同于征收的任何措施或一系列直接的或间接的措施"。该条款对间接征收行为按照不同的类型进行了列举,包括征税、强制出售其投资或是剥夺或损害其管理和对经济价值的控制。同时,美国在该范本中指出其列举的这些法律表现形式未必一定构成间接征收,还需结合具体案例逐案考察分析。该范本的附件对征收作出了详细的说明。判断一方的行为或一系列行

---

〔1〕 参见王彦志:《公平与公正待遇条款改革的困境与出路——RDC v. Guatemala 案裁决引起的反思》,载陈安主编:《国际经济法学刊》第 21 卷第 1 期,北京大学出版社 2014 年版。

为是否构成间接征收应考察的关键因素是:(1)政府行为的经济影响,尽管一方的行为或一系列的行为对某种投资的经济价值造成了负面影响,但这仅会被看作鼓励事件,并不能由此认定间接征收已经实际发生。(2)政府行为对明确合理的投资预期的影响程度。(3)政府行为的性质。另外,该附件还对不构成征收的国家管制行为作出了列举式的排除规定,在少数情况下,一方为保护合法的公共福利,如公共健康、安全及环境而采取的非歧视的管制措施不构成间接征收。USMCA(2018)在条约附件 14 - B 中明确了间接征收的标准。该条款措辞基本与美国 BIT 范本(2012)一致。

从美国投资条约对间接投资的界定来看,国际法已经逐渐从效果标准改为兼采标准。关于间接征收的描述,不仅考虑到政府行为造成的经济影响,也考虑了保护公众的合法福利的目的。虽然部分征收的确定因素还是交由国际仲裁庭来决定,但是条约附件中明确将东道国为保护健康、安全和环境等而实施的非歧视性的管制行为排除在间接征收范围之外,比起之前的许多国际投资法律文件对间接征收的规定阙如,这个做法是个巨大的进步。

中国的投资条约也体现了这种变化。中国—印度 BIT(2006)是第一个对征收进行详细解释的投资条约,中国—印度 BIT 议定书第 3 条规定,关于对第 5 条中间接征收的解释,缔约双方确认以下共识:

(1)除了通过正式移转所有权或直接没收的形式进行的直接征收或国有化外,征收措施包括一方为达到使投资者的投资陷于实质上无法产生收益或不能产生回报之境地,但不涉及正式移转所有权或直接没收,而有意采取的一项或一系列措施。

(2)在某一特定情形下确定一方的一项或一系列措施是否构成上述第 1 款所指的措施,需进行以事实为依据、针对个案进行的审查,并考虑包括以下在内的各因素。

①该措施或该一系列措施的经济影响,但仅仅有一方的一项或一系列措施对于投资的经济价值有负面影响这一事实不足以推断已经发生了征收或国有化;

②该措施在范围或适用上歧视某一方或某一投资者或某一企业的程度;

③该措施或该一系列措施违背明显、合理、以投资为依据的预期之程度;

④该措施或该一系列措施的性质和目的,是不是为了善意的公共利益目标而采取,以及在该措施和征收目的之间是否存在合理的联系。

(3)除非在个别情况下,缔约一方采取的旨在保护公共利益的非歧视的管制措施,包括根据司法机关所作的具有普遍适用效力的裁决而采取的措施,不构成间接征收或国有化。

中国—印度 BIT(2006)对间接征收的界定体现了征收条款的新标准,对间接征收的认定采取了兼采效果和目的标准的比较合理的认定标准,同时明确了负面影响、歧视、违背投资者预期等要素,为间接征收设定了较高的门槛,对间接征收与政府正常的经济管理行为进行界分。

中国—乌兹别克斯坦 BIT(2011)在此基础上作出了完善。第 6 条第 2 款规定,确定一缔约方的一项措施或一系列措施是否构成第 1 款中的间接征收,需要逐案进行基于事实的审查,除其他因素外,考虑:(1)一项措施或一系列措施的经济影响,尽管缔约方的一项措施或一系列措施对投资的经济价值产生负面影响这一事实本身并不能证明发生了间接征收;(2)该措施或一系列措施在范围或适用上对缔约另一方投资者和相关投资给予歧视的程度;(3)该措施或一系列措施对缔约另一方投资者的明显、合理的投资期望造成损害的程度:该期望源于缔约一方对缔约另一方投资者作出的具体承诺;(4)一项措施或一系列措施的性质和目的,是否是以善意的公共利益为目的而采取的,是否和征收目的之间成比例。该条款适用了兼采目的和效果的认定标准,并强调不能适用效果标准来认定间接征收。在要素的选择上,该条款采纳了负面影响、歧视等。然而,与中国—印度 BIT(2006)一样,条款规定双方认可"逐案审查的模式",还是将选择认定间接征收要素的权利交给国际仲裁庭。中国—乌兹别克斯坦 BIT(2011)明显进步地具体列举了间接征收排除适用的事项,将一缔约方为公共健康、安全和环境等合法公共利益目的而采取的非歧视性管制措施明确排除在间接征收范围之外,免除东道国的赔偿责任(第 6 条第 3 款),将这几个涉及公共利益问题的管理权给予东道国。

与中国—乌兹别克斯坦 BIT(2011)相似的间接征收的规定同样出现在最近签订的中国—坦桑尼亚 BIT(2013)第 6 条第 2 款和第 3 款和中国—土耳其 BIT(2015)第 5 条第 2 款中。

(六)增加自行判断的 NPM 条款

NPM 条款为国家在保护自身安全利益的前提下采取必要措施规范外资而无须向投资者承担赔偿责任提供了法理依据。

美国所有 BITs 都包含了 NPM 条款,但在美国 BIT 范本(2004)之前,该条款均是非自行判断条款。自美国 BIT 范本(2004)开始,美国 BITs 开始在投资条约中加入自行判断的规定。美国 BIT 范本(2004)第 18 条规定,本条约不应被解释为:(1)要求缔约方提供或允许获得信息,该信息的披露有可能与根本安全利益相违背;(2)阻止缔约方采取其认为是履行维护或恢复国际和平或安全义务，或保护自身安全利益所必要的措施。之后的美国 BIT 范本(2012)沿用了这种模式，第 18 条规定，本条约的任何内容不得解释为：(1)要求一方提供或允许其获取其认为违反其安全利益的任何信息；(2)阻止一方采取其认为对履行其有关维持或恢复国际和平或安全或保护其自身安全利益的义务所必需的措施。[1] 该范本明确了条款的自行判断性质，将判断一国是否存在国家紧急情况，是否有权采取必要措施维护本国安全的权利授予了东道国政府，在紧急情况下，东道国政府采取其认为必要的措施构成国家安全例外，无须向投资者承担赔偿责任。

中国签订的 BITs 采取了另一种方法，即将安全利益局限于与该国政治、军事、战争、核武器等明确列举的项目等相关的利益并且在条款中明确其概念。如中国—加拿大 BIT(2012)第 4 部分第 33 条一般例外条款中的第 5 款是 NPM 条款，该条款规定，本协定中任何规定均不得被理解为：(1)如果缔约方确定披露该信息违背其根本安全利益，则要求缔约方提供或允许获取该信息。(2)防止缔约方采取其认为对保护其根本安全利益所必要的如下行动。①有关武器、弹药和战争工具的贸易，以及为军事或其他安全设施之目的而直接或间接进行的其他货物、材料、服务和技术的贸易和交易；②在战时或国际关系中的其他紧急情况下采取的措施；③与执行关于不扩散核武器或其他核爆炸装置的国家政策或国际协定有关。(3)阻止缔约方为履行其根据《联合国宪章》所承担的维护国际

---

[1] See 2012 *U. S. Model Bilateral Investment Treaty*, UNCTAD Investment Policy Hub(Sept. 10, 2023), https://investmentpolicy. unctad. org/international-investment-agreements/treaty-files/2870/download.

和平与安全的义务而采取行动。除第5款外,其余一般例外条款分别涉及文化、环境、金融安全、反不正当竞争等方面。

这种模式类似于GATT第21条,其将安全利益局限于与国家、军事安全有关的利益,这样的做法符合国际惯例。但中国—加拿大BIT(2012)第33条第5款将环境、金融安全等问题排除在外,只放在一般例外条款中,显然没有意识到环境安全、金融安全等正在成为对国家安全产生重要影响的问题,这不利于对国家安全的保障。

中国—坦桑尼亚BIT(2013)第10条是安全、健康和环境措施条款,该条款规定:(1)缔约方认识到,通过放松国内卫生、安全或环境措施来鼓励投资是不恰当的。因此,缔约方不应放弃或以其他方式减少或提议放弃减少鼓励投资者在其领土内设立、取得、扩大或保留投资的措施。(2)只要此类措施不是以任意或不合理的方式实施,或不构成对国际投资的变相限制,该协定的任何规定均不得解释为阻止缔约方采取或维持为保护人类、动物或植物的生命或健康所必需的环境措施。该条款将东道国为保护人类、动物或植物的生命或健康所采取的必需的环境措施作为东道国的主权权利从而排除该措施的违法性。然而这种规定没有包含一般认可的涉及国家安全利益的所有内容,也没有明确对其认定的权利是否属于东道国一方。相较而言,中国—土耳其BIT(2015)的条款更加清晰和完善。其第4条一般例外条款规定:(1)本协定的任何规定均不得解释为阻止一缔约方采取、维持或执行任何非歧视的必要的措施:①为保护人类、动物或植物的生命或健康或环境而设计和适用的措施;②与保存有机或无机的可耗尽自然资源有关的措施。(2)本协定不应被解释为:①要求任何缔约方提供或允许接触其认为披露将与其安全利益相违背的任何信息;②阻止一缔约方根据其国内法在非歧视的基础上采取其认为为保护其安全利益所必需的措施;③阻止东道国采取任何履行《联合国宪章》所规定的维护国际和平与安全的义务的行动。条款虽然仍没有对安全利益的基本概念以及采取措施的条件作出规定,但其以类型化描述的方法对其基本内涵作出了概括,条款中还包含了“其认为”这样的表述,将判断是否危及国家安全利益的权利交给了东道国。

综上,中国投资条约中的 NPM 条款应该明确以下几个问题:

首先,中国投资条约中必须规定 NPM 条款,无论是在序言中还是在实体条款中。笔者认为,最好应该将其作为一个实体条款单独规定,因为一个条款的位置表明其重要性上有微妙差别。虽然都是条约组成部分,但是序言中的规定常常被忽视,只有在实体条款不明确或不易解释时,仲裁庭才会将目光转向条约序言。这种差别也体现在条约正文和议定书中,虽然议定书也是条约的一部分,但是缔约方往往出于灵活性考虑而将其放在议定书中,因为可随时将其删除。

其次,中国投资条约应该明确例外条款相应的要件,避免双方的解释发生分歧。可明确“安全利益”包含的具体内容,如严重经济危机、社会骚乱、重大环境污染等。另外,中国投资条约的 NPM 条款还应明确国家安全利益是否属于东道国可自行判断的内容。综上,本书认为将判断的权利赋予东道国并不会导致其滥用权利,反而还能有效地限制仲裁庭的自由裁量权。

最后,在条款中还应该明确援引该条款后是否可以免除赔偿义务。根据 NPM 条款的性质,没有国际责任就不应该有赔偿。

第三节 中国对ICSID投资仲裁的因应

一、中国对国际投资仲裁机制的因应措施

(一)对国际投资仲裁管辖权设限

随着中国从资本输入国逐渐发展成为一个大的资本输出国,对扩大国际投资仲裁管辖权的态度也应随之改变。本书认为中国与其他主体之间签订的国际投资条约可采取有限同意的模式,通过条约对国际投资仲裁的管辖范围作出直接规定。有限同意不像完全同意那样对国际投资仲裁完全开放,也不像逐案同意那样过多抵触ICSID管辖权。它从一定程度上可以回避使用国际投资仲裁机制。

美国在美国BIT范本(2004)中明确规定了可诉诸国际投资仲裁的事项和排除适用的事项。由于美国同时在资本输出和资本输入方面位居世界前列,因此在理论上,美国与现今的中国一样,在国际投资仲裁中成为原告和被告的机会是均等的。美国BIT范本(2004)B部分第24条只将其第3条至第10条项下的义务,包括关于国民待遇、最惠国待遇、最低待遇标准、征收、汇兑、高级管理人员与董事会成员等义务纳入可诉至国际仲裁的范畴。适用国际投资仲裁的条款不包括关于透明度的第11条、关于环境条款的第12条以及关于劳工权利的第13条。这些都不在ISDS条款的适用范围内。[1] 美国

---

〔1〕 参见[美]肯尼斯·J.范德威尔德:《美国国际投资协定》,蔡从燕、朱明新等译,法律出版社2017年版,第641页。

BIT 范本(2012)也有同样的规定。[1]

中国在 2000 年之后签订的 BITs 全面接受了国际投资仲裁管辖,允许外国投资者将关于投资的任何争议提交国际仲裁。在这个问题上,中国可以考虑在国际投资仲裁机制下设定一些限制措施。中国在投资协定谈判中除应当设置 NPM 条款外,还应当谨慎设置负面清单中的不符措施例外,保留一定的政策空间。[2]

(二)增强 ICSID 参与度,推进 ICSID 的改革进程

ICSID 自正式通过以来经历了 1984 年、2003 年、2006 年、2016 年和 2022 年 5 次修订。为了促进《华盛顿公约》仲裁规则的现代化,并提高 ICSID 仲裁效率。中国作为发展中国家,可积极参与 ICSID 仲裁制度改革进程,变制度的参与者、适应者为制定者。在 2016 年二十国集团峰会上,中国倡议"争端解决程序应公平、开放、透明,有适当的保障措施防止滥用权力"[3]。作为《华盛顿公约》的缔约方之一,中国的修改建议是由中国商务部的条约法律司起草提出的。根据 ICSID 已经公布的修改建议,中国方面认为《ICSID 仲裁规则》在语言的使用、并行程序中告知义务的履行、保护案件中的机密信息、鼓励法庭原则上允许分岔程序、仲裁员利益冲突问题等内容上都需要进一步完善。为了更好地为 ICSID 仲裁规则修改建言献策,中国需要立足当下,放眼未来,成为 ICSID 改革的推动器。

建立上诉机制被认为是解决 ICSID 仲裁庭解释和适用法律不一

---

[1] See 2012 *U. S. Model Bilateral Investment Treaty*, UNCTAD Investment Policy Hub (Sept. 10, 2023), https://investmentpolicy.unctad.org/international-investment-agreements/treaty-files/2870/download.

[2] 参见江清云:《中国新一轮 BIT 谈判的核心问题与应对》,载《WTO 经济导刊》2014 年第 10 期。

[3] 王鹏:《中立、责任与参与:国际投资仲裁的多边改革与中国对策》,载《国际政治研究》2018 年第 2 期。

致问题的最佳方案,也是 ICSID 改革的热点话题。在 ICSID 设立上诉机制的想法早在谈判订立《多边投资协定》时就有人提出,然而,随着《多边投资协定》的流产,上诉机构的构想未能付诸实施。但这也给各国提供了灵感,从而推动了 ICSID 秘书处在 2004 年提出建立上诉机制的改革设想。[1] 美国 BIT 范本(2012)新增的第 28 条对上诉机制有所考虑,规定在未来的其他制度安排下,审查国际投资仲裁庭所作裁决的上诉机制得以建立,则缔约方应考虑该范本第 34 条所作的裁决是否应当受此上诉机制的制约。并且,缔约方应努力确保它们考虑采用的此类上诉机制的透明度类似于该范本第 29 条关于仲裁程序透明度的规定。就 ICSID 而言,上诉机制与专门委员会的显著区别就是是否可以就实体问题进行裁断,上诉机构可以全面审查仲裁庭的裁决并在自己认为错误的情况下推翻该裁决而不受仲裁庭裁决的局限。

ICSID 只允许对于仲裁程序问题进行审查,这导致裁决的实体错误难以得到纠正,影响裁决的一致性和可预见性。学界普遍认为,使国际社会上诉机构能设立对整个系统的信任得到恢复,提高裁决的一致性和可预见性,降低整个体系因为冲突裁决而带来的可持续性和合法性的风险。[2] 上诉机制被认为是完善投资仲裁纠错机制和增强投资仲裁裁决一致性的有效方式之一。

另外,应注意对仲裁员的任职资格进行严格限制,确保仲裁员的

---

〔1〕 See *Possible Improvements of the Framework for ICSID Arbitration*, World Bank (Oct. 22, 2004), http://www.worldbank.org/icsid/highlights/improve-arb.htm. 在该建议稿的第 6 章和附件中,秘书处显露出其准备寻求创建一个 ICSID 上诉机制的构想,并且对该构想提出了具体建议。

〔2〕 See Susan D. Franck, *The Legitimacy Crisis in Investment Treaty Arbitration: Privatizing Public International Law Through Inconsistent Decisions*, 73 Ford. L. Rev. 1521(2005).

独立性和公正性。根据《华盛顿公约》第 13 条第 1 款的规定,中国作为《华盛顿公约》缔约方之一可以向 ICSID 仲裁庭指派特定数目的仲裁员以及调解员。因此,为了维护国家利益,中国也必须重视这一制度,积极指派专家学者参与 ICSID 仲裁和调解工作。[1]

由于 ICSID 改革是一项长期的工作,中国应当抓紧时间储备国际法律人才,大力培养国际投资仲裁方面的人才,丰富投资争端解决的理论储备,为参与 ICSID 积累实践经验,提高中国在 ICSID 规则修改活动中的话语权,以更好的姿态积极促进 ICSID 机制的发展。

(三)发展多元化国际投资仲裁机制

如前文所述,ICSID 是最权威的国际投资争端解决机构,它处理了世界上绝大多数的国际投资仲裁案件。然而出于"敏感的经济和外交政策"考虑,国际投资条约也可以提供多种仲裁选择,如国际商会仲裁院、海牙常设仲裁法院、斯德哥尔摩商会仲裁院和专设仲裁庭。鉴于国际投资争端的日渐多样和频发,缔约方之间基于对对方完备法治和司法独立的信任,寻求在东道国裁判机构解决也无可非议。[2]中国可以在积极参与国际投资仲裁实践的基础上建设和发展中国国内的国际投资仲裁机制,努力实现国际投资仲裁的多元化发展。

随着国际投资案件数量日益增加,涉中国投资争端案件数量也开始增加。目前一些国内领先并在国际上有一定地位和影响力的仲裁机构,为适应国际投资仲裁的蓬勃发展制定了专门的投资仲裁规则,以便参与到投资争端的解决中,更好地保护中国投资者利益、为中国投资政策和国际条约的签订积累经验及提供方案。中国国际经

---

〔1〕 根据 ICSID 公布的仲裁员名单,来自中国的 7 名国际投资仲裁专家被委任为新一届仲裁员和调解员,委任期 6 年,自 2024 年 5 月 16 日至 2030 年 5 月 16 日。

〔2〕 参见温先涛:《〈中国投资保护协定范本〉(草案)论稿(三)》,载陈安主编:《国际经济法学刊》第 19 卷第 2 期,北京大学出版社 2012 年版。

济贸易仲裁委员会制定了《中国国际经济贸易仲裁委员会国际投资争端仲裁规则(试行)》,第2条第1款规定中国国际经济贸易仲裁委员会根据当事人之间的仲裁协议,受理基于合同、条约、法律法规或其他文件提起的,一方当事人为投资者,另一方当事人为国家或政府间组织、经政府授权的或其行为可归责于国家的其他任何机构、部门和其他实体的国际投资争端。[1] 北京仲裁委员会制定了《北京仲裁委员会/北京国际仲裁中心国际投资仲裁规则》,该规则第2条第5款规定,该规则所称的国际投资争端或争端是指投资者与国家、国家授权的实体或政府间组织之间因投资而产生的争端。第2条第6款规定,该规则所称的将争端提交仲裁的约定可以通过将其规定在合同、条约、法律法规或其他文件中,或经由一方当事人通过合同、条约、法律法规或其他文件作出要约而另一方当事人随后通过提起仲裁或其他方式予以接受的方式达成。

二、中国对仲裁庭自由裁量权的因应措施

(一)建立仲裁员责任制

为促进ICSID裁决的正当性,中国应推动ICSID在仲裁员中推行责任制。责任制使通过公众选出的官员或是被指派的人能够为其行为承担责任。从另一个角度来看,司法独立又是许多司法体系的标志,因此,司法机关为保持其合法性往往要保持中立的态度,特别是在公众眼中。因为这个原因,许多国家的高级法院的法官都是终身制并且有经济上的保障,能保证司法程序的公平和得出不偏私的

[1] 参见《中国国际经济贸易仲裁委员会国际投资争端仲裁规则》,载中国国际经济贸易仲裁委员会2017年9月25日,http://www.cietac.org.cn/Uploads/201709/59c8d60367bb5.pdf。

结论。而投资仲裁中,从客观上讲,仲裁员多为从事商事仲裁的执业律师,其常以商事仲裁中保护私有财产权的理念来处理国际投资仲裁,而较少考虑国际社会基本价值。而且身份的重合也导致其倾向作出有利于外国投资者的裁决。例如史蒂芬·M. 施伟贝尔(Stephen M. Schwebel)在魏文迪案中担任投资者一方的律师,但在 CME 诉捷克案中却担任仲裁员。[1] 从客观上讲,由于仲裁裁决及其程序一般是保密的,仲裁员不需要向公众负责,其本人与东道国也没有什么法律上的联系。国际投资仲裁庭的仲裁员都是临时选任的,对他们的制约远小于对国内法官的制约,他们没有终身的任期或是经济上的保障,缺乏司法上的独立性来保障投资仲裁体系的正当性,需要经常地进行新的任命,因此在公众眼中,他们的中立性值得怀疑。[2]

另外,由于国际投资仲裁体制的一裁终局,缺乏法律监督也容易导致仲裁权利滥用。特别是像 ICSID 这样的仲裁体制,仲裁员需临时选任,缺乏统一的上诉机制,前案缺乏先例效力,国内法院不能推翻其裁决等一系列的机制问题导致仲裁庭可能滥用权利。在受到利益驱动及鲜有制度监督的情况下,仲裁员可能偏袒投资者一方。

为了增加公众对国际投资仲裁庭中立性的信心,ICSID 修改了规则,对仲裁员施加了一个持续的义务:仲裁员应报告可能影响其独立判断的情况。在此之前,仲裁规则只要求仲裁员附上有关过去和现在的职业以及与当事方双方的其他关系的说明书。这对限制和规

---

[1] 参见刘京莲:《阿根廷国际投资仲裁危机的法理与实践研究——兼论对中国的启示》,厦门大学出版社 2011 年版,第 116 页。

[2] 根据徐崇利教授的观点,仲裁员的收入与其业绩挂钩,因此裁决对外国投资者越有利,他们被指定的机会越多。因为国际投资仲裁都是由投资者一方单向提起的,一般都是外国投资者诉东道国。投资者一方胜诉的可能性越大,随着仲裁市场的扩大,这些仲裁员作为极少数的专业人士,就能获得更多被指定的机会。徐崇利:《公平与公正待遇:真义之解读》,载《法商研究》2010 年第 3 期。

范仲裁员的权利起到了一定作用。

此外,还可通过加强程序的透明度,特别是将投资仲裁的听证程序向公众公开,让公众监督及评判仲裁员的工作建立仲裁负责任制。当然也有人提出其他解决方案,即允许由国内法院对涉及公众利益的问题进行复审而不是由仲裁庭自己进行。[1] 但这种方法从本质上破坏了 ICSID 的裁决承认和执行体制,不是理想的做法。

(二)构建适度约束仲裁自由裁量权的机制

在国际投资仲裁实践中,为作出有利于投资者的裁决,仲裁庭主张管辖权、扩大解释投资条约的案例频出。[2]

为了防止国际投资仲裁庭滥用自由裁量权对投资条约条款进行解释,中国可以推动缔约各方建立一种权威的条约解释机制。例如,可以设立一个专门负责条约解释的常设小组,缔约各方授权该小组对条约条款进行权威解释。小组成员除了缔约方的代表外,还可以包括缔约方指定的若干具有独立身份的专家,专家中除了有法律、投资和贸易方面的人士以外,还可选择一些环境等公益保护组织的人士。小组应以多数票作出解释意见。在仲裁中,在当事方对仲裁庭的条约解释有不同意见时,任意一方可以请求该小组作出解释。小组的解释对仲裁庭和双方当事人均具有约束力。挪威 BIT 范本(草案)(2015)第 23 条规定由缔约方共同派遣政府代表建立一个联合委员会。该委员会的一项重要职能就是解释该协定,并审查和监督仲裁庭在每一起案件中对该协定条款的具体解释及适用。美国 BIT 范本(2012)第 31 条、中国—坦桑尼亚 BIT(2013)第 17 条及中国—加拿大

---

〔1〕 See B. Choudhury, *Recapturing Public Power: Is Investment Arbitration's Engagement of the Public Interest Contributing to the Democratic Deficit*, 41 Vanderbil Tjournal of Transna Tional Law 775(2008).

〔2〕 参见刘笋:《建立国际投资仲裁的上诉机制问题析评》,载《现代法学》2009 年第 5 期。

BIT(2012)第 30 条中也规定了由缔约双方共同解释条约的制度。美国 BIT 范本(2012)第 31 条规定:(1)被申请人以主要被诉违约行为在附件Ⅰ、附件Ⅱ或附件Ⅲ规定范围内为抗辩理由的,仲裁庭应当应被申请人请求,要求该条约双方进行解释。该范本双方应当在收到解释要求 60 天内向仲裁庭出具共同书面解释。(2)该条约双方通过各自代表按照第 1 款所作的联合书面解释对仲裁庭具有拘束力。该条约双方在 60 天内未能作出联合书面解释的,由仲裁庭作出决定。中国—加拿大 BIT(2012)第 30 条规定:(1)在第 13 条规定的争端解决程序中,应争议缔约一方的请求,仲裁庭应要求缔约双方解释与争议有关的该协定条款。缔约双方应在该请求送达后 60 日内,以书面形式向仲裁庭提交关于条款解释的共同书面解释。(2)缔约双方根据第 1 款作出的共同书面解释对仲裁庭有约束力。裁决应与该联合决定相一致。如果缔约双方在 60 日内未能提交解释,则仲裁庭将对该问题进行裁决。[1]

另外,美国 BIT 范本(2012)还规定了一些主体对仲裁庭行使的自由裁量权的监督权,这些主体包括非缔约方、"法庭之友"和当事方等。范本第 28 条第 2 款中规定了非缔约可以对条约解释提供口头和书面的意见。第 3 款规定了仲裁庭应接受"法庭之友"的意见。这两个条款赋予非当事方参与程序以及解释条约的权利,使其能对仲裁庭意见施加一定的影响以及形成监督。第 4 款规定仲裁庭在作出裁决之前,必须将拟作出的裁决提交给当事方和非当事方,或者可对其作出评议。仲裁庭必须考虑这些评议之后才能作出裁决。这个要求使当事方和仲裁庭之间可提前进行沟通,防止仲裁庭一味按照自己的思路考虑问题。

---

[1] 参见张光:《论东道国的环境措施与间接征收——基于若干国际投资仲裁案例的研究》,载《法学论坛》2016 年第 4 期。

结　论

ICSID是最重要的ISDS机制，是世界银行为全球化和国际投资争端解决提供的公共产品。由于其多边性的特征，在具体条款的措辞上很难不产生意见分歧，因此ICSID对于一些重要概念的内涵和外延都有意无意地进行留白。现今存在的近3000个国际投资条约是投资争端解决重要的法律依据，但多数条约存在对国际仲裁高度放权，对一些重要概念规定语焉不详的问题。在法律依据缺乏的状态下，ICSID仲裁庭拥有了极大的解释条约的权利，这赋予了仲裁庭宽泛的管辖权。在仲裁实践中，仲裁庭在属人管辖、属事管辖和同意问题上作出宽泛的解释，同时利用岔路口条款、“保护伞条款”、最惠国待遇条款避免适用国内程序，对投资条约中没有涉及的集团仲裁问题作出有利于扩大自身管辖权的解释。另外，征收、公平公正待遇和NPM条款等重要的实体条款自身存在含义模糊、缺乏明确和必要的说明和限制等问题，也使东道国苦不堪言，在行使经济管理权时畏首畏尾。

无论是ICSID本身存在的问题还是国际投资条约的后天助力，ICSID投资仲裁都引发了一系列的现实问题，如东道国规制权受到制约、仲裁裁决不一致且缺乏纠错机制从而使国际社会对国际仲裁产生信任危机。东道国正常行使管理国家、适时调整经济政策的权力受到干预,在发生重大的国家经济波动时或根据紧急情况进行政策变革时,又由于国际投资条约中缺乏免责性的例外条款导致不能免除国际义务。

针对 ICSID 投资仲裁机制存在的问题,中国政府应该运用自己的国际影响力,推动国际投资仲裁机制的改革,使之朝着更有约束力、更理性的方向发展。例如推动建立上诉机构、建立仲裁员责任制及构建约束仲裁庭自由裁量的机制等。除此之外,中国也应该积极参与除 ICSID 之外的国际投资仲裁机制,同时建设和发展中国国内的投资仲裁机制,推动实现国际投资仲裁的多元化发展。

当然,通过对 ICSID 系列案件的分析,笔者认为,投资协定本身才是国际投资仲裁胜败的关键。ICSID 虽然存在问题,仲裁庭的解释虽然有偏向外国投资者的倾向,但在根本上还是因为投资协定的规定使东道国丧失了先机,处于明显不利地位。

中国作为全世界签订投资协定最多的发展中国家和现今吸引外资和对外投资的"双料大国",应该从国际投资仲裁实践中学习有益的经验,学界也应不断地进行总结和探索,找准中国的投资政策定位。目前,中国从传统的东道国身份转变为兼具东道国和母国的双重身份,在参与投资协定时除了考虑维护东道国公共利益、国家安全和国内经济可持续发展的要求外也要考虑保护外国投资者的合法利益。谋求投资者利益和东道国公共利益的平衡是中国近期国际投资协定政策应当明确的方向。条约应当在序言条款、管辖权条款和实体条款中表达平衡保护的价值目标,消除投资仲裁的弊端,在保护我国企业海外投资利益的同时为东道国实现和保护社会公共利益预留空间。

笔者认为,在对待投资协定条款设置的问题上中国应该评估自身立场,结合自己的具体情况,寻找符合自身利益的路径,对于已经签订但明显过时的投资协定应努力争取重新谈判或修正,尽量在条约中对含义模糊的条款进行重新界定,对内涵不清的条款加以澄清,同时增加更多限制性条款,提高条约的确定性及可预测性。